当代交通运输领域
重要著作译丛
IMPORTANT TRANSLATIONS FOR
CONTEMPORARY TRANSPORTATION

现代交通问题与政策

衛藤卓也　監修
大井尚司　编著

[日]卫藤卓也　主编
[日]根本敏则　　[日]后藤孝夫　　[日]大井尚司　副主编
魏蜀楠　译
邵春福　主审

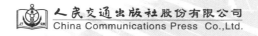
人民交通出版社股份有限公司
China Communications Press Co.,Ltd.

内 容 提 要

本书由20位日本大学交通问题研究专家执笔完成,包括3部分共20章,主要内容为各位专家对近年来发生在日本和欧美各国的交通问题所进行的分析。本书全面深入地阐述了日本和欧美各国的交通问题,以及各国在解决交通问题时所采用的政策措施、手段和落实措施时考虑的相关因素等。

本书可供交通运输管理部门的管理人员,以及进行交通问题研究的科研单位的科研人员参考阅读,也可作为高等院校相关专业的教材。

现代交通問題 考
衛藤卓也、根本敏則、後藤孝夫、大井尚司
GENDAI KOUTSUU MONDAI-KOU
by TAKUYA ETO, TOSHINORI NEMOTO, TAKAO GOTO and HISASHI OHI
Copyright © 2015 TAKUYA ETO
Original Japanese edition published by SEIZANDO-SHOTEN PUBLISHING CO., LTD.
All rights reserved
Chinese (in simplified character only) translation copyright © 2019 by China Communications Press Co., Ltd
Chinese (in simplified character only) translation rights arranged with
SEIZANDO-SHOTEN PUBLISHING CO., LTD. through Bardon-Chinese Media Agency, Taipei.

著作权合同登记号 图字:01-2019-7704

图书在版编目(CIP)数据

现代交通问题与政策 / [日]卫藤卓也主编;魏蜀楠译. — 北京:人民交通出版社股份有限公司,2019.12
 ISBN 978-7-114-16105-6

Ⅰ.①现… Ⅱ.①卫… ②魏… Ⅲ.①交通运输—研究 ②交通政策—研究 Ⅳ.①U ②F511.0

中国版本图书馆 CIP 数据核字(2019)第 270328 号

Xiandai Jiaotong Wenti yu Zhengce
书　　名:	现代交通问题与政策
著 作 者:	[日]卫藤卓也
译　　者:	魏蜀楠
责任编辑:	钟　伟
责任校对:	孙国靖　扈　婕
责任印制:	张　凯
出版发行:	人民交通出版社股份有限公司
地　　址:	(100011)北京市朝阳区安定门外外馆斜街3号
网　　址:	http://www.ccpress.com.cn
销售电话:	(010)59757973
总 经 销:	人民交通出版社股份有限公司发行部
经　　销:	各地新华书店
印　　刷:	北京印匠彩色印刷有限公司
开　　本:	787×1092　1/16
印　　张:	15
字　　数:	341千
版　　次:	2019年12月　第1版
印　　次:	2019年12月　第1次印刷
书　　号:	ISBN 978-7-114-16105-6
定　　价:	28.00元

(有印刷、装订质量问题的图书由本公司负责调换)

前　言

交通已经成为支撑人类社会最基本且不可或缺的基础设施。尽管作为人与物位移的交通现象在所有国家和地区都存在,但交通现象的内容与特征在不同的国家和地区却不尽相同。

在日本,随着交通运输工具、信息技术等方面的不断创新,高水平的交通出行社会已经形成,总体上交通运行平稳顺畅。日本通过学习和引进先进的交通社会制度,使其国民在适度的负担下可以公平地享受到高服务水平的交通出行服务。在完成货物位移的物流方面,通过不断完善软件(政策制度)和硬件(道路、港口等交通基础设施以及交通运输工具等),基本实现了一个较高水平的物流社会。

然而,尽管处在这样高水平交通出行社会与物流社会,在人与物的移动过程中仍然会产生各种问题。当这些问题发生且变得严重时,很多人就会产生很强的问题意识。这也让人们能更加深刻地认识到交通现象本身的多样性、重要性和复杂性。而交通现象也正是因为其所具备的多样性、重要性及复杂性的特征,而被定位为一类社会问题,成为广大研究学者的考察对象。

有鉴于此,本书出于交通问题多样化的考虑,设置了各位参编人员关心的问题,从各自不同的视角进行深入分析。于是,各位参编人员对分担的交通问题进行了综合分析,形成专业知识的集合。因此从深入专业分析的观点出发,我们将本书名定为《现代交通问题与政策》。

本书的内容包含着两个层面。一是分析与剖析交通问题的实际状态,即某个交通问题是怎样发生的,从逻辑上明确其中的因果关系,探究问题本质。这一层面上的研究能够让人们对交通问题有一个更加全面深入的认识。二是针对如何解决现实交通问题,寻求应有的方向性或行之有效的方式方法。这一层面上的研究是要给出理想的理念和目标,列出实现理念目标的具体办法,并分析整理各种方法的利弊,进而最终提出解决方案和措施。这样才能作为提出"科学对策"的解决措施,为治理现实问题提供指导。

因此,本书作为反映各种交通问题实际状况的模板,力求在指明解决问题的方向、引导解决实际交通问题方面提供一些专业见解。如果本书能加深读者对交通问题的理解和认识，并帮助读者形成自己的思考和见解，那将是本人莫大的荣幸。

另外，本书的编者均是向学生传授基础知识和专业知识的高校教师。高校教育一般主要注重的是将道德教养与专业理论两方面的知识传授给学生。本人认为在传授这两方面知识的同时，实践经验的积累与传授也同样重要，也应该作为知识积累的一部分。学生时代在增加知识量的同时，还应运用批判性思维去思考问题，这是学习的必然，也是老师们所希望的。无论怎样，学生在扩大知识量的同时还需要有意识地锻炼并提高自己在以下四个方面的能力：①自身的逻辑思维与分析能力；②把握大局的综合性思考判断能力；③分清主次的判断能力；④与人沟通交流协作的能力。知识量增加，也会磨炼学生们的伦理观念、正义感、责任感、忍耐力等情操，从而在智力、情感、品德、人格等方面得到提升。正如哈佛大学索罗夫斯基教授在他的著作《面向大学的未来》（TBS 出版社，1992，138 页）所说，"大学是年轻人丰富人生的最大契机"。期望同学们能在学生时代，不遗余力地丰富自己的"知识"和"情操"。

当然，考虑到人的一生需要吸收和积累各类知识，上述内容就不仅限于学生，也适用于广大读者。因此，希望本书不仅局限于在校学生，而且对从事各行各业的读者思考交通问题也能够提供一定的帮助与启发。

本书是由日本交通学会 20 位会员共同撰写的，收录了各位编者的研究成果。正如前文所述，交通问题具有多样性和复杂性，涉及的领域广泛，而本书也仅仅是研究了交通的部分核心问题。

本书又是编者在迎来古稀之年（2015 年）组织日本交通学会部分成员执笔完成的，在此谨向各位编者致以诚挚感谢！

另外，本书的策划和出版得到了一桥大学根本敏则教授和近畿大学后藤孝夫教授以及大分大学大井尚司副教授的帮助和指导，在此深表谢意。

最后，衷心感谢承诺本书出版的成山堂书店出版社小川典子社长，以及在编辑出版过程中给予热心帮助的出版社各位编辑。

卫藤卓也
2015 年 11 月

译者的话

自 2007 年 4 月赴日学习至今，得益于硕士、博士阶段的指导老师卫藤卓也教授的热心指导，以及日本交通学会、日本公益事业学会、东亚学会多位教授的提点与帮助，译者对 20 世纪 50 年代以来的日本交通政策及政策理论进行了系统的学习与较为深入的研究，同时还有幸参与了日本国内举办的有关交通经济、交通政策、战略物流等方面的各类学术会议，获益匪浅。

在日从事交通经济、交通政策研究的这十余年里，除了日本教授们严谨的治学态度以外，让译者感悟最深的还是他们在透彻分析日本交通系统问题、寻求解决方案的同时，善于不断整理学习海外的各类典型事例，在案例分析、对比分析中不断提取、累积具有参考价值的经验教训，并结合具体实际，将其积极推广、运用于日本交通系统的提升工作中的孜孜不倦的专研精神。

本书由日本 20 位大学交通问题研究专家执笔完成。各位专家分别从不同的视角，对近年来发生在日本和欧美各国的交通问题进行了详尽的分析。译者作为参与者之一，对本书的特点有比较深刻、系统的认知。相信读者通过阅读全书，能对日本及欧美各国近年来的交通问题、交通政策有比较全面系统的了解，同时还能体会到交通问题研究过程中所应贯穿的两个基本思路，即追究问题原因的"溯源"与摸索解决问题最佳方案的"务实"精神。他山之石，可以攻玉，希望本书能为中国交通问题研究提供一些新的思路。

魏蜀楠
2019 年 7 月

目 录

第一部分 交通系统框架与交通问题

第1章 交通系统框架与交通问题定位 ⋯⋯⋯⋯⋯⋯⋯⋯⋯⋯⋯⋯⋯⋯⋯⋯⋯⋯⋯⋯ 3
  1.1 概述 ⋯⋯⋯⋯⋯⋯⋯⋯⋯⋯⋯⋯⋯⋯⋯⋯⋯⋯⋯⋯⋯⋯⋯⋯⋯⋯⋯⋯⋯⋯⋯⋯ 3
  1.2 交通系统框架——物理框架与制度框架 ⋯⋯⋯⋯⋯⋯⋯⋯⋯⋯⋯⋯⋯⋯⋯⋯ 3
  1.3 交通问题的本质与问题的定位 ⋯⋯⋯⋯⋯⋯⋯⋯⋯⋯⋯⋯⋯⋯⋯⋯⋯⋯⋯⋯ 7
  1.4 本章小结 ⋯⋯⋯⋯⋯⋯⋯⋯⋯⋯⋯⋯⋯⋯⋯⋯⋯⋯⋯⋯⋯⋯⋯⋯⋯⋯⋯⋯⋯ 11

第2章 交通问题的研究方法 ⋯⋯⋯⋯⋯⋯⋯⋯⋯⋯⋯⋯⋯⋯⋯⋯⋯⋯⋯⋯⋯⋯⋯ 12
  2.1 概述 ⋯⋯⋯⋯⋯⋯⋯⋯⋯⋯⋯⋯⋯⋯⋯⋯⋯⋯⋯⋯⋯⋯⋯⋯⋯⋯⋯⋯⋯⋯⋯⋯ 12
  2.2 两个认知目的 ⋯⋯⋯⋯⋯⋯⋯⋯⋯⋯⋯⋯⋯⋯⋯⋯⋯⋯⋯⋯⋯⋯⋯⋯⋯⋯⋯ 12
  2.3 两种研究方法 ⋯⋯⋯⋯⋯⋯⋯⋯⋯⋯⋯⋯⋯⋯⋯⋯⋯⋯⋯⋯⋯⋯⋯⋯⋯⋯⋯ 12
  2.4 交通问题与两种研究方法——以地方交通问题为例 ⋯⋯⋯⋯⋯⋯⋯⋯⋯ 17
  2.5 本章小结 ⋯⋯⋯⋯⋯⋯⋯⋯⋯⋯⋯⋯⋯⋯⋯⋯⋯⋯⋯⋯⋯⋯⋯⋯⋯⋯⋯⋯⋯ 19

第3章 新干线新线建设与PPP模式 ⋯⋯⋯⋯⋯⋯⋯⋯⋯⋯⋯⋯⋯⋯⋯⋯⋯⋯⋯ 22
  3.1 交通政策调控 ⋯⋯⋯⋯⋯⋯⋯⋯⋯⋯⋯⋯⋯⋯⋯⋯⋯⋯⋯⋯⋯⋯⋯⋯⋯⋯⋯ 22
  3.2 交通基础设施建设与交通政策的变化 ⋯⋯⋯⋯⋯⋯⋯⋯⋯⋯⋯⋯⋯⋯⋯⋯ 23
  3.3 新干线新线项目论证内容 ⋯⋯⋯⋯⋯⋯⋯⋯⋯⋯⋯⋯⋯⋯⋯⋯⋯⋯⋯⋯⋯ 24
  3.4 新干线新线项目的经济效益与地域经济影响 ⋯⋯⋯⋯⋯⋯⋯⋯⋯⋯⋯⋯ 25
  3.5 PPP模式 ⋯⋯⋯⋯⋯⋯⋯⋯⋯⋯⋯⋯⋯⋯⋯⋯⋯⋯⋯⋯⋯⋯⋯⋯⋯⋯⋯⋯⋯ 27
  3.6 基础设施建设新方法的引入 ⋯⋯⋯⋯⋯⋯⋯⋯⋯⋯⋯⋯⋯⋯⋯⋯⋯⋯⋯⋯ 28
  3.7 课题与展望 ⋯⋯⋯⋯⋯⋯⋯⋯⋯⋯⋯⋯⋯⋯⋯⋯⋯⋯⋯⋯⋯⋯⋯⋯⋯⋯⋯⋯ 29

第4章 交通政策基本法与地区可持续交通 ⋯⋯⋯⋯⋯⋯⋯⋯⋯⋯⋯⋯⋯⋯⋯⋯ 33
  4.1 概述 ⋯⋯⋯⋯⋯⋯⋯⋯⋯⋯⋯⋯⋯⋯⋯⋯⋯⋯⋯⋯⋯⋯⋯⋯⋯⋯⋯⋯⋯⋯⋯⋯ 33
  4.2 地区公共交通制度的变迁 ⋯⋯⋯⋯⋯⋯⋯⋯⋯⋯⋯⋯⋯⋯⋯⋯⋯⋯⋯⋯⋯ 33
  4.3 地区公共交通可持续课题 ⋯⋯⋯⋯⋯⋯⋯⋯⋯⋯⋯⋯⋯⋯⋯⋯⋯⋯⋯⋯⋯ 38
  4.4 地区交通的可持续策略 ⋯⋯⋯⋯⋯⋯⋯⋯⋯⋯⋯⋯⋯⋯⋯⋯⋯⋯⋯⋯⋯⋯ 40

第二部分 交通基础设施

第5章 人口递减时期的道路供给管理 ⋯⋯⋯⋯⋯⋯⋯⋯⋯⋯⋯⋯⋯⋯⋯⋯⋯⋯⋯ 49
  5.1 概述 ⋯⋯⋯⋯⋯⋯⋯⋯⋯⋯⋯⋯⋯⋯⋯⋯⋯⋯⋯⋯⋯⋯⋯⋯⋯⋯⋯⋯⋯⋯⋯⋯ 49
  5.2 影响道路供给管理的人口递减与分布失衡 ⋯⋯⋯⋯⋯⋯⋯⋯⋯⋯⋯⋯⋯ 50
  5.3 道路老化与建养资金减少的问题 ⋯⋯⋯⋯⋯⋯⋯⋯⋯⋯⋯⋯⋯⋯⋯⋯⋯⋯ 52

5.4	道路政策的转变	54
5.5	道路供给管理	55
5.6	建设成本约束下的道路供给管理	57
5.7	本章小结	58

第6章 大都市圈高速公路收费政策——以东京三条环路为例 59

6.1	概述	59
6.2	都市圈高速公路收费的问题	59
6.3	短期发展建议——无缝式按距离收费	61
6.4	中期发展建议——定期调节型拥堵收费	64
6.5	长期收费政策建议	66

第7章 日本交通需求管理政策的现状与课题——道路环境污染地区的交通需求管理 68

7.1	概述	68
7.2	交通需求管理政策的应用与国土交通省政策	68
7.3	道路环境污染地区交通需求管理探讨	70
7.4	道路环境收费制度	72
7.5	国道43号线通行管制问题	74
7.6	本章小结	75

第8章 英国、美国交通拥堵对策与道路拥堵收费 79

8.1	概述	79
8.2	交通拥堵对策与道路拥堵收费	79
8.3	英国——伦敦的道路拥堵收费	81
8.4	美国——HOV车道与HOT车道	84
8.5	本章小结	86

第9章 城市物流的现状与问题 89

9.1	城市物流	89
9.2	日本的物流现状	89
9.3	城市物流问题分析	91
9.4	城市物流课题及对策	95

第10章 欧盟铁路线路使用费的现状与欧盟的作用 99

10.1	概述	99
10.2	铁路线路使用费的作用及其定价	99
10.3	欧盟铁路线路使用费定价	101
10.4	欧盟铁路线路使用费的实证分析	106
10.5	本章小结	109

第11章 港口民营化与港口管理 112

11.1	概述	112
11.2	港口民营化趋势	113
11.3	日本港口管理与运营的PPP	116

11.4　本章小结 ··· 120

第三部分　交　通　服　务

第 12 章　城市公共交通建设成本——以城市轨道交通为例 ·· 127
　12.1　概述 ··· 127
　12.2　日本城市轨道交通建设成本结构 ··· 128
　12.3　欧美城市轨道交通建设成本结构 ··· 130
　12.4　网运分离与成本分担结构 ··· 133

第 13 章　公交 IC 卡的功能与作用 ··· 139
　13.1　IC 卡市场与公共交通的无缝化 ·· 139
　13.2　IC 卡的网络功能 ·· 142
　13.3　IC 卡与公共交通的复苏与发展 ·· 144
　13.4　本章小结 ··· 146

第 14 章　地方铁路的现状与未来展望 ·· 149
　14.1　概述 ··· 149
　14.2　日本地方铁路现状 ··· 149
　14.3　地方铁路的运营要素 ·· 153
　14.4　地方铁路的补贴制度 ·· 155
　14.5　刺激地方出行需求的举措 ·· 157
　14.6　地方社会与铁路的发展 ··· 158
　14.7　未来的地方经济社会与铁路 ··· 161

第 15 章　放宽管控后道路客运市场 ·· 164
　15.1　概述 ··· 164
　15.2　放宽管控后的道路客运市场 ··· 164
　15.3　补贴政策与终结运输服务的程序 ·· 167
　15.4　需求响应型运输（DRT）服务 ·· 172
　15.5　高速公路客运新制度与事故对策 ·· 173
　15.6　本章小结 ··· 174

第 16 章　出租车行业调控政策的课题 ·· 177
　16.1　概述 ··· 177
　16.2　出租车市场的调控政策 ··· 177
　16.3　出租车行业调控政策的经济学分析 ··· 181
　16.4　本章小结 ··· 182

第 17 章　日本物流的现状与课题 ··· 184
　17.1　概述 ··· 184
　17.2　物流的组织框架 ·· 184
　17.3　物流的现状课题 ·· 186
　17.4　本章小结 ··· 192

第18章　LCC 参与美国航空市场与市场结构 194
- 18.1　概述 194
- 18.2　CAB 调控下的参与限制与竞争限制 194
- 18.3　参与市场与新兴企业的动向 194
- 18.4　参与模式与参与活动的变化 196
- 18.5　LCC 参与优等航线、新航线以及航线结构的变化 198
- 18.6　典型商业模式及其转变 198
- 18.7　NWC 的市场竞争对策 201
- 18.8　本章小结 202

第19章　国际物流的海空运输竞争 206
- 19.1　概述 206
- 19.2　海空运输行业分割与竞争 207
- 19.3　海空运输竞争实证分析 210
- 19.4　运输模式竞争与物流循环 211

第20章　考虑网络外部性的最优路网建设 216
- 20.1　概述 216
- 20.2　道路拥堵税与外部成本的内部化 216
- 20.3　网络外部性与开发利益的回馈 219
- 20.4　道路建设政策的方向 221
- 20.5　本章小结 224

结束语 227

编者名单 228

第一部分　交通系统框架与交通问题

第1章 交通系统框架与交通问题定位

1.1 概述

交通系统是如何运行,又是如何成立的呢?就这一问题,首先应对以下两个框架结构予以说明。这两个框架分别是"交通的物理框架"和"交通的体制框架"。前者是交通系统成立的物理、技术性框架,同时也是后者的基础。所谓体制框架是人类社会制定的作为"制度(系统)"的框架,是"物理框架"赖以存在的框架。也就是说,这两个框架互为因果,构成了交通系统的基本框架。

本章分析本书涉及的各类交通问题与交通体制框架的哪一部分相关,明确各类问题所处的位置。

1.2 交通系统框架——物理框架与制度框架

(1)交通系统的物理框架

解读交通时,首先可以将交通定义为依靠人类的意识及行为而得以实现的人与物空间位移的结果。也可以说交通是人或物从一处人为地转移或被转移到另一处的行为过程。而由自然因素所形成的人或物的移动,都可以被排除在交通的范畴之外(例如某条河的河水从上游流到下游所实现的空间位移)。

一般而言,我们将通过使用某一种或某几种原材料,对其进行加工改变它们的形状或性质,使之成为对人们有用的产品的行为过程称为生产。这种情况下得到的产品,是具有实体形状,能够被观察确认的有形产品。而交通服务的生产则不然,它是人为的、有意识地将人或物进行空间转移的行为,这一行为并不能生产出具体的实体产品,只是提供一种最终实现人或物空间位移的有用服务。我们将这种服务称之为交通服务,将提供这一服务的行为称为交通服务的生产。这样一来,交通服务作为一种服务性产品,归属在不具有实体形状的无形产品的类别中,有别于所有具有实体形状可以用肉眼识别的有形产品。

下面就如何实现交通,即生产交通服务需要哪些条件进行一些思考和整理。

首先归纳一下生产有形产品需要哪些条件。在生产有形产品时,一般需要的生产要素大概有三类:①原材料;②土地/厂房以及机器设备;③劳动力。我们将这一生产结构理解为有形产品生产的基本物理框架。

考虑实现交通(即生产交通服务)时需要的条件,为便于理解和掌握,可以参照有形产品生产的基本物理框架进行整理。

在实现交通时通常需要:①通道;②运输工具;③劳力。大体也可归纳为三种生产要素。

通道作为第一种生产要素,具体是指线路/轨道/公路、港口、机场、海洋/河流/湖泊、天空等。这类要素又可以分为人工建造形成的通道与自然形成的通道两类,前者又被称为交通基础设施(infrastructure)或交通社会资本。通道是生产交通服务的场所空间,相当于生产有形产品时的土地与厂房。但生产有形产品时使用的土地与厂房是集约在某一处的点状空间,而生产交通服务的通道是既包含了火车站、汽车站、货车站、港口、机场等点状空间,同时还包含了公路、铁路等具有带状特征的空间。也正因为通道中存在具有带状特征的空间,使其能够发展成为覆盖广泛地区的网络系统。

运输工具作为第二种生产要素,具体是指火车、汽车(包括公共汽车、出租车、私家车等)、飞机、船舶等。这部分要素相当于有形产品生产时所使用的机械设备。它们之间的差别在于生产有形产品的机械设备一般是固定在某一特定的空间内,而运输工具是可以移动的机械,在进行交通服务生产时需要在一个较大的空间范围内进行位置移动。另外,为了实现交通服务,通常运输工具内还需要配备发动机这类驱动装置来实现其空间位移。在一般情况下,驱动装置与运输工具是融为一体、配套使用的。

作为第三种生产要素的劳力,具体是指在生产交通服务时需要使用的人力方面的要素,也就是具备各类专业知识与岗位操作能力的人力资源。这部分等同于有形产品生产中的劳动力,具体由从事交通行业的众多员工构成。交通行业是将交通服务作为商品进行生产的行业,理所当然从事这一商品生产工作的员工能够被定义为劳动力。但在驾驶私家车移动的情况下,人们是为了满足个人移动需求而进行的自给自足式的交通运输行为,而并非是以满足他人需求为目的的劳动,所以不能将其归为劳动力的范畴。因此,这里将交通服务商品生产时所需要的劳动力,与自给自足时所需要消耗的个人体力,统一用劳力这一词汇来进行说明。可以说交通部门与其他行业的最大区别正在与此。况且在交通方面,除去从事商品生产的劳动力,以自给自足方式实现个人移动(我们将这种生产称之为"自生产")的比例已经上升到了一个相当高的程度,不容忽视。目前,交通的这两种生产方式(商品生产、自生产)共生共存,相互弥补,与生产有形产品的商品生产有着很大的不同。

另外,在实现交通或进行交通服务生产时,还有一种要素不可或缺,即作为移动(运输)对象的人或货物,否则交通也无法成立。但这里的人或货物与前文中说明的有形产品生产所需要的生产要素(也就是原材料)同样也存在着本质上的区别。所谓原材料,在生产的过程当中是作为被加工的对象,会发生物理形状或化学性质的变化,转变为对人们有用的产品。而在交通服务生产的过程中,一般说来,移动对象不会发生形状或性质的变化,只是其所在的空间位置发生了变化,也不能被称为交通服务生产的原材料。也就是说,可以得出在交通服务的生产中不需要原材料的结论。

但这里仍存在一个疑问,即是否可以将移动对象的人或货物定位为交通服务生产的生产要素。单从交通服务的生产中人或货物的重要性层面来看,似乎也能够将它们视为生产要素的一种。关键是应该如何诠释生产要素这一概念。所谓生产要素,其一是生产主体能够将其归到自己管理支配范围之内;其二是能够对其进行人为加工(即作为原材料),抑或是能够使用的物品(例如土地、工厂、机械设备、劳动力等)。如此来看,显然就不能将作为移动对象的人或货物归为生产要素。因为实际进行交通服务商品生产的主体,并不能将移动对象的人或物纳入自己的管辖范围内进行自由支配与使用。即便在交通服务自给自足的情况下，驾驶私家车的主体与作为移动对象的主体相一致，也不存在支配与被支配的关系。作为移动对象的人，是根据个人的主观意愿参与到交通服务生产中的参加者。而作为移动对象的物品，其背后也存在着物品所有者的意愿。这里可以很容易地发现移动对象与生产要素间存在的性质差异。

综上所述，可以将交通系统的基本物理框架归纳为如图1-1所示的框架。

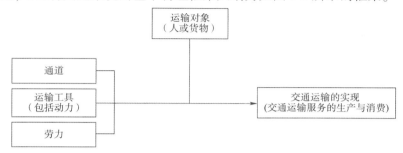

图1-1　交通系统的基本物理框架

（2）交通系统的制度框架

上文中所阐述的交通系统的物理框架，是生产交通服务时必不可少的物质基础，是适用于任何国家和地区的一般框架，是进行交通服务生产时需要确保的基本框架。而在另一个层面上，赋予交通物理框架这一机械系统以活力，使之能有效服务人类社会的是交通系统的制度框架。接下来，我们对这一框架进行分析与整理。

首先，"政府"与"市场"两大制度，是影响交通系统制度框架的主要因素。它们同时也是构建我们人类社会的两大制度装置。

①政府。

市场在社会中发挥着巨大的作用，但它并不是一个毫无缺陷的万能的制度装置。交通服务市场也是如此，它尊重市场中每个独立的个体。但是，个体的决策判断与行为都是建立在优先考虑自身利益的基础上，这会造成社会的整体利益被置之度外。也就是说，由于整体利益容易被个体忽略，所以个体与整体之间就有可能出现矛盾冲突。而当交通服务市场中出现这样的矛盾冲突，或是发生了所谓的"市场的失败（market failure）"时，某种形式的政府干预就变得必不可少。

政府，一般可以分为中央政府（central government）与地方政府（local government）两类。虽然两者的政策领域与政策内容间存在一定差异，但是其政策本质不会改变。在面对交通问题乃至交通部门的政策课题时，都需要有一个民主且贤明的政府出面作出决策，并组织实施解决问题的具体措施。

②市场。

在我们所生活的经济社会中，市场发挥着其特有的且极为重要的自我调节作用。但是对于那些市场不能顾及的领域，或者是市场只能发挥部分作用的领域，只能是也应该是由政府出面，采取相应的补救措施。市场是一个买卖双方相互接触的空间，是进行交易的场所。但是这并非特指某一具体的场所空间，而是随着买卖双方交易关系的成立而形成的一个抽象的关系空间。为便于理解，这里设想一个最为简单的场景，即一对一的买卖情况。两个人由于参与了某件物品的买卖而形成了一种交易的关系。这种情况下，由于两人间的关系有着不能通过肉眼进行观察的特质,所以人们很难简单判断他们之间进行交易的具体内容。但二者间确实发生了交易,形成了一个无法用肉眼捕捉的抽象空间。

在现实社会当中存在着私人间、组织间、地区间,乃至国家间各个级别的,大大小小规模的市场。同时,不计其数的产品及服务(包括交通服务)市场通常是交织在一起,共同存立于这个社会。在不计其数的多样态的各个市场上,各式各样的市场活动不断展开着。从表面上看来,这仿佛是一种毫无秩序的混沌状态,但实际上作为"看不见的手(invisible hand)",市场是完全依靠对各自行为负责的单个主体(企业或个人)的自主性决策、判断以及市场的激励机制,来维持整体经济社会活动的有效运转,并由此形成一套社会秩序。交通部门也不例外。在这里,市场机制作为促进交通服务生产/供给的制度装置,在维持服务供给行为的经济合理性以及自动调节方面都发挥着不可替代的重要作用。

也就是说,政府与市场是两个具有各自重要作用的制度装置。这两个制度装置一旦顺利融合到静态形式的"交通系统的物理框架"中,就能激活这一物理框架,并使其运转起来。也就是说,一旦交通系统的物理框架跟政府与市场这两个制度装置挂钩,就能获得一个具有动态特征的"交通系统的制度框架"(图1-2)。

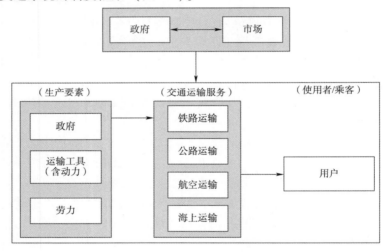

图1-2 交通系统的制度框架(1)

如图1-2所示,"交通系统的制度框架"是一个包含了"物理框架"在内的、更为宽泛的框架。它是一个"政府与市场"与"物理框架"相结合的产物。可以将"政府与市场"理解成为向"物理框架"施力做功的发动机,驱动着"物理框架"这一机械系统,使其正常运转。

总的来说,交通系统的制度框架有以下三种特质:

第一,它是人类社会中形成的一个人为的框架体系,是需要我们共同维护的社会基本体系之一。这就要求我们形成一套有序的交通系统制度体系,并且运用这套体系来规范我们的日常交通行为。

第二,它是一个根据国家不同而内容可能大相径庭的框架,是一个具有多元性的特殊结构。与之相反,交通系统的物理框架是不受限于国家的全球通用的框架体系。

第三,它是一个随着历史状况的变化而变化的框架。所谓制度是在特定的时代背景下,人类社会规定形成的一系列约束、规则、规章,具有随着社会形势的推移变迁而不断变化的性质。

1.3 交通问题的本质与问题的定位

(1) 交通问题的本质

从整体上来讲,本书是将交通问题作为经济类问题来进行分析讨论的。为了明确探讨问题的基本出发点,这里首先对作为经济类问题的交通问题本质进行一个基本阐述。

要思考交通问题的本质,首先需要探明引发交通问题的根本原因。因为如果不存在导致问题的原因,问题本身就不会存在,而作为分析论述问题的交通经济理论以及交通政策理论也就会失去其基本的存在价值与意义。

那么,造成交通问题的根本原因是什么呢?首先,显而易见,为了实现交通或者是为了从事交通服务生产,需要利用社会中存在的各类资源。这些资源无论是从单个国家或是从整个地球规模来看,都是有一定数量限制的、有限的物品,具有稀缺性。而资源的稀缺性会在很大程度上对包括交通部门在内的各类经济活动形成一种制约。例如,当你在决定对某一地区或某一交通手段进行投资或追加投资的时候,也就意味着你对其余地区或其余的交通手段的投资额会相对下降。只要资源存在稀缺性,那么顾此失彼的结果,或者是选项间的权衡(trade-off)关系都会永远无法避免。也正因为如此,每个经济社会都不得不需要面对其自身的资源配置(resource allocation)问题,无法回避。有限且珍贵的资源所具有的稀缺性迫使我们不得不慎重考虑,应该如何经济且有效地配置并利用它们。

简而言之,错综复杂的交通问题背后隐藏的最重要且最基本的原因是资源的稀缺性,交通问题的本质归根结底就在于此。如果我们生活在一个拥有无限资源的理想社会,我们所期望得到的所有东西都能够被轻松满足,我们的社会就不会存在任何交通问题。如果可以利用无限的物资来建设制造无限多的交通手段(通道或运输工具),并且利用无限多的人力资源来实现交通系统的运营与维护,从而建立一套能够满足所有人的出行需求的、无容量限制的无限多的交通系统,那么交通服务在经济社会中的价值也将下降为零(或接近零),成为无法定价的服务。无法设定服务价格,在现实社会中能够观察到的很多问题,例如公交票价上涨的问题、公交公司经营状况恶化的问题、运输服务项目减少的问题等,都会迎刃而解。大都市发生的拥堵现象,也会由于可以通过充分扩展道路容量而得到彻底解决。这样的话,包括本书中涉及的所有交通问题,现实社会中能够观察到的各式交通问题,都会丧失其作为问题的特征、特性。

然而,事实上,社会中的资源是有限的,所以由此必然引发各种各样的交通问题。可以看出,资源的稀缺性,这一不可动摇的事实正是引起交通问题的根本原因,是交通问题的本质。

(2) 交通问题的定位

交通系统的正常运转及其社会功能的发挥,都与交通系统的制度框架密切相关。交通系统的制度框架作为交通系统的有机装置在系统中发挥着关键性的作用,但同时也存在着很多问题。也就是说在考虑交通系统的制度框架时,需要认识到制度本身是一把双刃剑。对于系统整体而言,它在发挥积极作用的同时也有可能带来各种各样的人为问题。

这里通过图示化的方法来帮助读者进一步认清交通系统制度框架中可能存在的问题,

或者是制度框架可能会引发的一些问题。为了确认问题根源,这里用制度框架的基本图示来对交通问题进行定位,通过图示能够发现某些交通问题与部分制度框架密切相关,还有一些问题会对整个制度框架产生影响。

在图 1-2 的基础上进行修改、加工得到图 1-3,后续章节中涉及的各类交通问题都能反映、回归到这一框架图中。通过图 1-3,能够对本书论及的各类交通问题间的相互位置及其相互关联情况进行一个整体把握。

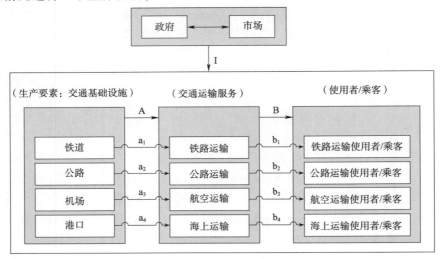

图 1-3 交通系统的制度框架(2)

第 3 章"新干线新线建设与 PPP 模式",是有关最近日本国内交通问题的一个重要事例。石井先生从国家与地区经济的角度指出新干线新线建设项目的重要社会意义,并评价其工程项目所选择采用的"网运分离"式(即铁路运输运行管理部分的"运",铁路线路等基础设施建设部分的"网")建设运营方式,实际上属于 PPP(政府与民间公司的合作)模式的一种,并期望能看到政府与民间公司在交通基础设施建设方面的合作能够得到更进一步地推进。第 3 章所涉及的交通问题位于图 1-3 的(I, a_1)部分。

就最近日本交通问题的另一事例,在第 4 章"交通政策基本法的制定与地区可持续交通"中,大井先生指出如果要想实现日本《交通政策基本法》(2013 年 12 月通过)的最终目标,即消除偏远地区的交通空白区域,促进地方公共交通事业再生,需要地方居民、地方政府以及从事交通的企业三个主体的通力协作,积极主动地策划实施相关措施,这一点十分重要。第 4 章所涉及的交通问题位于图 1-3 的(I, A, B)部分。

第 5 章"人口递减时期的道路供给管理"中,味水教授针对与道路使用方的需求量相对应的道路供给管理问题进行分析考察。其中指出,基于日本人口下降时代的需求趋势,如何判断并实施道路供给量的增减政策将会变得十分关键。味水先生提出了依靠拥堵收费收入建设道路、设置轿车专用道路、针对不同道路采取不同的道路供给管理办法等一系列具体的建议。第 5 章所涉及的交通问题位于图 1-3 的(I, a_2, b_2)部分。

第 6 章"大都市圈高速公路收费政策——以东京三条环路为例",根本教授指出,具有代表性的东京高速公路统一收费制度很有可能正是影响目前公路有效使用的原因所在。并从东京公路网络整体高效利用的角度出发,分析了短期及中期的东京高速公路收费制度应该具备的制度体系,提出了将按距离收费及拥堵收费纳入现有收费制度体系之中的政策建议。第6章所涉及的交通问题位于图1-3的(Ⅰ,a_2,b_2)部分。

第7章"日本交通需求管理政策的现状与课题——道路环境污染地区的交通需求管理",西村教授对交通需求管理政策(TDM),即通过对作用于道路使用方(需求方),规范并诱导汽车使用者行为的政策手段,进行了深入的考察。以日本TDM政策为例展开了批判性的分析,强调了从保障居民生活环境的重要视角出发制定交通政策的必要性。第7章所分析的问题位于图1-3的(Ⅰ,a_2,b_2)部分。

第8章"英国、美国交通拥堵对策与道路拥堵收费",中村教授评价了拥堵收费的政策手段,认为这种方法是缓解日趋严重的世界城市交通拥堵问题行之有效的政策手段之一。通过考察英、美两国道路政策的背景、特征、效果及存在的问题,积极评价了两国的拥堵收费政策在促进现有道路的有效利用方面所取得的成效。第8章所分析的问题位于图1-3的(Ⅰ,a_2,b_2)部分。

第9章"城市物流的现状与问题",铃木教授针对依靠货运卡车的城市物流,使得城市交通流量不断增加,并同时产生了庞大的负外部费用(二氧化碳、一氧化碳、氮氧化物、硫化物、浮游颗粒状物质等污染空气的各类物质,以及由交通拥堵所造成的经济损失),指出为了在经济主体间合理分担这部分外部费用以及抑制这类费用的产生,有必要从战略物流(logistics,从获取原材料到最终贩卖阶段的过程中所需要的所有物流部分进行统筹规划,确保物流整体的效率性)的角度出发来考虑问题。第9章所分析的问题位于图1-3的(Ⅰ,a_2,b_2)部分。

第10章"欧盟铁路线路使用费的现状与欧盟的作用",小泽教授考察了欧盟铁路的收费问题。欧盟的铁路实施了列车运管部门与线路管理部门的分离,即网运分离政策,列车运管公司需要向铁路线路的管理方(也就是国家)支付相应线路的使用费用。随着国际列车运营里程的不断增加,确立一套欧盟共通的铁路政策变得十分必要。这一章主要考察了欧洲铁路线路使用费用的实际情况,并进一步分析了政策实施的方式方法,所涉及的交通问题位于图1-3的(Ⅰ,a_1)部分。

第11章"港口民营化与港口管理",寺田英子教授就目前在世界范围内展开的港口民营化管理的问题,从管理与管治的角度出发,考察了政企协作的方式方法。为了实现港口的效率化管理,世界范围内的港口民营化进程正在被不断推进。这一章就政企双方在实际的港口管理中所起到的作用、开展协作的方式方法等进行了归类分析,并针对两个港口区域的运管实例进行了详细的考察。第11章所涉及的交通问题位于图1-3的(Ⅰ,a_4)部分。

第12章"城市公共交通建设成本——以城市轨道交通为例",正司教授提出了重视独立会计核算制度的日本城市铁路,与重视公共性的欧美城市铁路两种不同的思维模式,介绍了分担庞大的城市铁路建设成本方面的实际情况及其具体的实施办法。编者明确了铁路建设成本分担的基本构造上所反映出的日本与欧美思维方式上各自特点以及之间存在的巨大差异,并且指出了中间存在的具体问题。同时,还进一步对如何构建一个能够适合日本城市特征的铁路建设成本的分担模式(分担建设成本的具体办法)进行了考察。第12章所涉及的交通问题位于图1-3的(Ⅰ,a_1,b_1)部分。

第13章"公交IC卡的功能与作用",堀教授从公共交通再生与发展的视角,分析了在铁路运输中IC卡的功能及作用正日趋显著,强调了IC卡在铁路运输中的重要性。他考察了IC卡在市场营销与捕捉商机中的核心性作用,以及在促进公共交通无缝衔接(seamless)所发挥的巨大作用。第13章所涉及的交通问题位于图1-3的(I,b_1)部分。

第14章"地方铁路的现状与未来展望",青木教授积极评价了民间铁路公司在承担日本三大都市圈(首都圈、中京圈、京阪神圈)以外的地方铁路旅客运输方面对于地方经济社会作出的重大贡献。并从维系铁路事业(特别是地方铁路)发展的视角,考察了政府部门的运营补助制度、导入网运分离的运营方式、铁路事业部门与铁路公司积极开发创造移动需求等一系列应对措施。第14章所涉及的交通问题位于图1-3的(I,a_1,b_1)部分。

第15章"放宽管控后道路客运市场",寺田一薰教授针对2002年实施的客车运输市场放宽调控政策对于日本客车运输市场所带来的影响进行了考察分析,提出了几点看法与建议。其中之一,他指出了在维系地方公共交通运营的政府补助政策里,国家、都道府县、市町村三级政府部门间的互补性原则中所存在的具体问题。第15章所涉及的交通问题位于图1-3的(I,b_2)部分。

第16章"出租车行业调控政策的课题",后藤教授以"招手即停"的出租车市场为例,从经济学的角度考察分析了出租车行业调控政策的合理性。对于出租车市场经济方面的调控政策(市场准入、退出、价格等为主要的调控对象),他分析说明了虽然市场准入调控的必要性不大,但价格调控的必要性是不容忽视的。另外在确保交通的安全性以及改善出租车驾驶员的劳动条件、劳动环境方面,提出应该从社会调控方面入手,采取妥善的措施来予以解决。第16章所涉及的交通问题位于图1-3的(I,b_2)部分。

第17章"日本物流的现状与课题",芦田教授就支撑日本经济社会的"无名英雄"——物流业领域存在的三大课题(全球化、地球环境、大型自然灾害的危机管理),进行了具体的分类与整理,并指出,为了实现理想的物流社会,我们必须面对并做好这些课题。第17章所涉及的交通问题位于图1-3的(I,A,B)部分。

第18章"LCC参与美国航空市场与市场结构",盐见教授以放宽调控政策成效显著的美国航空市场为例,考察了廉价航空公司(LCC)的市场准入过程与特点、市场结构变化及其对于企业行为的影响与实际变化等。他积极评价了由放宽调控所引起的LCC的市场准入,指出正是LCC的准入促使了竞争性市场结构的形成,提高了消费剩余水平。第18章所涉及的交通问题位于图1-3的(I,b_3)部分。

第19章"国际物流的海空运输竞争",宫下教授结合运费昂贵的航空运输业为何能够在国际物流市场中不断成长,从理论与实证两个方面考察了海运与空运间的市场竞争。托运人公司在深化战略物流的同时,对于运输模式的选择也日趋灵活。编者针对托运人在实际考虑运输模式的过程中是依据什么来判断选择海运或空运的问题,将出口货物的价值、物流成本、机会成本、产品周期等重要因素作为考察对象展开了动态分析。第19章所涉及的交通问题位于图1-3的(I,b_3,b_4)部分。

第20章"考虑网络外部性的最优路网建设",陶教授以道路基础设施为分析对象,将受益人负担原则为基础的费用分担模式,视为推进道路网络建设(建设/维护/更新)的基本原则,并依据这一基本原则,在理论上对道路运输衍生的外部效应的市场内部化,以及费用分担的合理性予以说明。第 20 章所涉及的交通问题位于图 1-3 的 (I, a_2, b_2) 部分。

这样,通过将本书中所考察的各类交通问题在交通制度框架中所处的位置进行逐一确认,我们对于问题间的位置关系、相互关联也就有了一个整体把握。

在本书中,交通系统的物理框架及制度框架重新被划分为交通基础设施与交通服务两个部分,本书的第二部分为交通基础设施领域,第三部分为交通服务领域。也就是说,第 5 章至第 11 章以及第 20 章是有关交通基础设施的内容,第 12 章至第 19 章是有关交通服务的内容。当编者论及的交通问题同时涉及这两方面时,我们根据各位编者的论述比例进行了章节的调整与编排。另外,我们将第 3 章(交通基础设施领域)与第 4 章(交通服务领域)都归入了第一部分。考虑到这两章所涉及的交通问题有着浓厚的政策实践色彩,并且是最近日本政府作为政策主体,全面介入(干涉)的交通问题,所以我们将这两篇论文作为分析交通问题的开篇章节。

在分析以上各类交通问题时,可以从什么样的角度出发,选取哪些考察方式,在魏博士撰写的第 2 章"交通问题的研究方法"中进行了相应的说明。总体上存在实证分析与规范分析两类分析方法。前者是针对交通问题的实际情况,即问题本身,分析解释发生问题的原因(Why),说明其因果关系的客观逻辑;后者是围绕如何解决交通问题,并在追究理想解决办法(How)的同时,驱使价值判断(value judgement)来进行逻辑展开。

1.4 本章小结

本章首先阐述了有关交通系统的两个基本框架即"交通系统的物理框架"与"交通系统的制度框架",说明了两者间的基本关系为制度框架是建立在物理框架基础之上的,然后,将交通系统制度框架定位为可塑性较大的动态框架。最后,将各类交通系统问题在交通系统的制度框架图中进行了逐一定位,展示了问题间的相互关系。

在研究交通社会问题时,通常以第 2 章中描述的两类研究方法为基础,并在此之上通过运用以两类方法为根基而发展形成的经济学/经营学、交通工学、交通规划学的分析方法,以及使用案例分析、比较研究、历史分析等经典的社会科学研究方法来进行的。综合使用这些研究方法能够很好地解释说明一系列的实际交通问题,从而能够对各类不同问题提出更加行之有效的解决方案。

第 2 章 交通问题的研究方法

2.1 概述

交通现象是日常生活中客观存在且能够观察到的现象。在这些客观存在的交通现象中,如果某种特定的现象变得很突出,就会将这一类现象视为一个交通问题。当某个交通问题为多数人所知晓并转变成为一种社会常识时,这一交通问题也就上升成为社会问题。

交通问题本身具有多样性特征,其研究工作重要且复杂,需要进行冷静、细致且深入的分析。目前有关交通方面的知识体系正是前人通过不断的探索、钻研、积累形成的成果。此类专业知识在现实中得到广泛运用,为建设理想的交通系统发挥着重要的作用。

本章从如何考察分析交通问题的角度出发,首先介绍交通研究通用的两个认知目的,其次说明达到这两个认知目的所常用的两种研究方法,两种方法间的相互关系,以及在实践两种方法时灵活运用解释学思维方式的重要性。最后,以日本公共交通系统存在的现实问题为例,具体说明在面对实际交通问题时应怎样运用两种方法开展研究。

2.2 两个认知目的

从社会学共同的哲学基础——认识论的角度来看,可以将有关交通问题的所有研究目的,或者说所有的问题意识,归纳为以下两类。

①为什么(Why)?

这是一种以考察分析交通问题背后所存在的因果关系与机理,为探究问题发生的原因开展的研究。也就是说研究的基本目的,在于分析说明交通问题的实际状况,思考问题的起因。

②怎么办(How)?

这是一种考察分析如何改善现有交通出行,谋求能够解决各式交通问题切实可行办法的研究。也就是说,这部分研究的基本目的是寻求解决交通问题的最佳途径,思考解决问题的具体可行方案。

这两类认知目的,可以说已经成为从事交通研究的同行们的共识。即从"为什么会这样"到"如何解决",从这两个质朴的疑问衍生出问题意识。总的来讲,无论是基于哪个认知目的,最终目标都是为实现交通的理想状态,都是致力于提高现有交通出行的便利程度的。

2.3 两种研究方法

(1)实证分析法

一般而言,交通的实际状况是人们交通行为的结果,是其表现出来的社会现象。这种情况下,为了回答结果是由于什么样的原因导致、在什么样的因果关系中发生的,我们需要观察分析眼前所发生的作为结果的社会现象(事实),探究其背后隐藏的因果关系及因果法则。要知道作为结果的社会现象(也就是事实)是不会不解自明的,若想正确认识理解事实的真相,明确事实背后所存在的因果关系,那么关于"为什么(Why)?"的分析就不可或缺。

而这种寻求事实真相的分析,事实上是要在实证分析的方法基础上才能予以展开。一般而言,我们是从历史经验或者从社会现象中获取灵感,或是从验证一些一般的社会共识出发,来探寻问题的真相与本质。

依靠实证分析法展开的关于为什么的分析过程,具体来讲主要需要实施以下3个分析步骤❶(图2-1)。

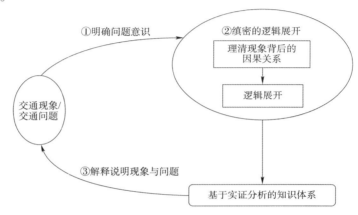

图2-1 实证分析法示意图

①第一步是研究者运用语言文字,将自己对于交通问题的意识、认识进行描述的过程。首先研究者站在各自的研究角度,对问题的现实状况做一个整体把握,在了解问题全貌的基础上,进行各自对问题的解读。也就是说第一步是研究者基于自己的"主观看法",对问题意识进行明确描述的过程。

②第二步是研究者对问题进行逻辑阐述的过程,也就是研究者将各自的观点、直觉等主观意见与看法进行深化、客观化的过程。为了明确问题,我们运用一般性的描述,或是运用经济学及其他相关学科中的专业术语、概念与理论,对所聚焦的问题进行逻辑阐述。这第二步是对我们的主观意见进行深化的过程,是明确交通问题背后所暗藏因果关系的过程。也就是确认交通问题的实际状况,明确问题内容的过程。

第二步正是通过逻辑推理、分析得出结论的过程,也就是形成实证知识体系的过程。

③第三步,将通过前两步获得的知识体系与交通问题的实际状况进行对比,检查分析之前的逻辑分析是否与现实状况相吻合,是否具有现实意义,一旦发现差异或问题,便立即对之前的分析及结论进行更正与补充。这是一个将客观现实与理论知识进行对照,验证完善理论,扩大理论的适用范围,提高理论对现实问题诠释度的过程。

也就是说,交通问题的实证分析,具体是通过循环以上3个基本认识过程,依据客观的事实判断❷展开逻辑分析,最终导出有关问题的知识体系。通过运用实证分析的研究方法,能够反复确认知识体系的逻辑完整性,以及与事实的吻合度,得出一套可以解释说明现实社会的知识体系,同时为人们认识理解现实社会提供足够的理论根据。

另外,实证分析法的分析步骤,基本上可以通过以下两种形式来展开,即:

a. 重视问题内部的规律法则。通过严谨的数学符号(即采用记号诠释的方法)来诠释问题(建立数学模型),验证问题背后隐藏的因果关系。也可以说,它是从问题的客观事实出发,揭示因果关系,并将其引向一般理论的分析形式。

b. 重视问题外部的环境与前因后果。这是站在一个更为广泛的视角来诠释问题,是采用了事实诠释学的分析方法❸。这是一种将记号诠释的结果包含在内,通过语言文字分析说明现实问题的分析形式。

a 是将同为经验科学的自然科学中所运用的分析工具,运用于交通问题的解析中,对问题进行严谨的实证逻辑展开,是一种定量分析的方法。这种分析形式首先是通过对作为分析对象的某一类交通问题,附加某些特定的前提条件(假设条件)以简化问题,进而通过抽象的数学符号记录问题。通过这种方法,可以从严谨的逻辑展开中,导出具有一般性的规律法则。

b 是在同 a 的互补关系中成长出的方法。它是在灵活运用 a 分析结果的同时,将同问题相关联的诸多要素纳入视野,通过展开更具涵盖性、相对宽泛的逻辑诠释,分析说明交通问题。当然可以将这种方法简单理解成定性分析法。它是研究者基于各自的知识体系及研究经验,从各自的视角出发,整体诠释❹作为事实存在的交通问题,并导入解释学❺理论思维方式的一种分析问题的形式。

a 的定量分析法虽然在分析敏锐度上具有优势,但当面对具有不同的社会历史背景,要素间、问题间的关系错综复杂,牵连纷繁复杂的社会现象时,其诠释问题的柔韧度与分析问题的范围就会有所局限❻。比较而言,b 的定性分析法作为定量分析法的一个补充,具备能够设定更为广泛的分析范畴、更贴近事实本身的特点。通过灵活运用两种分析方法,发挥各自的特长,就有希望得到一个关于交通问题更具综合性的现实分析结果。另外值得注意的是,b 本身是承认 a 的分析成果,并将其包容在内的一种分析形式。整个实证分析过程基本是依靠这两种互为补充的分析才得以实现。

(2)规范分析法

通过实证分析法所获得的有关交通问题的知识,能够揭示问题背后所隐藏因果关系的经验性知识。接下来,在进入下一个以实证分析成果为基础的分析阶段之前,首先需要认识和了解进行下一阶段的必要性,也就是通过解决实际的交通问题,朝着更加健康良好的移动性社会发展,探明交通的理想形态,并为追求实现这一状态而展开的规范分析方法的必要性。

正如马克斯·韦伯所言,"经验科学不可能教会我们任何人下一步应该做什么。它只能教会我们可以做什么,以及我们在具体的社会环境条件下,能够考虑到的部分❼"。换言之,经验科学是通过研究而得到的事实判断的结晶,是作为严密谨慎的关于事实真相而存在的知识。而关于事实真相的知识,能够从历史的角度教会我们可以做、可以实现的事情,却很难为我们指明今后应该奋斗的内容与方向。虽然韦伯所提出的观点,存在着悖论式的逻辑关系,但这却正好揭示了思考今后应该做什么,也就是提出解决交通问题的具体办法的必要性,即关于"怎么办?"分析的必要性。"怎么办?"的分析是以实证分析得出的事实判断与现状把握为基础,导入并运用价值判断,分析考察解决问题的实际办法,进而构建有关社会规范的知识体系。

以规范分析法为基础的"How"的分析,主要需要实施以下 3 个步骤(图 2-2)。

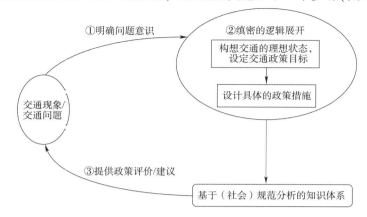

图 2-2　规范分析法示意图

①第一步是研究者行使各自的暗含在对交通问题现状把握中的价值判断,分析探究应该解决交通问题的过程。一般而言,在对现状的把握中,混合存在着人们的事实判断与价值判断。在这一分析阶段,价值判断具有极为重要的作用。只有采取在事实判断的前提下,导入价值判断的方式,才能从现实状况中发现需要解决的交通问题,才能意识到问题的存在。也就是说,这是一个认识交通问题的阶段,是思考解决问题方案的规范分析方法的第一步。

②第二步是通过实施价值判断,进行规范性诠释,构建针对交通问题的政策逻辑体系的过程。具体讲,首先是研究者们按照各自的研究风格来实施价值判断,构思交通的理想状态,并确立相应的"目标"。然后讨论实现"目标"的具体"措施",分析整理具有替代性的政策措施的效用,进而推演出最佳的"目标—措施"体系。

第二步分析的最终结果是形成一套有关规范性知识体系。

③第三步是以规范性知识体系为判断基准,审视评价现行社会中正在施行的政策好坏与对错的过程。同时,它还可以是一个研究者履行社会义务,向人们解释说明应该采取的政策措施,向政府部门献计献策的过程。

这里需要特别指出的是,关于第二步,即交通问题的规范分析,是由"目标""措施"两个领域所构成的。在"目标"领域里,我们在不断追问交通"应该是什么样"的过程中,梳理交通的理想状态,进而制定具有多元性的政策目标,构建政策目标体系。在这里,研究者们将实证分析中获得的知识体系,作为分析问题的信息来源,从各自的立场出发,围绕交通的理想状态以及政策目标展开各自的诠释。此过程是研究者一边考量时代环境的变化,一边追求与他人(其他研究者等)诠释相融合的过程,是实现诠释不断进化的过程。另外,在分析目标时,明确构建目标体系中所导入的价值标准十分重要,且研究者按照各自的方式所诠释描绘出的目标(价值标准)必须是具备一定社会意义的价值判断,抑或是具有社会合理性的价值判断。研究者通过施行价值判断,绘制交通的理想状态,然后通过设定、说明多个政策目标,实现其理想的过程,正是研究者沉淀各自诠释内容的过程,也可以说是形成社会价值判断的过程。也只有在具备"知识相对化"❸特质的"诠释"引领下,才能真正理解目标间的相互关系,确保目标体系的逻辑完整性与协调性,并且最终能够承认其社会性。

在"措施"领域中,主要任务是设计一套能够实现交通政策目标的全方位的交通手段,反复斟酌能够灵活应对时代状况变化的政策措施的可选项,并加以诠释。在政策措施的设计乃至实施阶段,仍有必要采用能够思虑个别具体情况的解释学思维方式。另外,具体的政策措施实施过程中,所发生的价值观念间的摩擦冲突,也能够在拥有"知识相对化"特质的诠释缓冲下得以缓解。并且可以期待在价值间的相互理解、相互融合的过程中,摸索出更富有实践意义的政策措施。也就是说,具有灵活性与适应性的诠释方法(解释学的思维方式),不仅在目标领域的分析中不可或缺,而且在措施领域的分析里也同样重要。

另外,在实施规范分析时,同样是依靠前文(实证分析法)中说明的两个分析法(即定量分析法、定性分析法)来加以推进。

a. 规范分析中的定量分析法,可以理解为严格要求分析内部的客观性、缜密度的记号诠释的分析法。事实上,规范分析中存在着大量的定量分析法,这里为了帮助理解,以最具代表性的最优化分析(optimization analysis)为例来看。它是一种在某一价值前提(目标)或者说是某一复合的价值前提基础上,建立理论模型,在一定条件的制约下求解最优值,并以此为基本凭据,提供解决问题理想方案的方法。可以说,它是以交通的理想状态为前提,寻求政策上最优解的一种分析方法,换言之是一种由定量分析法展开的严密规范分析。一方面不认可分析内部"价值"(主观意志判断)的存在。另一方面,在展开定量的模型分析之前,它又需要实施定量分析的目的(所追求的价值)作为其展开分析的前提条件,即需要接受存在于分析外部的价值判断。由此不难看出规范分析里的定量分析法本身包含着一个逻辑悖论[9]。这样一来,作为从对交通现实状况的事实认知出发,探究交通理想形态的分析方法之一,定量分析法能够保证规范分析内部的缜密度,但却有可能不得不面对来自分析外部的、就分析整体是否具备社会合理性的质疑。

b. 规范分析中的定性分析法,是为了能够弥补定量分析中所不能顾及的问题而导入解释学的思维方式,展开问题说明的一种分析方法。定性分析一方面能够将严谨的定量分析作为其分析的一部分包含其中,另一方面从规范分析的价值前提(目标)的设定,到问题的解决方案(措施)的选择,都能够在一个更加贴近现实的政策实践层面上展开分析。因为定性分析有着能够将定量分析里难以消化的价值要素包容在其分析范围中的潜在能力,并且由于采用解释学的思维方式,而使其具备了能够更好适应分析对象(人类社会现象)的灵活性。也就是说,可以认为 b 方法能够补充完善 a 方法,通过结合这样两种方法,能够提高规范分析方法整体的有效性。

(3)二者间的关系

实证分析与规范分析是两种独立存在的不同的分析方法。

这两种分析法存在两点差异:一是认知目的不同,二是价值判断在分析过程中是否具有支配性地位不同。首先关于认知目的,实证分析方法的使命是分析说明交通问题的原始状态,即分析问题的客观事实。而规范分析方法的使命是分析考察交通的理想状态,或者说是分析提出解决问题的理想方案,提出思考解决问题的办法。其次,在价值判断这点上,实证分析方法基本是以事实判断为基础进行逻辑展开,因此价值判断基本上是被排除在分析之外。相较之下,规范分析法考察交通问题时,基本是在价值判断的基础上才能得以推进。由此可以看出,价值判断是否参与分析、是否得到重视,是区分两种分析法的一个关键性因素。在社会科学的研究中,两种分析法作为相互独立的研究方法,确立了各自的地位;同时在社会科学的研究中,两种特征不同的分析方法,各自担负着不同的使命,发挥着的不同的作用。

另外,在实际的研究工作中还会发现,两种分析法在保持相互独立的同时,却又有着相互补充的紧密关系。这是因为两种分析法能为对方提供分析考察的"前提"(图2-3)。

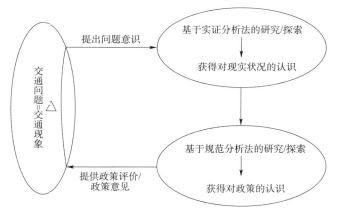

图2-3 两种方法的关系图❿

通过实证分析法,能够认识和理解交通问题的现实状况,获得一套有关现状的认识。然后,在规范分析的阶段中,我们将从实证分析结果中获得的对现状的认知作为分析前提,结合价值判断描绘交通的理想状态以及具体目标,进而寻求实现理想状态与具体目标的具体方法和措施。通过规范分析法,能够获得一套有关社会规范的知识体系(政策理论体系),凭借这套知识体系中的"目标—措施"信息,可以进行政策评价、政策谏言等,从而能够参与到改善社会环境的政策实践中。也就是说,实证分析的方法是规范分析方法的理论前提,能帮助我们正确认知现实状况的具体信息。

使用规范分析法,参与政策实践,可对交通问题的现实状况产生影响,能够作用于(改变)现实状况(如图2-3的△部分所示)。在这里,为了检验政策实践的结果及其功效,有必要再次运用实证分析法,获得新的现状认知。在这个意义上,规范分析所带来现状的变化与改进,恰好成为下一步获取现状认知的前提条件,成为展开下一步实证分析的前提。

由以上可以看出,两种分析法互为前提,并相互揭示了展开下一步分析的必要性。在这一点上,两种分析法处在一个互补的关系中。在这样的关系中,规范分析法能够将实证分析法的分析成果有效运用在政策实践中,进而为实证分析的结果赋予新的实践意义。另外,实证分析法能够对规范分析法所得出结论(政策措施)的有效性进行检验与确认,对规范分析的结论展开客观评价。也就是说,两种方法的联动,能够使我们对交通问题的认识过程更加充实有趣。而两种方法的互动效应,能够使所构建的(交通研究方面的)知识体系更加贴近现实社会,更加有效地服务于社会。

2.4 交通问题与两种研究方法——以地方交通问题为例

综上所述,在交通问题的分析考察中,实证分析法是为了追求事实真相,规范分析法是为了改善现状、解决现实问题。在交通问题领域中,两种方法都是为了实现更加理想的移动性社会而存在的实践性分析方法。

这里以日本的地方交通问题为例,来对两种方法进行具体把握。

(1) 实证分析的具体事例

三大都市圈(京滨、中京、阪神)以外城乡地区的交通问题,主要可以分为两类,即地方都市圈交通问题与人口稀少地区的交通问题。特别是后者,存在着地方铁路与地方公交车经营困难的问题,以及与之相伴的公共交通经营规模缩小,带来中止(暂时性的中断)乃至停止交通服务生产的情形。由此带来移动制约者与非移动制约者之间移动水平差异不断扩大,确保国民实际移动水平的问题日趋困难。面对这些实际问题,必然会产生两个问题意识:第一,为什么会出现这些问题?其社会背景、社会原因是什么?第二,应该如何解决这些问题?这里要考虑在第一个问题意识的前提下,运用实证分析的方法,分析把握有关经营状况恶化问题的实际情况,明确问题的原因与产生的背景。也就是说,实证分析方法的作用,是明确问题背后潜藏的因果关系以及制度结构,并且具体思考需要分析的内涵。

那么是什么原因导致了人口稀少且偏远地区的公共交通经营困难?其主要原因与背景大致可以归纳为以下几点:首先,很明显人口减少(人口流出)与私家车的普及是导致这个问题发生的主要原因。在这里需要分析的是为什么地方人口会减少?为什么私家车能得以普及?这就需要对人口动态,各种运输手段的运输量,运输手段间的运输分担情况,以及它们的历史变化等相关信息,进行数据整理,由此把握整体情况,分析具体特征⑪。然后在此基础之上,再分析人口减少与促进私家车普及的主要原因。另外,可能会观察到,现象背后存在着多个原因的叠加,或者是主导原因与附属原因的叠加而造成的复合型原因⑫。运用经济学的理论知识,分析问题背后的因果关系及其制度结构,并且通过导入解释学的思维方式,对问题进行系统的阐述与分析,明确问题的实际状况。

从公共交通的角度来看,人口减少(流出)与私家车的普及,都是来自需求侧导致公共交通经营困难的原因。那么作为交通服务的供给侧存在哪些问题呢?对于这一点也有必要从经济学的角度加以分析。在分析确认有关公共交通单位收支状况相关数据的同时,为了分析造成收支不平衡的根本原因,有必要从成本的角度对问题进行分析。这时就需要运用经济学、经营学的理论知识对问题展开系统的因果分析。

(2) 规范分析的具体事例

以基于实证分析得出的对于现状的把握为基础,为研究地方交通,特别是人口稀少地区交通问题,可以依靠规范分析的方法寻求问题的解决之策。为了维持人口稀少地区居民的移动水平,需要勾绘交通出行社会的理想形态,并设定为了实现理想形态的阶段性政策目标(价值标准)⑬。在此基础上,寻找能够解决人口稀少地区公共交通经营困难的具体方案,也就是政策措施,并从制度(软件)与基础设施(硬件)两个方面分析判断政策措施的种类与特征,对比措施间的优劣,以及各自的长处与短处,并最终形成一套解决问题的理想综合方案(policy-mix)⑭。

特别是针对人口稀少地区,从制度与基础设施两个方面,探讨不拘泥于已有交通形态的非传统(unconventional)形态,摸索考察适合当地情况的新交通系统,取代或补充原有系统,进而重新建立一套适用于这一地方的行之有效的交通体系⑮。也就是说,从规范分析的角度,思考探讨应该如何认识政府的管制政策,进一步讲,应该如何制定政府补贴政策,确保社会整体的移动水平等,显得十分重要。另外有关地方交通,政府(中央、地方)、企业、居民等相关主体各自应发挥的作用,以及应该如何构建主体间的相互关系,都是需要慎重考察的重要问题。

这样通过实证分析法明确了地方交通问题背后的因果关系,通过关于"为什么?"的分析,把握了问题的症结。在此基础之上,运用规范分析的方法,思考解决问题、改善现实状况的办法,进行了关于"怎么办?"的分析。这两种方法在具有各自独立性的同时,相互之间还存在弥补完善的关系。

2.5 本章小结

本章就分析考察交通问题,分别介绍说明了实证分析与规范分析两种分析方法。前者揭示问题背后的真理,后者探究问题的解决方案以及具体如何改善现状。两种方法既相互独立又互为补充。另外,还指出在这两种方法中导入解释学思维方式来进行逻辑展开,有利于促进交通问题研究的发展与进步。

笔者认为,通过这两种方法能够构建一个可以兼顾理论与实践的完整的交通理论体系。

注释

❶新田义弘(2006),246 页。

❷平山(1995)采用了"先入为主"的表现方法。"我在方法论以及哲学领域里的工作,就是将人们的直观认识作为先入为主的具有片面性的意见观点,同时,不断地将多个具有片面性的思想进行对照并解释这些思想,从而让这些思想观念能够得到综合与深化。通过这样解释学循环的方式来不断推进我的研究。"(18 页)。

❸丸尾直美(1993),9 页。卫藤卓也(2003),12 页。

❹卫藤卓也(2003),11-13 页。

❺平山朝治(1995),18 页。

❻渡边二郎(1994)。有关"解释"的一般的定义可以归纳如下:"所谓解释,是指某人针对某些事态或文章等,就其含义研究探讨之后得出的此人的理解与认识内容。"(24 页)。

❼神川正彦(2000),174-215 页。

❽山口三十四、足立正树、丸谷冷史、三谷直纪(2006),15 页。在这类叙述中所提及的"经验科学",可以理解为包含了图2-1 所表示的实证知识体系,与图2-2 表示的规范知识体系两个方面的内容。

❾譬如,以效率性目标和公平性目标为例。在考虑交通政策的目标时,是只考虑以效率性为唯一目标,还是在考虑两个目标的同时偏重于效率性目标,又或者是将两个目标放在同一高度给予同样的重视等,在考虑如何定位这两个目标,探讨如何处理目标间的相互关系才最为理想的过程中,所进行的工作即为"知识的相对化"。

❿宫川公男(2005),242-245 页。

⓫魏蜀楠(2009),313-314 页。

⑫如果观察旅客运输部分,实际上日本全国大量的公共交通(国铁、民铁与公交)旅客运输分担率从20世纪60年代的84.2%下降到2010年的41.1%。与此相反,私家车的运输分担率从7.2%上升到55.9%,上升比率高达7.7倍以上(自家用车中不含轻型汽车)[运输政策研究机构(2013),3页]。另外,货物运输中汽车(货车)的分担率也从20世纪60年代的26%上升到2012年的54.1%(2010年曾经达到63.8%)[国土交通省综合政策局情报政策本部(2013),25页]。

⑬卫藤卓也(1983),533-538页。卫藤卓也(2003),69-73页。

⑭例如,企业经营的效率性,提供交通服务的公平性,交通与自然环境之间的协调(生态平衡)等。

⑮例如政府为了追求某地经营公共交通的效率性,使企业的经营形态从政府经营转为民间经营。同时为了消除都市交通与地方交通之间的差距(追求地域间的公平),还可以对该企业给予一定的补助资金。

 参考文献

[1] 安部诚治.交通权的意义与其必要性[J].国际交通安全学会杂志,2012,37(1):14-22.

[2] 日本交通学会.交通经济手册[M].东京:白桃书房,2011:190-191.

[3] 卫藤卓也.私的交通成长与现代交通问题[J].福冈大学商学论丛,1983,27(4):527-549.

[4] 卫藤卓也.交通经济论的展开[M].东京:千仓书房,2003.

[5] 藤井弥太郎.公共交通[J].运输与经济,2013,73(4):2-3.

[6] 平山朝治.对日本社会的解释学的经济学的诱导[J].经济研究,1995,483:17-20.

[7] Henry E. Brady and David Collier.社会科学的方法论争——多样的分析工具与共同的基准[M].泉川泰博,宫下明聪,译.东京:劲草书房,2014.

[8] 角本良平.交通改革 政治改革——打破封闭[M].东京:流通经济大学出版会,1997.

[9] 角本良平.交通学130年的系谱与展望[M].东京:流通经济大学出版会,1998.

[10] 神川正彦.价值的构想与词汇——价值哲学基础论[M].东京:劲草书房,2000.

[11] 金本良嗣,中条潮.交通经济学会消亡吗?——跨越领域扩展的可能性[J].经济论坛,2004,681:9-24.

[12] 国土交通省综合政策局情报政策本部.交通经济统计要览2013版[DB].运输政策研究机构,2013.

[13] 丸尾直美.入门经济政策[M].东京:中央经济社,1993.

[14] 宫川公男.意思决定论——基础研究方法[M].东京:中央经济社,2005.

[15] 西村弘.脱离汽车社会的交通政策——从移动的自由到交通的自由[M].京都:智慧女神书屋,2007.

[16] 新田义弘.现象学与解释学[M].东京:筑摩书房,2006.

[17] 大江守之,冈部光明,梅垣理郎.综合政策学[M].东京:庆应义塾大学出版会,2006.

[18] 冈田清.综合交通政策论系谱[J].国际交通安全学会杂志,1988,14(2):70-76.
[19] 金本良嗣,山内弘隆.讲座·公的管制与产业④交通[M].东京:NTT出版,1995:第10章.
[20] Richard Swedberg. The Art of Social Theory[M]. Princeton University Press, 2014.
[21] 盐野谷祐一.经济哲学原理——解释学的接近[M].东京:东京大学出版会,2009.
[22] 运输政策研究机构.2012年版地域交通年报[R].运输政策研究机构,2013.
[23] 渡边二郎.构造与解释[M].东京:筑摩书房,1994.
[24] 魏蜀楠.交通经济分析的基础方法——方法论序说[J].福冈大学大学院论集,2009,41(2):301-319.

第 3 章 新干线新线建设与 PPP 模式

3.1 交通政策调控

2012年6月,日本政府批准了整备新干线(新干线新线)待建项目建设,意味着日本新交通体系的建设又向前迈进了一步。完成新干线新线建设工程的直接意义在于能够完善日本高速交通网。新干线新线建设虽然是国家项目,但在对地理位置上与新干线并行而存在的既有铁路问题,以及以新干线车站为中心的城市建设等问题处理上,日本政府是联合交通运输企业予以解决的,并设计和选择实施了多种建设及运营的措施和办法。本章将以此为背景,在分析新干线新线建设的网络功能与作用的同时,对交通基础设施以及社会基础设施的建设方法进行整理、说明。

到目前为止,支撑日本交通基础设施建设资金源主要有两个:一是来自国家(中央政府)与地方公共团体的公共财政支出;二是来自基础设施本身的收费收入。但对于普通的民营铁路运输公司,通常既要负责公司本身使用铁路轨道的铺设及维护管理工作,同时还要承担铁路运输的日常运营管理,这样的运营模式在日本早已被视为理所应当的社会常识。正因为存在这样的社会背景,所以相较于欧美各国,日本政府对于铁路基础设施建设的财政补助力度相对较少❶。也就是说,长期以来在日本从事铁路运输的企业通常采取"全额成本方式"的运营方式,即其基础设施方面的投资成本是完全依靠票价收入来进行回收的。但最近在少子老龄化社会的背景下,旅客运输量长期处于低迷状态,可以说传统方式的铁路基础设施建设方法快要达到无法维系的临界状态❷。

2000年3月实施的《铁路事业法修正案》(以下简称修订法案),从政策上放宽了准入和退出市场的调控。对于铁路运输收费,法律上正式予以承认,并规定了基于全额成本方式下的"价格上限制度"等。其中有关市场的准入制度,修订法案废除了以往调整供求的"发牌制度",转而采用了通过审查每条铁路线路的收支状况,运营的可持续性、稳定性,以及运输的安全性等方面来授予企业运营许可的"许可制度"。而关于市场的退出,修订法案对以往的"许可制度"进行了修改,采取了提前一年的事前申请制度,简化了铁路运输事业主体退出赤字线路运营的手续。另外,在审查运输企业退出市场时,运输大臣(即目前的国土交通省大臣)会就在企业退出运输市场之后,应该如何来确保铁路沿线地区交通移动的便利性问题,征求并听取有关地方公共部门的意见。

关于票价调控,修订法案采纳了如前文所述的价格上限制度(这在1997年之后的铁路运营中实际已经得以施行)。在修订法案中,事前申请制度在法律上得到了重新确认。为了提高换乘的便利性,在(以往)直接下达铁路设施接驳改善命令的前期阶段,在促进铁路运输运营部门间相互合作,以及督促铁路运营部门自主性行动等方面,设定了(当时的)运输大臣裁定、劝告等不同等级的相关规定。另外,在铁路货运方面,调控政策也得到了相应实施,政府并于 2002 年 6 月再次修订了铁路事业法,废除了以往的供求调控以及运费价格设定的事前申请政策。

3.2 交通基础设施建设与交通政策的变化

日本第一条新干线是 1964 年 10 月 1 日国有铁路时代开通的连接东京和大阪的东海道新干线。随后 1970—1980 年间,山阳新干线、东北新干线、上越新干线都先后开通运营。而所谓的新干线新线建设是基于 1973 年日本新干线铁路建设法案第 7 条,由建设计划规定的 5 条属于新干线后期工程的建设项目。这 5 条线路分别为:东北新干线(盛冈市—青森市)、北海道新干线(青森市—札幌市),北陆新干线(东京都—大阪市),九州与鹿儿岛新干线(福冈市—鹿儿岛市),九州与长崎新干线(福冈市—长崎市)❸。

最早开通的新干线新线是 1997 年 10 月 1 日开通的北陆新干线的高崎—长野(117km)区间。虽说这是属于北陆新干线的一部分区间,但被日本当地居民们爱称为"长野新干线"。随后,2010 年 12 月八户—新青森和 2011 年 3 月博多—新八代等线路先后开通。目前东北新干线与九州新干线中的鹿儿岛线路都已实现全线开通。所以,目前处于施工阶段或获得建设许可的线路是基于 2004 年 12 月的政府与执政党确认事项,即名为"针对新干线延伸建设的具体办法"施工计划中得到认可的 3 线路 6 区间(总长 780km)线路。具体是以 2015 年 3 月 14 日开通的北陆新干线长野—金泽区间为首,包括已经步入正式施工阶段的北海道新干线(新青森—新函馆)、九州新干线的长崎线(雄武温泉—谏早)区间。另外,政府于 2012 年 6 月 29 日新认定的区间还有北海道新干线(新函馆—札幌)区间、北陆新干线(金泽—敦贺)区间、九州新干线的长崎线(谏早—长崎)区间。

新干线新线项目主要区间的时速都在 200km 以上,是能够实现高速行驶的干线铁路。在建设由新干线构成的全国规模铁路网规划中包含了促进国土均衡开发,促进国民经济以及激活地区经济等诸多的政策目标/意图。

此外,新干线新线项目的基本建设方式是隶属政府部门的"铁路建设与运输设施建设支援机构"负责建设新干线线路,并拥有其所有权,同时将新干线设施的使用权有偿借予作为线路运营主体的 JR 公司,通过采用"上下分离方式"来实现新干线的日常运营。关于新干线投资的资金来源,除去从 JR 公司收取的设施租赁费用的收入,余下的建设成本 2/3 由中央政府、1/3 由地方公共团体来承担。图 3-1 为新干线新线项目中采用的上下分离式建设方法的示意图。

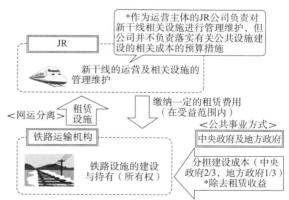

图 3-1 新干线新线项目上下分离式建设方法示意图
出处:根据国土交通省公开资料绘制。

3.3 新干线新线项目论证内容

(1) 政府、执政党对新干线新线项目的相关决定(政策)

基于之前召开的新干线新线项目问题研讨会等得出的方针及研讨结果,通过"整备新干线未施工区间处理办法的相关提案(2011年12月21日)",以及2011年12月26日政府与执政党确认事项"有关整备新干线的处理办法",政府确认了今后新干线新线项目处理办法的重要基本事项。

建设的"基本思路":第一,尊重政府的财政规律,不过度依靠公共事业的相关财政补助以及不增加地方政府的财政负担,在必要的时候能够通过灵活运用新干线新线项目的租赁收入充实其建设资金。第二,从有效利用资金源的角度出发,调整新区间的事业基准,充分考量多重运输体系的共存,设定各线路的运营区间以及开业时间。第三,在确保稳定资金来源的基础上,还需要满足所谓的"有关施工的5项条件"之外的其他前提条件(维持收支平衡的可能性、衡量投资效果、获取作为运营主体的JR公司的同意、就分离并行老线运营的事项征求沿线自治体的同意)。另外,还需要在确认各线路区间课题(2010年8月27日举行的新干线新线项目问题研讨会上"有关整备新干线未施工区间等的处理办法"中提到的问题)的具体应对措施条件下,才开始着手进行批准新区间工程施工的工作。第四,沿袭严格的财政管理方式,继续努力确保建设主体独立筹资的制度体系❹。

在新施工区间的立项过程中,需要遵循上述四点的基本思路,同时还有必要对工程的经济效应以及通车后的运营效益进行充分的评估。也就是说,对于新区间,需要在慎重确认其投资收益及收益性的基础上,确保能够满足"认可施工前应满足的(各项)条件",在此之上,才开始针对具备工程课题解决方案的区间,分步推进施工前各项认可手续的办理。

对于北海道新干线(新函馆—札幌)区间,批准施工前所满足的具体条件有:需要得到作为运营主体的JR北海道的同意,以及对于分离出去的老铁路线的处理方式需要获得沿线地方自治体的同意。另外,新青森—新函馆区间的通车时期大约为20年之后❺。对于北陆新干线(白山综合车辆基地—敦贺)区间,与北海道新干线的情况相同,同样需要获取运营主体JR西日本以及有关并行老铁路线沿线自治体的同意,预计其通车时期约为十几年后❻。另外,对于九州新干线,同样需要获得运营主体JR九州的同意,其线路整体的通车时期会与武雄温泉—长崎线路相协调,预计为谏早—长崎区间工程开工之后的10年❼。

在呼吁新干线新线项目全线早期施工的文告中还提出需要灵活运用租赁收入以及扩充与重点分配公共事业的政府补助,需要从更广的视角尽早确保充足的建设资金,尽早完成已施工区间工程,以及应该尽早明确北陆新干线未施工(敦贺—大阪)区间的建设方针等建议。另外,从减轻地方公共团体地方政府的设备成本负担额度的角度,还提出了针对为确保国家工程水准考虑实施扩充建设资金方面的财政补助而建立财政补助制度,以及已施工区间建设成本的超额部分等具体事项,应该及时同沿线地方政府团体进行沟通,同时应该极力避免产生新的建设成本负担,对相关事宜进行合理应对、处理。

其中还要特别指出,并行老线不仅是地方居民日常生活中必不可少的移动手段,同时还作为重要的铁路货运广域运输网的一部分,承担着重要的运输任务。为了维持并行老线的运营,各地方有必要尽早建立并实施运营成本的减负政策,在财政方面对其给予积极的支持[8]。

(2) 新干线新线项目工作小组对于工程估算合理性的确认

日本交通政策审议会陆上交通分科会铁道分会新干线新线项目工作小组2012年4月3日公布了《有关新干线新线项目未施工区间的"收益性及投资效果的确认"的总结》[9]。其结论为"通过对作为施工前提的交通需求预测结果等的研究讨论,基本确认了有关实施北海道新干线(新函馆—札幌)区间,北陆新干线(金泽—敦贺)区间以及九州新干线(长崎线路)(武雄温泉—长崎)区间的收益性及投资效果等国土交通省工程估算的合理性",即工作小组对工程估算的合理性进行了再次确认。但同时小组还指出,在工程实施时需要对工程收益性以及投资效果造成巨大影响,即需要对以下的具体事项予以充分重视。

其一,对于北陆新干线与九州新干线(长崎线路),为了提高换乘的便利性,积极导入轨道间距可变式电车是行之有效的办法。就北陆新干线,需要考虑新干线区间与关西、中京方向老铁路线间的衔接运输量,提高轨道间距可变式电车运行区间以外的老铁路线与新干线间的换乘便利性。另外,对于轨道间距可变式电车,今后还需要对其可连续行驶的时长、里程、年限以及车辆线路的维修等方面进行进一步的确认。

其二,在与货物列车并行使用的北海道新干线青函隧道等共用的行驶区间上,从确保运输安全的角度,新干线列车目前的运行时速被限定为140km/h。对于这一点,考虑到提升对应区间行车速度能够带来的经济效益,今后,通过开展相关技术的研究讨论尽快得出实现提速的具体方案十分重要。

其三,目前虽然在技术开发的努力下已经成功节省了新干线总建设成本中的部分费用,今后仍然需要在这方面继续努力,这一点十分重要。另外,由于这是一项长期的工程,所以对于工程的评价需要今后在综合考虑社会形势、周边环境变化的同时,及时捕捉最新的数据信息与条件。与对待其他公共建设项目相同,需要对工程进行长时期的观察与定期的核查。

上述由新干线新线项目工作小组总结得出的主要注意事项,对于新近开展工程施工的3线路3区间的工程实施极为重要,也只有一个个地去克服这些难题,才能妥善且合理地推进公共事业的发展。

3.4 新干线新线项目的经济效益与地域经济影响

政府在落实各项新干线新线项目时,基本都是在2009年12月24日的"关于整备新干线建设的基本方针"(整备新干线问题研讨会议决定)的基础上,在确认满足了以下5项条件后才批准施工的,即:①确保稳定的建设资金;②确认其盈利能力;③确认其投资效益;④确保获得运营主体JR公司的同意;⑤就并行老线的运营分离事宜确保获得沿线地方政府部门的同意。

在每个新干线新线项目的施工之前,总会出现"推进派"与"慎重派"两派意见对立的情况。"慎重派"特别指出成本收益比率过低的问题。这里的成本收益比率(CBR,Cost Benefit Ratio)是指,通过实施工程项目应获得的收益中能够进行正确量化的移动时间节省等收益总值除以工程成本以及相关维护成本等合计的总成本所得出的一个指标(B/C)。这一指标一般用于评估工程项目投资效应的合理性⓾。北海道、北陆、九州的各条新干线新线项目中未施工区间的 B/C 的评估值均被估算为 1.1 左右,实际上是一个相对较低的数值。在决定工程施工前,很多人对于这一数值都表示质疑⓫。

$$成本收益比(CRB) = 总收益(Benefit)/总成本(Cost)$$

但是,在这一数值的计算中并未包含随着新干线新线项目开通而产生的经济、社会方面的开发效果,以及给周边地区的经济发展带去的扩散性效应。确实,新干线新线项目的直接收益是包含通勤以及观光游客这些使用人群时间成本的节省。但新干线新线开通能够带给人们的远不止这一点,能使得沿线城市及地区交通移动的便利程度得到大幅提升,同时还能提升公司选址的优越性以及增加周边地区人居环境的魅力。其结果是,能够带来周边地价以及房租价格的上涨,让持有不动产的人们也会得益于开发效应而获取额外的收入⓬。另外,观光游客的增加也会在刺激地区经济增长方面起到积极作用。也就是说,新干线新线项目能够获得总成本 1.1 倍以上的收益。事实上,从已开始运营的新干线新线项目东北新干线盛冈—新青森区间,以及九州新干线鹿儿岛线路的实际状况中可以发现,新干线的开发与扩散性效应极为广泛⓭。

这里以北陆新干线长野—金泽线路开通运营后的经济扩散效应为例来进行考察分析。新干线建设与所有的主体(铁路建设与运输设施建设支援机构),运用地区计量经济模型对北陆新干线工程能够给日本全国带来的总经济效应进行了全面估算。其中包含了由运输服务水平提升,沿线各地消费者购买活动的增加,商业效率的提高,以及由设备投资的增加、行动范围的扩大而带来的产业选址增加等各项期待值。其估算结果为年均 1020 亿日元(估算了从开始运营后到第 10 年的线路经济效应)⓮。

另外,B/C 的计算结果随着新区间选择使用车辆规格的不同[即选择使用正规新干线车辆,或是使用轨道间距可变式电车(free gauge train)]而不同。例如北陆新干线(金泽—敦贺)区间的 B/C 值,在选择使用正规新干线车辆时为 1.0,而在使用轨道间距可变式电车时为 1.1⓯。

线路的盈利能力是指对新干线新线项目的工程施工前后进行对比,以新干线新线项目的运营主体能够获得收益情况为衡量标准。新干线新线项目运营主体所管理的已设线路(即运营中的新干线与既有线路)的收支,以及并行老线运营分离后的收支也会被考虑在内。其计算方法为:首先根据需求预测的结果,计算新干线新线项目与已设线路所需的成本以及收入来推算其收益水平;然后计算新干线新线项目工程施工前后的收益差值(收支改善情况);最后,将线路运营开始后 30 年内收支改善效果(收益情况)的平均值作为表示线路盈利能力的数值,对施工线路予以评定。图 3-2 所示为新干线新线项目的融资结构与基本施工条件。

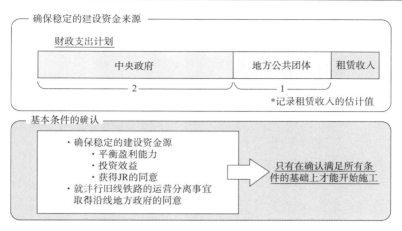

图 3-2 新干线新线项目的融资结构与基本施工条件
出处：根据国土交通省公开资料绘制。

3.5 PPP 模式

新干线新线项目的建设与改造，不仅扩大了日本国内地区间的交流范围，为沿线产业及地区经济发展作出了重要贡献，还在东日本大地震等自然灾害中表现出了在耐久、耐震方面的优越性能，作为日本这种灾害多发国高速交通网络干线的一部分发挥着重要的社会功能。而在另一方面，沿线地区老铁路线的运营分离，新干线车站周边的建设与以车站为核心的城市建设必要性凸显出来。面对这些现实问题，支撑新干线的次级交通系统也需要得到相应的改善与充实。

目前已经完成运营分离的老铁路线均面临着应该如何维系日常运营的问题，经营情况十分困难。2015 年 3 月 14 日长野至金泽的北陆新干线开始运营，而迄今为止里程最长的老铁路线的运营也分别被交予长野、新潟、富山、石川的各县地方政府进行管理。老铁路线对于沿线居住的当地居民而言是不可或缺的交通移动手段，同时从日本物流政策以及大规模自然灾害中的物质运输等观点来看，也是极为重要的铁路线路。针对地方政府对老铁路线初期投资的成本负担问题，日本政府虽然在财政措施方面已经有所举措，但由于已完成运营分离的第三部门铁路线路也被包含在国家补助的对象范围内，所以导致国家能够扶持老线步入独立运营阶段的资金仍然不足。日本需要构建一个能够维持这些老线路今后运营的新制度体系，这已经成了一个亟待解决的课题。

总的来看，对地方而言，新干线新线项目还意味着以车站为核心的城市建设，二次交通移动手段的建设与完善，推进新干线与老铁路线、公交车、出租车等的衔接，以及更加细微全面的各方面合作等。近几年，欧美各国在社会基础设施建设以及公共服务供给方面都在推行实施公共部门与民间部门的协作（PPP，Public-Private Partnership），即积极地导入"政企合作"的思维方式。而日本在迎来真正的成熟型社会的同时，中央以及地方各级政府部门、公共团体的财政状况变得日益严峻。在这一背景下，PPP 的思维方式在日本也很快得到认同，并正在不断地被推广。但目前在日本的交通以及社会公共利益性的事业领域中，多数情况下仍然是由法律、制度等所规范的纵向部门（行政）为中心来进行管理，这离真正的"政企合作"还存在一定的距离。

人口的快速下降以及老龄化社会的到来,加之火山喷发与大型地震灾害的发生等,日本面临着迄今为止最为严峻的巨大社会和环境变化。国家需要从"交通的视角"出发,对于今后应该如何提供与市民生活密切相关的公共服务,提出一个更为明确的解决方案。同时,在面临社会基础设施老化、设施更新、资金筹措、设施维护管理等诸多问题的时候,政府更有必要推进"公(政府)"与"民(民间企业)"以及"市民"的联合,从多个角度共同研究探讨基础设施的最佳建设方法,将新的公-民合作模式体系落到实处。

一般而言,在市场经济体制下完成商品服务生产供给的制度环境中,公共性高、收益性低的商品服务大多都是交由中央及地方政府、公共团体等公共部门,以及准国有企业类(独立行政法人、地方公营企业、地方公社、第三部门等)主体来进行生产供给。另外,不论公共性的强弱,对于能够预见到一定程度营利性的商品服务,主要都是由民间部门(民间企业)来承担其生产供给。这样的分担形式在社会基础设施建设领域中也不例外。但在实际的公-民合作中,公共部门与民间部门的功能与作用,在多数情况下都观察不到明确的业务划分,都是通过公与民的通力合作来实现其最初目标。

3.6 基础设施建设新方法的引入

以公路、铁路、机场、港湾、供水与污水处理、电力、城市天然气、供暖等交通基础设施以及能源基础设施为中心的社会基础设施(infrastructure),是保障国民基本生活的基础。这类基础设施都具有以下几个特征:①投资规模巨大,从投资建设到投入使用的时间间隔较长;②除了具有实现人与物品的移动乃至流通的直接功能以外,还能给地方社会带来各种各样的外部经济效应;③以安全可口的饮用水供给以及污水雨水等下水道处理等为例的公共服务项目,都是牵涉到维持公共卫生、清洁人居环境的基本服务,关系到国家及地区整体的巨大社会利益;④每种社会基础设施能带来社会经济效应。由此可以看出,要正确划定基础设施建设所波及的具体范围十分困难。事实上根据设施的建设维护成本,对所有的受益人群进行平等的收费也几乎是不可能的。

时至今日,交通研究者们已经设计了多种方式对这些社会基础设施进行维护管理与实施更新。表3-1总结了有关基础设施维护管理以及投资建设中可以采用的各类方法。由此可以看出,到目前为止,政府以往采用的方法间可选性相当有限,这就需要基础设施的承建方努力创新,来促进形成更多类型的、更为广泛的投资建设方法,创造新的可选项。另外,对于公共性高且不具备盈利可能性的社会基础设施,以盈利为目的的民间企业如果不能得到中央及地方政府的财政补助,基本上就无力承担这类基础设施的建设、维护、管理。也就是说,类似于人口稀少地区交通服务的必要性基础服务的供给,一般都是由公共部门或者是具有公共部门性质的组织(企业)予以完成。

综上所述,PPP模式实施的内容及其所处的具体情况千差万别,各项工程事业中采用的合作方法都各不相同,但作为合作方法的基本类型主要有:详细指定购买内容、规格、样式的规格类订购为主的业务委托(outsourcing)、以性能类订购为主的综合性民间委托、指定管理者制度、公设民营方式、私人融资方式(PFI,Private Finance Initiative)等。业务委托是将以往由中央及地方政府公共团体负责提供的部分业务外包给民间企业,从而能有效利用部分民间资源与服务系统。综合性民间委托是公(委托者)与民(受托者)之间缔结合同,受托者在被委托的前提条件下,能够在运营中进行自主判断决定的一种制度。指定管理者制度是得到议会认可的,在有效实现公共设施设置目的的过程中,有必要存在(参与的)法人或团体代理(地方自治法第244条)综合管理运营公共设施的制度。PFI是活用民间资金以及管理经验,促进公共设施建设完善的方法。这种方法是将民间企业的朝气活力运用到公共设施的建设管理中,使低成本、高质量的行政服务变为可能❶。为了通过灵活运用PPP及PFI等方法来顺利推进民间资金对社会基础设施的投资,日本的相关法律制度正在逐步得到完善❶。

基础设施维护管理及投资建设方法　　　　表3-1

	各 类 方 法	
以往的类型	从地方行政组织转型为"地方独立行政法人"	
	委托	委托部分业务,或者以详细指定购买内容、规格、样式的规格类订购为主
现有类型及今后将会出现的类型	委托	转为采用能够激发受托企业创造性、积极性的性能类订购(综合性办法)
	DBO(将设计、建设、运营、一体委托给作为PFI主体的民间企业)	
	委托第三方(此方法被2002年4月施行的供水法修订版采用)	
	PFI(1999年施行的PFI法,2011年施行的修订法案中导入了特许经营等方式)	
	指定管理者(被2003年地方自治法修订版244条第2条第3项采用)	
	转让民间企业运营或者逐步民营化	

出处:笔者基于各类资料整理而成。

由2011年5月实施的PFI法修订版所导入的,公共基础设施等的运营权(特许经营)方式,是一种在不移交设施所有权的前提下,将基础设施运营管理方面的权利长期授予民间企业的管理方式。也就是说,针对征收使用费用的公共设施,公共主体保留其所有权,将设施的运营权转交给民间企业。这种方法适用于已经建成的新旧公共设施❶。在其他国家,社会基础设施建设资金的筹措,一般都是采取能够在国内外进行广泛募集的基础设施基金的方式,并且对如何在证券交易所创立基础设施基金问题已经展开了相关研究。日本目前也在思考如何在东京都地区实现日本第一个由政企合作成立的基础设施基金❶。

3.7　课题与展望

新干线新线项目能够大幅缩短地区间的移动时间,并且通过促进日本的商业与观光交流,能够在很大程度上为地方产业及社会带来积极的影响。例如,2015年3月14日北陆新干线延伸到了金泽市,之后政府又决定将其线路建设一直延伸到敦贺市。如此一来,能够大幅缩短首都圈—北陆圈—关西圈之间的移动时间,可以期待地域间交流人口的增加。这样在保证北陆新干线建设效果最大化的同时,还能期待交通网络的建设完善能够在促进地域间经济交流、推进新干线各车站与日本国内主要城市及观光地区衔接、提高各地区的通达性等方面发挥积极作用。

另外,北海道新干线也于2016年3月延伸至新函馆,并还有延长至札幌的建设计划。

北海道新干线的开通,及其与东海道、山阳、九州、上越、东北、北陆各条新干线的衔接,最终能够形成一个连接日本各地区的大规模周游型观光流动路网。在新干线的网络功能得到大幅提升的同时,还不得不关注下一步如何通过发展以新干线各车站为中心的观光旅游,帮助强化地方振兴的功能,促进首都圈、北陆圈、关西圈、中京圈、东北南北圈、道南圈等经济产业交流,以及解决与此相关的一系列亟待解决的问题。

对于新干线新线项目经由地区的各地方政府而言,虽说是在该项目的建设上投入了巨额资金与大量劳力,但仅凭借拥有了新干线车站这一点,并不能保证地区经济的发展与繁荣。为了推动地区经济的发展,地方政府还需要通过坚实的地区城市建设规划,推进以新干线车站为核心的新城建设。与此同时,为了提高沿线的品牌价值,有必要推动促进新干线项目最大限度发挥其地区开发效果的相关社会基础设施建设。从这个意义上讲,建设充实地方社会及地方居民日常生活中不可或缺的地方公共交通手段十分重要。同时,如果将新干线新线项目视为地区经济的"光明",那么与此并行的老线问题就是它的"影子"。要解决这一复合型问题,需要相关主体通力合作,依照交通政策基本法的理念,灵活运用"有关地方公共交通的复苏与再生法"重新构建地方城市。最近由于市街道村行政区域的合并,行政区划实现了广域化,地方公共交通的复苏问题也需要从一个全新的视角来进行切入,需要根据新的行政区划来进行重新分析与规划。对于市民生活中必不可少的社会基础设施建设,以及交通服务等公共服务的供给方式等,都需要从 PPP 模式等全新的观念出发来思考实施建设的具体办法,设计新的有关供给方式的制度体系。

 注释

❶1994 年铁道建设补助作为政府公共事业经费中的一项得到认可。参照金本义嗣,山内弘隆(1995)《政府调控政策与产业④交通》,NTT 出版,132 页。

❷参照石井晴夫(1999)《交通网络的公共政策(第 2 版)》中央经济社,135 页。

❸东海道新干线、山阳新干线、东北新干线(东京—盛冈之间)、上越新干线、山形新干线、秋田新干线,没有包含在整备新干线内。

❹详见国土交通省首页"整备新干线现状",http://www.mlit.go.jp/common/000224502.pdf。

❺关于北海道新干线,其中青函共用运行区间的最高速度目前为 140km/h,在北海道内的最高设计速度为 260km/h。另外,政府在 2016 年预算中大体上允诺了新函馆—札幌新干线的提前通车运营。

❻有关敦贺以西的建设方案,具体整理如下:起初由于资金来源方面的限制等原因,要完成新指定 3 个区间的新干线新线建设可以说是困难重重。但是由于后来东京至敦贺间的新干线顺利实现了通车,并连接上了京阪神铁路网络,使得干线交通的多重化等功能得到了实现。这可以说形成了一个经由日本北陆地域连接关东、关西的新干线网络。为此,从交通网络效应进一步扩大的观点出发,出现了需要避免敦贺换乘可能会造成的移动过程中旅客便利程度降低的相关意见。作为回应,JR 西日本以及当地相关的政府部门、机构已经开始

讨论确认其下一步的意见方向。

❼将正在建设过程中的武雄温泉—谏早新干线区间,与谏早—长崎新干线区间,作为同一系列的工程项目进行统一推进(中间包括佐世保线肥前山口—武雄温泉区间的复线化工程),运用轨道间距可变式电车的方式(标准轨)进行建设。

❽作为维系并行老铁路线的具体策略,探讨运营形态的具体办法有,铁路资产的无偿转让或是制定基于收益情况的转让价格定价规则,以及像是采用针对初期投资以及维持运营成本的补助措施,税收方面的减免,灵活使用租赁收费收入等措施,考虑从更加广泛的范围领域来获取新的资金来源。

❾参照以下 URL,http://www.mlit.go.jp/common/000207255.pdf。

❿在推算项目的成本收益比例时的具体收益项目,是指作为直接收益的利用者收益(消费者剩余)与供给者收益(生产者剩余)。有关社会效益的概念,参照石井晴夫(1996)《现代的公益事业:放宽调控时代的课题与展望》,NTT 出版,6-13 页。

⓫朝日新闻"工程项目成本膨胀的恐慌:关于整备新干线成本效果的疑问"2012 年 6 月 27 日早报,8 页。

⓬在欧美国家,很早就对作为外部经济效益的开发效益采取回收、回馈的措施,建立了相应的制度。详见石井晴夫(1999)《交通网络的公共政策(第 2 版)》中央经济社,81-101 页。

⓭当然还必须考虑以下的问题:"虽然目前对于作为间接效益的地区开发效益也会加以强调,但是在考虑地区开发效益时有必要防止在定量计算开发项目的成本收益时出现重复计算。通过建设高速基础设施实现的移动时间缩短效益是利用者能够得到的收益,例如通勤或者观光移动过程中的时间成本的确是由通勤者或观光游客来承担的,但是接下来会产生的,有关土地价格、房租价格、住宿价格的上升等所能带来的收益则会流入房地产商和观光行业企业的腰包。"(藤井弥太郎,"投资效益"《交通新闻》2012 年 10 月 29 日)。

⓮参照铁道建设运输设施建设支援机构《关于开展北陆新干线(长野—金泽之间)工程项目的应对方针》2012 年 3 月,44 页。

⓯参照国土交通省铁道局(2012)"关于投资效益及收支平衡"的详细资料,63 页。

⓰详见有效利用民间资金等促进公共设施等建设的法律(PFI 法)。

⓱近年,从市场开设者社会责任的观点来看,东京证券交易所对于通过上市市场募集民间资金的公共领域(尤其是基础设施建设领域)加大了力度。

⓲参照内阁府 URL,http://www8.cao.go.jp/pfi/kaigi/shiryo_01-2.pdf。

⓳东京都环境局"政企合作基础设施建设基金"。http://www.kankyo.metro.tokyo.jp/energy/tochi_energy_suishin/fund/。

参考文献

[1] 卫藤卓也,大井尚司,后藤孝夫.交通政策入门[M].东京:同文馆出版,2011.
[2] 北陆经济联合会主页[EB/OL].http://www.hokkeiren.gr.jp/activity/houkoku/110803.html.

[3] 石井晴夫.交通产业的多角化战略[M].东京:交通新闻社,1995.
[4] 石井晴夫.现代的公益事业:放宽调控时代的课题与展望[M].东京:NTT出版社,1996.
[5] 石井晴夫.交通网络的公共政策[M].2版.东京:中央经济社,1999.
[6] 石井晴夫,金井昭典,石田直美.PPP的经营学[M].东京:中央经济社,2008.
[7] 石井晴夫,樋口彻.组织管理入门[M].东京:中央经济社,2014.
[8] 金本良嗣,山内弘隆.政府调控政策与产业④交通[M].东京:NTT出版社,1995.
[9] 国土交通省.国土交通白皮书[R].各年度版.
[10] 国土交通省主页[EB/OL].http://www.mlit.go.jp/tetudo/tetudo_fr1_000041.html.
[11] 国土交通省铁道局.数字看铁路[R].2014年版.东京:运输政策研究机构,2014.
[12] 日本交通学会.交通经济手册[M].东京:白桃书房,2011.
[13] 新日本公众事务会社.读懂"市场化考验"[M].东京:东京法律调控,2006.
[14] 盐见英治.现代公益事业:网络的新拓展[M].东京:有斐阁,2011.
[15] 盐见英治,山崎朗.人口减少条件下的制度改革与区域政策[M].东京:中央大学出版部,2011.
[16] 多田佐和子.区域公共交通的活化与再生[J].区域建设,2010,2:http://www.chiiki-dukuri-hyakka.or.jp/book/monthly/1002/html/f10.htm.
[17] 竹内健藏.交通经济学入门[M].东京:有斐阁书屋,2008.
[18] 铁道建设运输设施建设支援机构主页[EB/OL].http://www.jrtt.go.jp/02Business/Construction/const-seibi.html.
[19] 提姆帕维鲁.现代交通系统:市场与政策[M].冈野行秀,藤井弥太郎,小野芳计,译.东京:NTT出版社,2007.
[20] 提姆帕维鲁.交通经济理论[M].冈野行秀,藤井弥太郎,小野芳计,译.东京:NTT出版社,2008.
[21] 山内弘隆,竹内健藏.交通经济学[M].东京:有斐阁,2002.

第4章 交通政策基本法与地区可持续交通

4.1 概述

日本政府在2014年实施的交通政策基本法中明确指出,确保维持地区交通的可持续性是重要的国家政策。该法案还指出,与交通相关的同一地区所有主体(使用者与非使用者),都有必要对本地区的交通问题有所了解,并积极主动地参与到解决问题的行列中。

然而,现实状况却与此大相径庭。各级地方政府面对的实际情况是:本身负责地区公共交通的政府部门人才匮乏,并且运输企业也无力确保足够的人力物力来认真研究地区交通问题。所以在对新法律、新制度的理念吸收,对运营体制改革、机制转变,以及在调整主体间的利害关系等方面,地方政府与运输企业的改革力度都显得十分不足。

本章为了考察和研究维系日本地区公共交通的理想方案,对交通政策基本法以及与之相关的地区公共交通复苏再生法(以下简称复苏再生法)等制度变更重新进行了整理,对迄今为止有关地区交通制度变更的内容与各个主体面临的挑战进行了全面梳理,并在此基础上强调了将基于新法的思想理念转换成为行动纲领的必要性。

4.2 地区公共交通制度的变迁

日本政府在确保地区公共交通供给方面建立了多项相关制度。本章将这些政策制度整理为四个板块,分别进行说明。

(1) 地区公共交通的财政扶持政策

由于运输企业法保证了各地运输企业的地区垄断,否定了准入与退出运输市场的自由,所以有关保障地区公共交通的代表性政策主要是以补贴形式为主的政府财政扶持政策。

政府财政补贴主要有资本存量补贴与运营成本补贴两种形式。资本存量补贴是指铁路运输服务生产中,针对铁路线路等基础设施建设投资给予的补贴。例如铁路运输企业法规定了如何对铁路运输基础设施的建设成本、维护成本给予相应财政补贴。而运营成本补贴是指针对铁路运输企业的日常运营给予的补贴。由于人口密度较小地区的公共交通需求量远小于城市地区,所以只有个别企业能够单凭运营收入实现运营成本的回收,多数运输企业往往都背负着一定程度的运营亏损(入不敷出)。由此,日本现行的运输企业法中规定了要对公交客车、铁路、岛屿航线等各类运输企业的运营赤字给予相应的财政补贴,并且还建立了一套补贴制度。

政府在建立这类运输企业的财政补贴制度时,为了使其正当化、合理化❶,往往是以回避及减少大规模投资的风险,或者是以虽然企业运营入不敷出但该企业所提供的社会公共服务仍有必要继续维持等类似的理由来予以说明。

但是,这种建立财政补贴制度的处理方式,存在引发财政困难的隐患,以及有可能导致运输企业由于过度依赖财政补贴而在运营方面出现懈怠等一系列问题。这又迫使日本政府开始逐渐削减运营成本补贴,废除部分补贴制度或降低补贴力度。事实上,1994 年日本政府废除了铁路运输企业运营损失的财政补助制度;开始阶段性地限制地区公交客车运营财政补贴制度的补贴范围,目前补助范围基本上被限定为地区间的主干线❷;岛屿航线方面虽然还维持着原有的补贴制度,但提高了督促改善运营方面的要求。

(2) 放宽调控时期的制度改革

2000 年针对包租公交客车以及铁路,2002 年针对公交客车,先后进行了企业法的修订,放宽了有关市场的准入、退出以及定价方面的调控政策。伴随法律修订,以往保护式维系地区公共交通的制度失去了其政策的基本依据。

政府放宽以往对市场准入、价格制定、市场退出等方面的调控政策,是为了促进运输企业经营的独立性,同时还有引入新进企业制造竞争,促使行业内原有企业改善其运营体制的意图。但在政策放宽后,除去具有一定人口规模城市地区的出租车、公交客车、旅游客车(这与日本一般的企业法制度不同)行业,以及高速公路客车领域有新兴企业参与运输市场竞争❸之外,实际上只在个别地区的运输市场上能观察到这类竞争型新兴企业❹。在铁路运输方面,基础设施与运输服务两个方面都没有出现新的运输企业,航运方面同样也很少(只有鹿儿岛—种子岛等部分航线出现)。同时,与 1970 年相比较,运输市场本身也发生了巨大的变化。公交客车的客运量只剩 40%,航运方面也只剩 50%。面对如此格局,新兴企业要进入运输市场获取利润十分困难。地区交通运输已经不再是一个能够通过利用竞争性的市场机制获取利益的市场。因此在地区交通领域实施放宽调控政策的最终结果是:除去部分地区的部分运输企业,多数企业都没有受到放宽调控政策的任何影响,不存在被卷入市场竞争的风险,仍然继续维持着以往的运营。

同时,长期以来通过依靠发展副业填补运输方面运营损失的体制也开始逐渐失效。这一现象可以在依靠产业再生机构所资助的案例,以及企业自身整理整顿的案例中观察到。这些案例的出现正好佐证了这一点。但是,作为重建运营机制的主要原因并不在运输方面,多数情况是由于之前以填补运输方面的运营损失为目的拓展的各项副业经营不善所导致的❺。

(3) 地区公共交通复苏再生法的制定与修订

在确保地区公共交通运营的可持续性方面,2007 年实施的复苏再生法起到了重要作用。在实施复苏再生法之前,2006 年政府修订了道路运送法,整理并调整了有关公共旅客运输业的相关法律制度。

之后,制定的复苏再生法,使得以往以运输企业为中心展开的地区公共交通维系工作,转为以地方政府为主导的方式来予以推进。也就是说,将保障地区公共交通的责任,交予以市街道村为中心的地方政府部门承担。

这一法案的基本理念是:相较于中央政府,地方政府更能够让当地的公共交通运营企业真正认识到维系日常运营的重要性,并促使这些企业通过自身努力来实现独立运营。但是,在以往的制度中,地方政府在维系地区公共交通运营方面发挥的作用极为有限,仅在运营成本补贴的计算等方面起到一定作用。所以,将维系地区公共交通运营的核心任务交由地方政府来实施,短期内还存在一定的困难。因此,中央政府为了让地方政府能够主动承担这一维系工作,出台了一系列相关政策来予以支持。具体来讲,将与维系地区公共交通相关的主要利害关系主体拉拢到一起,建立一个能够相互沟通的会议协商机制。同时,对于地区交通规划的立案、为实现立案的调查以及社会实验的实施(例如社区公交实证实验等)给予最长3年的财政经费补贴。

然而,由于会议协商机制产生了诸多问题,例如交通方式间补贴制度的不统一、部分财政补贴的对象被指出需要重新审视等,2011年日本政府对复苏再生法进行了部分修订。之后,自2011年起,政府将各种交通手段的多个财政补贴制度整合成为一个补贴项目,命名为"维系及改善地区公共交通的项目"(以下简称维系补贴),并且改进了会议协商制度结构,建立了一个能够综合讨论多种交通手段的会议机制。

(4)交通政策基本法的制定与复苏再生法的修订

在日本,法律领域中有关交通政策基本理念的研究长期处于空白。虽然之前也曾一度有过效仿法国的交通基本法来制定理念法的提议,但由于日本国内的政权更替,使其成了废案。日本的交通政策基本法几经波折,终于在2014年正式得以施行。

交通政策基本法是政府将保障地区公共交通正常运营作为国家政策,给予相当重视的一个标志。同时,法律条文中阐述了与交通有关的所有主体主动参与解决实际问题的必要性。该法令指出,在没有对国民(利用者与非利用者)应该履行的责任义务进行具体规定及强制要求的情况下,仅仅依靠行政机构(中央、地方政府)及运输企业来承担地区交通(即如若把供给义务完全交由这两类主体),就很难保障利用者无条件使用的权利(任何时候都能乘坐公共交通的权利)。就这一点,在交通政策基本法案立案会议上,就有专家提出意见,认为有关权利保障部分的内容占比过大。事实上,这一点在交通政策基本法案的会议上引起了很大的争议,最终,法案中有关如何保护出行权益的概念被删减❻。

为了反映交通政策基本法的理念,政府对复苏再生法进行了修订,并于2014年11月开始实施。修订版复苏再生法突破了以往地方政府的框架,以地区生活圈为基本单位,分析了应该如何确保地区公共交通手段的问题,并鼓励将交通项目作为城市建设的一部分来考虑,同时还对与城市建设有关的城市复苏相关内容进行了修改。如图4-1所示,将以往扩散型的城市建设,改为在结合规范产业选址规划(更具体地来讲是同地区小型居住区建设相结合)的基础上,以建立集约型城市为目的,对连接居住区间的公共交通网络进行重新整合。

在这次的修订法案中,为了重新整合公共交通网络,政府在修订前的地区公共交通综合联合规划中附加了"面向集约型城市建设的合作"与"考虑地区整体布局上的公共交通网络重建"两项,形成了"地区公共交通网络构建规划"(以下简称网络规划),作为地区公共交通建设的基本纲要。同时,为了重建公共交通网络,政府在网络规划中制定了由运输企业来负责落实完成的"地区公共交通重构项目"(以下简称重构项目),例如公交客车的干线与支线的重新整合、铁路运输方面的上下分离等。同时还制订了督促其实施的"重构地区公共交通的实施规划"(以下简称重构实施规划)。图4-2为复苏再生法修订前后的对比图,图4-3为重构地区公共交通示意图。

现代交通问题与政策

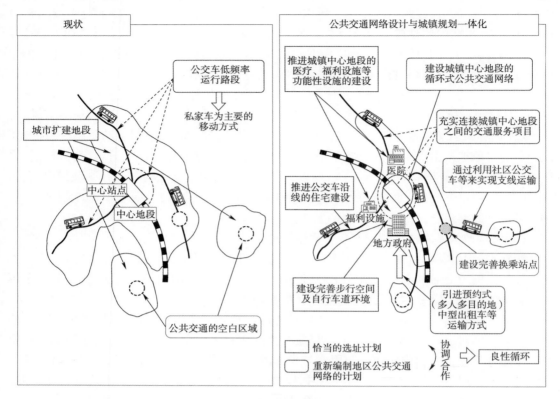

图 4-1 重构地区公共交通示意图

出处：参照国土交通省(2015)公开资料,2页。

在这次修订法案中,重点对以往作为地区公共交通基本行动纲要的网络规划部分进行了修改。在内容上,主要对城市建设合作、各地方各类规划的整合等重要事项进行了调整与规定。重构实施规划是以网络规划规定的理念为基础,制定开展实际行动的政策实践方针,说明了具体的重构内容。修订法案规定,制定重构规划的主体不仅可以是以往的各地地方政府,还可以是多个地方政府的联合或是上一级的政府部门。虽然网络规划只需要上报地方运输局,但要实施基于网络规划的重构项目,还需要首先得到政府对其重构实施规划的认可与批准。虽然日本全国制订网络规划的地方政府逐渐增加,但由于针对重构实施规划的认可要求很高,所以到本书截稿期为止实际获得认可的仅有岐阜县岐阜市一例。

为了辅助规划的制订与实施,修订法案中还保证了相应的补贴制度。虽然补贴总金额仍维持在法案修订前的水准上,但是修订法案中考虑了以往在复苏再生法中中断补贴的问题,在沿袭以地方自立为基础的补贴制度基本理念的同时,建立健全了以保障地区公共交通为目的的持续性补贴制度。但目前仍然存在着五年规划到期后,应该如何解决空缺资金的问题。另外,在制度利用方面,虽然地方政府在其制订的网络规划、重构实施规划得到认可后,就能享受财政补贴方面的优惠政策,但对于原本最需要得到该政策扶持的中小地方政府而言,重构实施规划的审查标准过高,很难获得认可,也成为今后有待解决的课题之一。

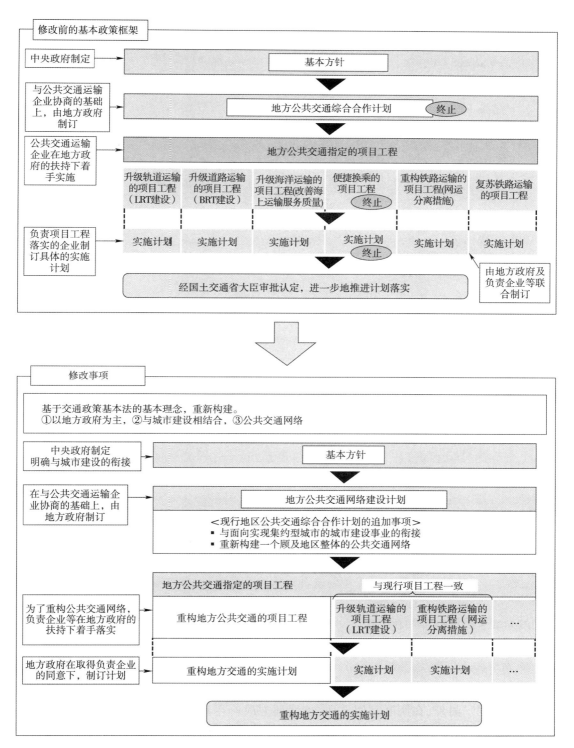

图 4-2 复苏再生法修订前后对比图

出处：参照国土交通省(2015)公开资料，4 页。

现代交通问题与政策

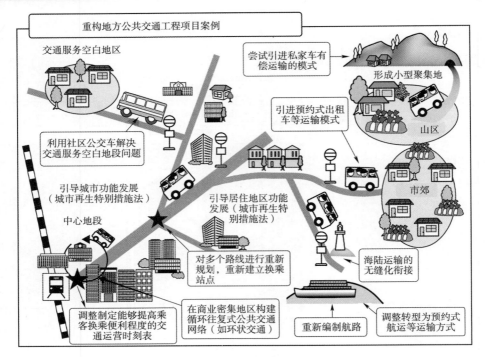

图 4-3　重构地区公共交通运输企业的方法示意图
出处：参照国土交通省(2015)公开资料,8 页。

4.3　地区公共交通可持续课题

上一节就确保地区公共交通政策制度的变迁进行了整理。但应该说这样的制度变化离实现最初的设想还相距甚远。本节将从地方政府、运输企业以及当地居民的三个视角出发，研究整理参与地区公共交通的三大主体所面临的具体问题。

（1）地方政府存在部门设置及人才不足问题

在放宽调控政策以前，即复苏再生法实施之前，地方政府的交通工作没有得到足够的重视。可以说，负责交通的政府工作人员日常业务，也仅限于对运输企业的运营计划给予相应扶持，受理财政补贴申请等。2007 年的复苏再生法实施后，地方政府被要求积极参与以往以运输企业为中心的运营计划编制工作，导致运输企业比以前更难获得财政补贴，给地区公共交通的财政可持续性带来新的现实问题。

事实上，除部分核心城市外，几乎没有地方政府有专门负责地区公共交通管理的部门或工作人员。更多的地方政府将这方面的工作交予地区公共交通相关部门的工作人员来进行处理。各地方政府中专门负责公共交通工作的人员平均都少于 1 人❼，且经常是同时兼任着其他多项工作。加之地方政府的人事变动通常都是 2～4 年一个循环，所以实际上管理交通业务的政府职员往往刚刚熟悉业务，又被分派到其他部门担任其他工作，而新调任来负责交通工作的职员又得从零开始学习相关业务。这样的情况周而复始地反复发生。

如果地方政府能够拥有分析研究有关地区交通的专业人才或部门,或者负责交通工作的职员能够灵活应对职位职能的转变,那么公共交通体系的改善及重构工作也就能够顺利开展。但当前两项都无法实现时,也就只能继续按照以往单方面依靠运输企业的体制来进行,或是采取补丁式的治标不治本的临时措施,对临时发生的问题进行临时应对。有关这一点,加藤、福本(2013)也曾指出,基于复苏再生法的联合规划失效的实际案例在日本国内屡屡发生。

(2)运输企业的经营体制及人才问题

作为承担交通的核心力量,在交通政策基本法制定前后,城市公共汽车、出租车、铁路、航运运营的运输企业始终发挥着重要的作用。

有人曾提出,21世纪伊始供求调整、价格方面的放宽调控,使得运输企业的运营状况日益困难。放宽调控的确给运输企业带来了不得不调整经营结构等一系列动摇其运营可持续性的问题,但是这并不能完全归咎为"放宽调控"。特别是在铁路与城市公共交通领域,放宽调控的政策出台之前,这两项交通方式需求量下滑的趋势已经无法挽回。即便是政府进行了从放宽调控到复苏再生法的实施,以及修订相关制度等一系列政策调整,也没能观察到运输企业的经营方式有往合理化方向发展的趋势。为了分析其间的原因,这里举几个例子来进行说明。

①商业模式转变的滞后。

放宽调控后,城市公交运营企业仍然维持着用城市间高速大客车的收入来填补其他运营区间成本的模式,即以企业内部补偿制度为基础的商业模式。正因如此,这些企业依旧反复以会导致"内部补偿制度崩溃"为理由,反对并批判允许其他竞争对手进入其市场的政策,反对高速公路收费标准下调等政策的实施。

原本调控政策放宽后,企业应该对以内部补偿为基础的商业模式进行调整,作出改变。但是在地区公共交通领域中,在类似于铁路、岛屿间航运等支撑当地居民日常生活的运输线路方面,都没有出现任何新兴企业。除去个别城市地区之外,公共交通的运输市场上也没有出现任何新兴企业。正如上文所述,由于地区公共交通已经不是一个可以通过市场竞争来获取利润的市场,与放宽调控前相比较,依旧能够不受到市场竞争的威胁,企业也无须担心市场竞争方面的风险。最终,地方上的运输企业将放宽调控前的商业模式延续至今。将这一结果与放宽调控、交通政策基本法以及复苏再生法的最初政策理念、实施政策的初衷进行对比,不得不指出这中间存在着很多问题。

②经营状况评价及分析系统的缺失。

复苏再生法实施之后,保障地区公共交通的主要责任转由地方政府来承担,这一点在交通政策基本法的理念中也得到了再次确认。在保障工作中,为了确保有关维护、运营成本、财政效率,以及当地居民的社会福利等都能实现政策的初衷,就有必要建立一套客观的评价体系。

从事交通的运营工作需要具备对各类政策制度及法律法规的理解,需要高水平的专业技能,同时需要依靠长期从事运输工作积累起来的运营经验来完成的部分也很多。也正因为如此,对运营工作的客观评价往往也仅停留在对给予财政补贴时收集到的临时且片面的相关数据把握上。但今后为了将财政预算制约、交通政策基本法、复苏再生法的政策理念等反映到保障地区公共交通的工作中,有必要对运输企业的运营情况给予客观的定量评价,以及基于评价结果对其经营状况加以分析。但是,公交客车及出租车行业各运行线路经营状况的具体数据通常都不对外公开,即便是公司在接受财政补贴的情况下也是如此[8]。在缺乏数据的情况下,要对运输公司的实际运营状况进行客观分析十分困难。结果是,无法对这两个行业内的公司经营状况进行第三方的客观评价,影响了政策的实施。

③运输企业的人才不足。

放宽调控及复苏再生法实施之前,运输企业可以说完全幸免于市场竞争以及没有被迫退出市场的焦虑,只需维持企业开展业务地区的正常运营即可。也就是说,只要线路运营不出现赤字,不触犯法律条款就已是企业运营的理想状态。因此,各运输企业也就守着各自的运营区域,互不干涉地维持着各自企业的经营。

然而,在放宽调控后出现的行业竞争与价格的问题,复苏再生法之后出现的主体间利益关系调整的问题,都成了附加给每家运输企业的重要运营课题。为了合理地处理这些问题,企业需要拥有能从理论上定量分析、综合考虑运输手段间相互关系的智囊团队来协助运营,同时还需要与当地政府加强沟通与联系。但在放宽调控之前,运输企业的经营环境已经接近于临界状态。目前,除去直接参与生产活动的员工之外,企业需要竭尽全力才能基本维持日常的运营管理,几乎没有多余的人力来从事此项工作。另外,目前在日本全国从事直接提供交通服务的乘务人员整体出现严重不足,甚至还时常会出现由于乘务人员不足而不得不缩减车次的情况(例如北海道的晚霞铁路公交、山口县的防长交通等)。

(3)作为参与方的当地居民所面对的问题

复苏再生法与交通政策基本法中明确指出了当地居民在保障地区公共交通中的重要作用。

近几年,在保障地区公共交通工作中,所谓"不乘坐公共交通"利用者的增加被视为需要解决的主要问题。这是指虽然平时几乎不乘坐公共交通,但当公共交通手段一旦出现无法维持日常运营的情况时,又会以"利用者"的身份出现要求得到权利保障的人群。实际上这类人群既没有参与公共交通的利用,又不愿意负担相关成本费用。他们往往缺乏主动参与到维持公共交通活动中的"当事人"意识,而这又成为影响地区公共交通保障工作的一个重要原因[9]。

在出生率下降、老龄化社会到来的社会背景下,作为税收来源的生产年龄人口不断减少,与此同时,需要医疗及社会保障帮助的人口正不断增加。政府行政收支方面入不敷出的情况已成事实。这要求我们必须对财政支出项目进行优先排序,并且同时还需要进一步追求财政项目支出在使用方面的效果与效率。所以,假如公共交通等公共服务被判定为不可或缺,那么就需要当地居民为维持该项服务承担相应的义务(当然也包括其他优先程度相对高的服务在内),需要他们参与到服务活动中去。

4.4 地区交通的可持续策略

上述几节对交通政策基本法的制定、相关制度的变迁以及相关主体中存在的问题进行了系统说明。可以看出,虽然有关地区公共交通的保障制度以及考虑的结构内容都发生了大幅变化,但若要形成一套制度体系能让作为"当事人"的各个主体为实现"确保当地公共交通网络""当地居民的社会福利最大化"等目标,依照交通政策基本法以及复苏再生法中的政策理念付出各自的努力,还留存着诸多课题。就目前状况而言,一是地方政府还没能就法制上的调整变化作出制度组织方面的相应跟进,仍沿袭着原有的老体制,只是针对出现的突出问题采取个别的临时应急措施。二是运输企业即便是在经历了放宽调控这一巨大政策转变,其商业模式仍然没有发生太大的变化。三是当地居民对于运输企业以及地方政府的认识理解没有发生任何变化,依旧只是在坚持主张需要维护利用者的使用权益。也就是说,目前参与地区交通的"当事人"现实状况,跟在复苏再生法中树立的"当事人"理想状态之间存在着很大的差距。

那么,伴随着贯彻复苏再生法"理念"的交通政策基本法制定与实施,有关地区交通的"当事人"今后应该如何参与其中?这里从"当事人"应该采取的行动角度出发,就交通政策基本法在地区交通保障工作中的贯彻实施,提几点笔者的个人建议。

(1) 地方政府

2007年复苏再生法的实施,要求以地方政府为中心开展地区公共交通的保障工作。此法案生效后,地方政府也确实采取了相应行动。但是在这之中令人担忧的是,虽然运输企业、地方政府、居民都是站在保障工作的角度来思考问题,但相互间的出发点、目的却完全不同。

这时就需要充分理解把握各个主体的立场以及行动方式,并将"地方社会福利最大化"设定为各"当事人"共同的最终目标,在此基础上来开展地区公共交通的保障工作。

在日本的地区公共交通总需求呈下降趋势的情况下,还是经常会出现一些地方政府不理解运输企业的经营状况,也不对其长期以来维持地区运输工作的成绩予以相应肯定与认同,而将政府单方面的思维逻辑强加到企业的事例。例如,因为存在市镇村的分界线而将小区公共汽车的运输工作交由两个不同的企业来进行管理,单凭报价的高低选择决定承担地区交通的企业。这导致承担运输任务的企业无法维持收支平衡而最终倒闭。又或者是大费周章地开通与原有公共汽车线路争夺乘客的小区公共汽车线路等情况的发生。可以说这些现象、事例都是由缺乏上述当事者间的相互理解与立场/目的不一致而造成的。为了避免这类事情的再次发生,建立"地方社会福利最大化"的共同目标,促进"当事人"之间的相互理解十分重要。

(2) 运输企业

2007年复苏再生法实施之后,地方政府以及当地居民是否对运输企业经营状况有了更多的了解,或是了解的机会是否增加了,回答是否定的。这是由于,虽然以法律为前提的企业应有状态发生了变化,但现实中运输企业的体制改革却进展缓慢。并且在建立新的法律制度之前没有对企业的实际运营状况进行公开确认,所以最终造成运输企业与其他"当事人"间对于企业运营状况的理解存在很大差异。

虽然对于地区而言运输企业的确不可或缺,但地方政府以及当地居民对于企业的认识几乎都还停留在"理所应当",或是"没有道理消失,没有道理停止运营"的状态。在放宽调控后,当运输企业开始实施运营改革,及伴随运营改革而采取区域性撤退行动(不仅仅是停止运营一条线路而是多条线路的,或以地区为单位停止运营的撤退行动)时,地方政府以及当地居民都没有做好相应的"体制"以及"承受度"等方面的准备，只有选择被动地全盘接受企业的决定，或者是全面抵抗、反对企业决定两种极端的办法。这样的例子在日本全国不在少数[11]。为了避免上述情况的继续发生，地方政府以及相关主体有必要对运输企业的可持续运营给予足够重视，客观把握其经营状况以及实际情况，并建立相关的制度体系。此外，还有必要在放宽调控前的商业模式及其经营体制的改革上下功夫。正如前文中指出的，对企业运营予以理解十分重要，同时也需要对企业擅长的领域，例如对只有专门从事这一行业的企业才能实现的社会功能，或是对只有专门性企业才能完全掌握的有关运营方面的各类规则，只有专门性企业才能完成的专业服务等方面给予充分肯定。但遗憾的是，企业实际上没能发挥自己的专业特长，从一个双赢的角度为地方政府以及当地居民提出一个解决问题的具体方案。事实上，企业在提议方面仍然停留在维护自身的单方面获益（或不接受损失）的思路上，所以最终的提议往往是废除或不废除"补贴制度"二选一的内容。又或者是当市场竞争的对手出现时，企业会以"因为错在对方，所以需要保护"的逻辑提出一些不具备建设性的意见。也就是说，当企业在以"专业"为挡箭牌，将自身的逻辑强加给其他"当事人"主体时，结果当然是难以得到其他主体理解与认同的。在交通行业以外的其他商品服务市场，作为卖方的企业，往往不是提出双赢的方案，就是在迎合市场（买方）上面下功夫，早已是不成文的市场规则。对于这样理所当然的市场规则，运输企业能否理所当然地去完成，已经成为我们最为关切的问题，并且不应该仅仅凭借行业特殊性而单方面地保护企业。关于这一点，原本是属于"理所当然的事情，应该理所当然地完成"的问题，而在地区交通领域却成为今后企业能否发挥其主观能动性，确保地区交通财政可持续性的一个关键问题。

（3）当地居民

不论是交通政策基本法的理念，还是复苏再生法的扶持性项目，都已经明确界定在确保地区公共交通方面发挥着主要作用的是地方，而负责地方管理的中枢是依靠当地居民投票选举而构建起来的地方政府。交通政策基本法中虽然回避了义务化以及责任落实等内容，但是目前地区公共交通需要的是能够积极主动地参与到公共交通的保障、维持活动中，具备"当事人"意识的当地居民。

单凭地区交通方面政府负责人以及政府工作人员的努力，或是仅依靠运输企业，都无法确保地区公共交通的有效利用与运营的可持续性。为了让当地居民具备"当事人"意识，当地政府会主动地付出多大程度的努力？当地居民又会因此对参与公共交通保障活动产生多大兴趣？政府能否调动当地居民的积极性？可以说这些对于地区交通的可持续性发展而言已经成为关键性问题。例如，针对解决交通空白地区（缺乏公共交通手段的区域）问题，大分市开设了名为"友谊交通"的同乘出租车（几位不同目的地的乘客可以同时乘坐利用的出租车）。市政府收集了有关经常利用"友谊交通"乘客（被称为真正的利用者）的生活习惯、出行需求信息，并且为了方便"常客"们的乘坐，将制定时刻表的权力及具体制定工作的一部分交由运营方与乘客协商决定。这也就形成了一个以公共交通的"常客"们为主导的保障制度，让乘客们能够主动参与地区公共交通的保障工作中去。另外，不少地区为了提高公共交通的使用频率，设定了相应的目标值，并对没有达到目标水平的线路采取"触发式制度"来改善其经营状况（就大分县内而言，在大分市与后丰大野市存在相关事例）。或者是以地区街道的居民自治会为中心,积极开展保障地区交通手段[函馆市的阵川ASAHI街道J公交(目前已经升格为一般公交汽车),岛根县饭南街,福井市,福冈县大野城等]。在这些事例中,当地居民已经作为参与地区交通保障的主体,承担起了一定程度的责任。而对于这一点,也是因为地方政府从提高居民参与积极性、提高居民参与度的角度,进行了相关的制度设计,才形成了由当地居民参与完成的地区交通保障与维持机制,同时也实现了交通政策基本法中所包含的基本宗旨。

在交通政策基本法与基于它的交通基本规划以及复苏再生法的修订法案中,为了规划并实现整个广域地区为单位的城市建设,以及支撑人流、物流的交通网络,我们需要构建一个超越城市街道村镇、交通手段乃至整个交通领域的协作机制(例如构建地区公共交通网络的规划,或者是重构地区公共交通的实施计划),各方协作,共同努力。

回顾这些新制度以及交通政策基本法的宗旨可以发现,今后要保障地区公共交通的理想形态,就需要依靠当地居民、地方政府、运输企业三个主体相互协作,需要三方积极主动地开展符合当地实际情况(当地居民的实际生活、实际需求)的地方建设,并同时承担起有关保障地区交通的相应责任,这样才能构建起一个能将地方的人、物、资源有效连接,能够长期扎根于地区的公共交通体系。

注释

❶ 参照卫藤卓也等(2011),22-23页。

❷ 参照山崎治(2008),47-48页。

❸ 2013年8月,高速旅游客车的运营形态成了新高速客车运输管制的对象,目前相关管制规定内容正被逐步统一到道路运输法中。

❹ 参照大井尚司(2010)。另外,公营交通和民营交通同时存在的结果是形成了相互竞争(例如八户地区等)的格局,此外,同一地区同时存在多家民营运输企业并且相互的运营区间之间存在重复的情况,以及民营运输企业与社区公共汽车的运营区间之间也存在相互竞争的情况。这样最终导致部分原有运输公司退出市场,或者在社区公共汽车接受社区委托运营的同时,公交汽车企业也一同参与进来,在同一运输市场形成竞争的局面。这类的市场参与以及市场竞争,很难说是单纯的市场参与与市场竞争。

❺ 关于这一点,参照大井尚司(2010),122-128页。另外,运输企业经营重建未能成功的众多事例中,放宽调控或者是地区公交运输需求量下降并不是其失败的主要原因。多数情况是由于原本运输业之外的业务拓展失败,或者是退休金发放以及资金支持方面受阻所导致的结果。很多企业是在重建事业可持续性的过程中遭受失败。例如,井笠铁路(冈山县除外)2013年的破产是由于不能维持企业运营而导致的破产。最后,井笠铁路线是Ryobi集团在得到道路运送21条的特别认可暂行运营之后,正式在集团内部成立了一个子公司来负责其线路运营,维持此铁路线的运输(除去部分线路)。关于井笠铁路参照小岛光信(2014)。

❻ 关于这一点参照栃木义博等(2010)。

❼ 关于这一点参照若菜千穗(2013)。实际上,就笔者所在的大分县内,县政府与大分市

政府都配有担任交通方面工作的专属职员。但是在其他地区的市町村级政府,到 2014 年 12 月为止,没有配置专门负责交通方面工作的人员。几乎都是其他业务人员兼顾交通及交通关联部门职位的情况,担任交通方面的工作人员几乎都是 1 名或者没有。

❽关于这一点,对于放宽调控方面的政策评价也是如此。笔者曾试图评价放宽调控政策对公交汽车企业的影响,但由于以区域为单位的民间企业统计数据尚未公开,所以只得对实际状况进行了大致的把握,得出了一个粗略的结果[结果参照大井尚司(2010)第 3 章]。

❾该问题参照小畑淳一、大井尚司(2013)与大井尚司(2013,大分市"友情交通"事例)。

❿关于这一点,大井尚司(2010)有详细说明。

参考文献

[1] 卫藤卓也,大井尚司,后藤孝夫.交通政策入门[M].东京:同文馆出版,2011.

[2] 加藤博和,福本雅之.看日本的地区公共交通规划是否落实扎根?——基于地区公共交通的活化与再生综合项目的成果与课题[J].土木计划学研究与讲演集,2013,47.

[3] 加藤博和.创建"地区的""地区自发的""以地区利益为重的"公共交通系统——从被动到主动[J].月刊自治研,2013,(648):38-7.

[4] 小岛光信.面向地区公共交通的再生——交通政策基本法成立轨迹及其必要性[J].铁路杂志,2014,48(4):166-171.

[5] 国土交通省."人与城市、通向未来的网络"——地区公共交通的活性化与再生法的部分修订[R].2015,URL:http://www.mlit.go.jp/common/001061400.pdf.

[6] 小畑淳一,大井尚司.摸索反映交通出行困难地区"利用者意愿"的交通规划理想方案——关于灵活运用大分市公共交通方案的产学官共同研究(阶段 4)[R].第 8 次日本交通出行能力管理会议发表概要集锦,2013,口头发表资料.http://www.jcomm.or.jp/conference/jcomm_material.html.

[7] 大井尚司.公共交通领域的放宽调控政策与政府部门作用的再评价——公共客车的放宽调控及其影响[R].ITPS Report 201001,运输政策研究机构运输政策研究所,2010.

[8] 大井尚司.关于在确保维持地区公共交通工作中的运输企业的存在价值[R].土木计划学研究讲演集,2012,45.

[9] 大井尚司.在维持公共交通工作中居民参与规划的方式方法的探索——从大分市"友情交通"事例来看[R].第 6 次面向绿色交通的全国大会论文集,2013:79-80.

[10] 大井尚司."友情交通运行项目"中关于利用者意识变化与居民参与的最佳方法分析[R].大分市都市计划部都市交通对策科,分析"友情交通运行事业"中利用者意识变化与居民参与规划最佳方法的受托项目成果报告书,2013.

[11] 大井尚司.地区公共交通的可持续性与各主体的作用——从"支持地区和交通的九州地区网络"的努力与放宽调控后的经营环境变化来看[J].九州经济调查月报,2013,817:2-6.

[12] 大井尚司.关于依靠"真正的使用者"的公共交通的最佳方案——从九州的事例出发

[R]. 土木计划学研究讲演集,2014,49.

[13] 大井尚司.接受了交通政策基本法理念的运输企业与自治体政府合作的最佳方案[J]. 运输与经济,2014,74(6):49-7.

[14] 枥木义博,寺岛浩幸,大井尚司,福留久大.座谈会 就制定交通基本法的几点意见——从"福冈市公共交通空白地区以及关于确保出行手段匮乏人群生活交通的条例"的例子来看(专题:对今后的交通基本法的展望——国民最低水平与交通)[J]. 运输与经济,2010,70(8):4-5.

[15] 若菜千穗.在公共交通领域中的市町村政府的苦恼及有关"共同打造公共交通"的几点意见[R]. 共同思考生活交通出行的全国性会议2013讲演资料,2013.

[16] 山崎治.为维持公交客车运营路线的策略——国家补助制度中的课题[J]. 参考,2009,9:41-60.

第二部分　　交通基础设施

第5章 人口递减时期的道路供给管理

5.1 概述

本章将就目前所面临的日本人口减少的大转折时期,政府应该如何处理道路供给的问题来展开分析,对与供给管理相关的各类因素进行逐一考察。

本章所述道路供给的含义考虑了通行能力在内的道路里程数。道路是连接多个城市的网状交通基础设施,如果没有形成与人们交通需求相适应的网络结构,就无法满足人们的出行需求。即使形成了道路网络结构,若其通行能力小于人们对道路的出行需求规模,就会发生交通拥堵,影响车辆顺畅行驶。也就是说,不论是从里程数的角度,还是从通行能力的角度来看,只有确保了对应道路交通需求的道路交通供给,道路才能发挥作为交通基础设施的基本作用。

然而,这并不代表只需单纯确保道路交通供给大于道路交通需求就万事皆休。当道路交通供给大于道路交通需求时,虽然一方面能够更好地应对个人的出行需求,不容易发生拥堵,但会增加建设以及维护管理的成本,最终导致国民的人均负担增加。因此,正如人们选择适合自己需求面积的居家一样,在决定道路交通供给要求时,我们在考虑到国民整体需求的基础上,还要依照需求规划一个既不过多又不过少的道路交通供给。本章将这一行为称之为道路交通供给管理。

第二次世界大战后,世界银行派遣的沃特金斯调查团在完成对日本道路情况的调查后在报告书中指出:"日本的道路状况简直难以置信。作为工业国家,除去日本,没有哪个国家能够如此完全忽视其道路网络规划。"[建设省道路局(1956年)]。之后,从如此恶劣的状态开始起步,日本在过去的50多年中,在道路建设方面一直努力不懈地一步步完成国家的建设规划,其成果可以通过2013年度的数据得到确认,即一般道路(一般国道、主要地方道路、一般都道府县道路以及市镇村道路)的实际里程为120万km,改良率为61.9%,铺装率为81.1%。这一组数字分别为1956年底的大约1.3倍、8.0倍和38.6倍。可以说,道路建设在日本经济成长过程中发挥了巨大的作用(图5-1)。

但如今道路政策已经走到了不得不进行变革的阶段。这其中的原因,除前文中提到的人口减少外,还存在着道路老化方面的问题。

人口的减少必然意味着道路需求的减少。而作为使用年限较长的社会资本,道路并不是为特殊的某一代人而建设,而是要世世代代继承下去的重要社会资本。依靠过去的几代人所建立起来的社会资本需要后人来予以继承。虽说这一点十分重要,但是在能够预见到未来人口将会减少的情况下,对于究竟应该留存多少道路,还需要从一个更加长远的角度来进行分析判断。

现代交通问题与政策

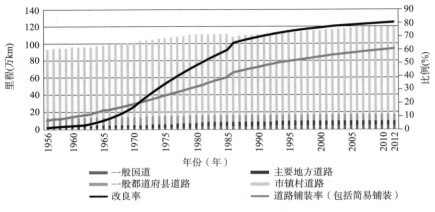

图 5-1　里程数与改良率、铺装率的变化情况

注：改良率是指符合道路构造规格规定的实际里程数所占总里程的比例，包括部分简易铺装的路段。
出处：基于《道路统计年报》绘制。

与此同时，对于过去半个世纪中快速修建起来的道路网络，目前正呈现出与建设时期同样快速的不断老化问题。由于道路使用年数较长，所以长期以来对于道路的维护与修理方面存在懈怠与轻视的问题。同时，目前政府财政方面的制约性条件也开始日益明显。这两点导致日本目前这样需要通过作出一些不得已的重要且困难的政策决断（即有可能出现废弃部分道路的情况）才能勉强维持国民目前安全放心地使用道路的状况。本章针对人口下降时期的道路供给管理办法，无论是从短期还是从长期的角度都需要完成的重要政策决断，展开分析讨论。

5.2　影响道路供给管理的人口递减与分布失衡

（1）人口减少问题

假设社会中每个人的经济活动量能够量化为某一数值（平均值），那么人口的增加就会带来道路需求的增加，另外社会经济的增长还会相应扩大其需求的增长。从 1960 年起的 50 年里，日本人口大约增长了 1.6 倍，国内生产总值增长了 7 倍，而由机动车实现的旅客（人数×km）和货物（t×km）运输总量分别增长了 16 倍。为了满足不断增长的道路需求，日本一步步实施并完成着国家道路网络的建设。在这中间，城市间的主干道规划是以"每个地区铺设的里程数应该与该地区（人口×面积）的平方根成正比"为基准的国土系数法（道路网密度论）作为根据来推进实施的 [今井，井上，山根（1971）]。

但是，日本人口在 2010 年前后达到峰值，之后就呈现出下降的趋势。社会保障人口问题研究所的推算结果显示，现在约为 1 亿 2700 万的日本人口，到 2055 年大约会降至 9200 万，2110 年人口约为 4300 万（图 5-2）。由此可见，未来日本社会的道路需求量确实会下降。

由于以往没有做出类似于这样道路需求量减少的设想，所以日本政府至今还未能提出一个针对道路需求下降的明确应对措施。从道路供给管理的角度来看，配合道路需求下降，道路供给也应该进行一定程度的削减。其具体的实施办法（例如废弃部分道路的部分区间，减少车道数以及道路宽度）是今后需要面对的课题。即便确实要削减道路供给，也并不意味着要照搬以往路网规划论的基准,按照人口下降的比例来判断应该削减的道路供给。例如上文中提及的基于国土系数理论的情况,基于这一标准,即便是人口减少到现在的一半,所需要的道路供给约为现在的七成,即交通容量削减幅度仅仅停留在30%的水平。这同时还意味着,每位国民平均所负担的道路建设维护成本比现在大约增长40%。也就是说,在没有明确提出应该如何应对道路需求减少的具体措施情况下,日本正面临着是要削减道路供给来维持国民人均对道路成本的负担水平,还是要提高国民人均负担水平来维持现有道路供给的二选一问题。显然这是一个有关今后道路供给管理方针的重要课题。

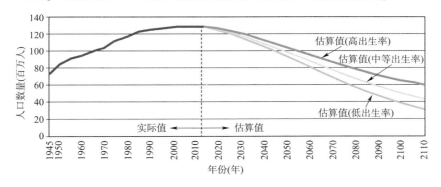

图 5-2　日本人口的未来预测

注:所有推算值均为中等死亡率的估算值。另外,2055年以后的数值为参考数值。
出处:基于社会保障,人口问题研究所资料绘制。

(2)人口分布不均问题

另外,日本的人口减少问题在全国各地的情况还存在着大大小小的差异。从图5-3可以观察到2010年与2040年的人口以及这段时间人口下降的比例。以东京都为中心的关东南部人口下降比例约为10%,而类似于东北以及四国等地的下降比例约为25%以上。

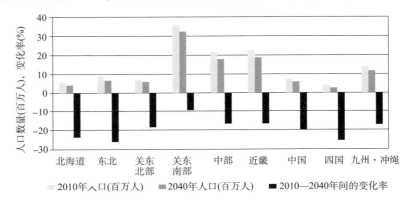

图 5-3　都道府县的人口预测以及变化率

出处:基于社会保障,人口问题研究所资料绘制。

另外,国土交通省2014年7月发布的"2050国土基本设计规划"中表明了以1km²的网孔(地点)为单位进行的推测结果。结果显示,2010—2050年的40年间人口增加的地区仅占2%,人口下降比例在0~50%的地区约占整体的35%,人口下降比例50%~100%的地区约占整体的44%,另外还有约19%的地区会成为无人居住的地区。

到目前为止各地区的道路网密度差距甚远(图5-4),而人口分布不均的问题将会使得各地区的道路供给管理变得更加复杂、艰难。

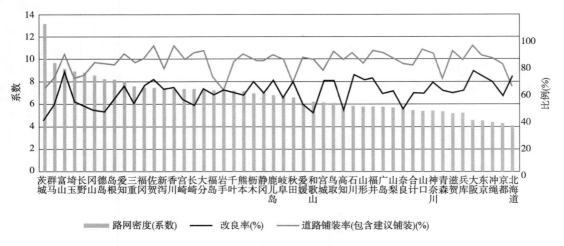

图5-4 都道府县的道路网密度以及改良和铺装率

注:改良率是指符合道路构造规格规定的实际里程数所占总里程的比例,包括部分简易铺装的路段。
出处:基于《道路统计年报》绘制。

5.3 道路老化与建养资金减少的问题

(1)道路老化问题

比上一节中所提到的人口减少、人口分布不均问题更难解决的是道路老化以及与此相关的财政资金不足(即财政制约)问题。

在5.1节中可以看到,日本在第二次世界大战后对于道路建设方面十分积极。快速且稳步的道路建设在日本经济成长中发挥了极大的作用,但在另一方面却又恰巧是道路网快速老化的原因所在。

图5-5是对长度在15m以上的道路桥梁历年合计建成数量、累计比例、平均使用年数的一个整理。从图中可以看出,日本道路桥梁的修建速度在经济高速成长时期最为迅速。另外,2015年统计的使用年数超过50年的道路桥梁占15%,假设今后不再新建道路桥梁,那么到2025年使用年限超过50年的道路桥梁会占39%,2035年会占62%,可以看出其老化速度将会变得相当快。与此同时,道路桥梁的平均使用年限[目前(2015年)约为32年]也会年年上升。

面对如此快速的道路老化,很容易推测出今后道路维护管理以及重建所需要的成本会比现如今的成本高出很多。从短期的角度来看,对道路维护管理掉以轻心可能会导致重大事故的发生。从长期的角度来看,如果存在使用频度极低、存在意义不大的道路,那么在解决这类道路的维护管理问题时,完全可以考虑选择废弃该路段。但是,在短期内有必要进行维护管理的道路与在长期意义上有必要重新修建的道路之间出现不一致的情况时,又应该如何考虑实施其维护管理以及重建工作,作出相应决断,会变得十分棘手。

第二部分/第5章　人口递减时期的道路供给管理

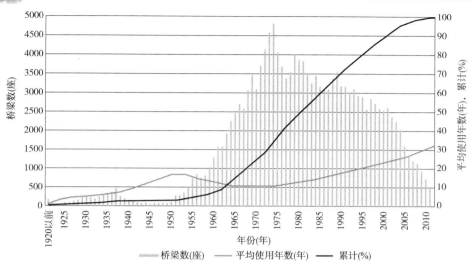

图 5-5　道路桥梁的历年合计建成数量(座),各年的累计比例(%)及平均使用年数(年)
注:统计对象为长度在 15m 以上的道路桥梁。且将 1920 年以前建成的桥梁均统一视为 1920 年建成。
出处:参照玉越,大久保,横井(2014)36 页数据统计表绘制。

(2)道路项目的财政制约

另外,必须指出,还有一个更加难以应对的问题是,近年来日益严峻的有关道路投资的财政制约问题。例如,国家的道路预算自 1994 年度达到峰值之后就呈现出下降的趋势,预算总额中道路预算所占的比例也逐年减少,到最近几年其比例降为 1.5% 左右。另外,从一般道路建设投入与城市规划街道工程投入的合计总量来看,道路建设投入从 1998 年达到约 11.2 兆日元的峰值之后就呈现下降态势。到 2012 年时已降为 5.6 兆日元,约为峰值时期的一半,相当于 30 年前的水平(图 5-6)。

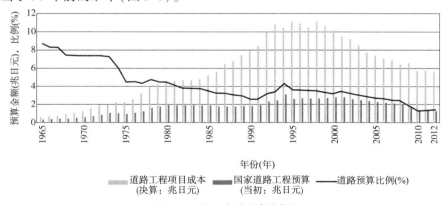

图 5-6　历年日本道路建设费用
出处:基于《道路统计年报》绘制。

在这样的财政制约条件下,实际运营管理道路的企业/事业单位也受到了一定影响。例如,管理东京都内国道的东京国道管理所在过去的十多年里都没能真正实施道路的全面修缮(重新铺设),只在路面出现较大裂纹或路面损耗过大,且沿途居民强烈要求修缮的时候,才进行了简单的修缮维护(采用切割覆盖的手法等)(味水,2015)。另外,据社会资本建设审议会道路分科会于 2014 年 4 月发表的《有关道路老化对策的实施办法的建议》显示,甚至是在由地方政府管理的桥梁中实际也有 2104 处实施了通车管制(2013 年数据)。从这些情况可以看出,财政制约也直接影响了道路的正常使用。

5.4 道路政策的转变

关于道路供给管理,近年来国土交通省的道路交通政策正在发生重大转变,将以往主要关注新路铺设的政策重心逐渐转移到道路的维护管理与更新方面。这种政策上的转变具体表现在两个方面:一是在"道路的有效使用"方面,二是在"应对道路老化的有效措施"方面。

(1) 道路的有效使用

《国土交通白皮书 2014》中提出今后有关社会基础设施的具体施政方针为"道路的有效使用""共同支持""放眼未来"三点。这里的"道路的有效使用"是指消除社会基础设施具备的机能与社会需求机能间的不匹配问题,以及在严峻的财政制约等条件下,如何下功夫提高社会基础设施的利用效率问题。

这一思路也同样反映在道路政策方面。在社会资本建设审议会道路分科会上,"道路的有效使用"这一关键词被定义成为:"已经建立起来的交通网络虽然还远不及欧美发达国家和地区的水平,但是通过细致的分析,谋求有效利用现有资源,就有希望能够最大限度地发挥现有网络效用,提高目前道路服务的整体水平。"分科会还在多处使用了这一定义,将其积极地运用到了道路政策之中。2012 年 6 月,社会资本建设审议会道路分科会基本政策部会的中期总结报告中提出了"通过道路的有效使用来实现各类使用者的共存""干线网络的战略性整合和有效使用"等建议。另外,在国土干线道路部会的中期报告(2013 年 6 月)中又提出了需要"灵活运用最新的信息通信技术(ICT),通过无缝连接实现有效的管理"的建议。

(2) 应对道路老化措施的具体实施

作为道路老化问题的对策,国土交通省将 2013 年定为"维修元年",对隧道内的道路附属物进行紧急检查,并且还对干线道路中的桥梁、隧道等实施了集中检查。这些对策可以评价为是对以往阶段性强化的道路桥梁检查工作进行的进一步强化措施。另外,政府还设置了社会资本老化的对策会议,并于 2013 年 11 月制订了基础设施的长寿命化基本计划。

在此基础上,《有关道路老化对策的实施办法的建议》(以下简称建议)中还指出,道路老化对策中的根本课题是地方政府确立有关维修最低程度的规则、标准,以及建立起一套规划维修工作实施周期的具体机制。作为今后应该努力的政策方向是明确维修的周期,以及成立一个能够根据周期来落实维修的制度体系。只有这样才能够建立起一个具有可持续性的基础设施长寿社会,以及一个能够让使用者们安心且长期使用的道路网络。作为确定维护周期的具体措施,建议中明确提出了"当出现基于检查/诊断结果,被判定为有修缮必要的路段得不到实际修缮的情况时,将会采取通车管制或强制封闭道路的办法来予以处理""根据人口减少、土地利用发生改变等社会构造变化所带来的桥梁等实际使用状况的变化,判断需要实施部分削减的桥梁,或者是选择拆除废弃等办法"。可以说如此明确具体的表述,在以往的文件中是从未有过的。

另外,2013 年 6 月政府公布了道路法的修订版,作为对道路维护修缮(硬件设施措施)的充实。该修订版中提出了从道路预防保护的观点出发,创设包含检查在内的维护修缮实施制度,以及以部分建筑物为对象建立由国家推进实施的修缮、改建的代行制度。同时,在推进大型车辆通行许可的修正措施(软件制度措施)中,规定了要加强对出现多次恶性违反交通规章制度车辆使用人的监管力度等。特别对于后者,2014 年 5 月国土交通省出台了《作为应对道路老化对策的大型车辆通行适应性方针》。方针所遵循的基本思路是:一方面推进针对车辆大型化倾向问题的相关许可标准的规章修订;另一方面对于一些恶性的规章违反者施加严厉的处罚。有关许可标准的修订,在 2014 年的 10 月得到了落实,其中明确指定了应该设置引导大型车辆行驶的道路区间(大型车诱导区间)范围。这是对大型车辆行驶时所需具备"特殊车辆的通行许可"的一个调整。具体是车辆只在"大型车辆引导区间"上行驶的条件下,车辆运营方可以不用与其道路路段管理人员进行协商,免除了协商手续。大型车辆行驶的审查管理以及发放许可都由国家统一进行,免去了中间手续,节省了时间。

5.5 道路供给管理

综上所述,日本政府今后应该在充分考虑人口减少、人口分布不均、道路老化及财政制约等主要因素的基础上,综合道路的实际使用需求来寻求落实道路有效供给的具体办法。此时,如果道路需求随着人口的减少而减少并且造成了道路供给过剩,那么为了结合实际的使用需求完成容量供给,就有必要削减原有的道路供给。本节将从交通容量的观点出发,整理在里程数不变的条件下应该如何科学管理道路供给的主要思路。

关于道路需求与道路供给的关系,在 Mohring(1976)中能够找到详尽的解释。即道路成本在规模报酬不变(长期社会平均成本曲线为水平直线)的条件下,当道路供给达到最优状态时,基于短期社会边际成本的拥堵收费总收入将会与道路建设所需总成本持平。沿着这一思路,在道路供给小于道路需求而造成拥堵时,短期社会边际成本超出短期社会平均成本,将会产生由二者的差值与交通流量乘积的剩余收入。将这一剩余收入用于投资新道路的建设(或维护重建等)就能够增加道路供给(图 5-7)。

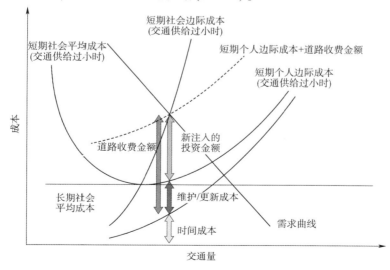

图 5-7 收费额度与收费收入的使用(当道路供给过小时)

相反,在道路需求大于道路供给而没有发生拥堵的路段上,短期社会边际成本低于短期社会平均成本,将会造成其差值与交通流量乘积的损失。于是不得不放弃相当于损失金额大小的原本可以用于道路重建工程的投资,从而导致道路供给下降(图5-8)。

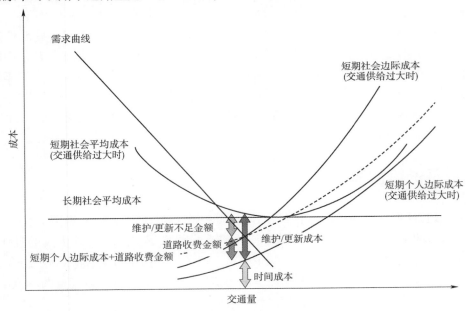

图5-8　收费额度与收费收入的使用(当道路供给过大时)

不论哪种情况,通过重复这样的因果逻辑最终会得到如图5-9所表示的理想的道路供给[根本,味水(2008)]。

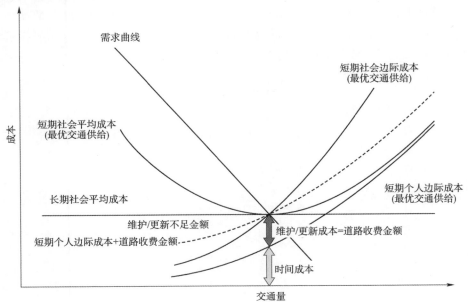

图5-9　收费额度与收费收入的使用(当达到最优道路供给时)

以往道路政策的课题是"在随着人口增加而增加的道路需求远超出道路供给的情况下,

应该如何增加容量来满足需求",所以政策的重心自然也就放在了道路的新建上。而如今的道路政策与以往不同,面临的课题是"应该如何应对随着人口减少而减少的道路需求"。很显然需要努力维持人们目前对道路的平均需求水平,即避免人口减少给道路的平均需求带来负面影响。但正如前文中所述,道路是一个使用年限相当长的社会资本,必须从一个长期的角度来对道路供给进行管理。所以,需要我们根据道路需求及其对应时间点的道路供给水平来实施战略性的道路供给管理(表5-1)。

应对道路需求的道路供给管理思路　　　　　　　　　　　　表5-1

今后的道路需求	当前的道路供给水平		
	过小	恰好	过大
增加	增加容量	增加容量	维持容量
不变	增加容量	维持容量	削减容量
减少	维持容量	削减容量	削减容量

5.6　建设成本约束下的道路供给管理

　　道路政策的重心从新建道路转变为对现有道路的维护管理、更新。在这样的转变过程中,其成本构成也出现了变化。可以认为相较于新建道路的成本,一直得不到足够重视的道路铺装费用开始得到人们关注,相对应的从道路铺装费用着手的道路供给管理开始变得重要起来。也就是说,在道路供给不变的前提条件下,道路供给管理的重要性在于降低其供给成本。

　　日本道路路面90%以上都是用沥青铺装,路面构造分为表层、路面基层、路面底基层三层,下面支撑铺装路面的是路基部分。路面铺装部分在道路通车后会因为车辆行驶产生的交通负荷以及自然环境的作用而发生破损。当其破损程度还停留在道路设计允许范围之内时,进行适当的路面铺装层维护修补就可以避免损伤波及铺装层下方的路基部分。正如前文中提到的,现实情况却是实施铺装部分修补的资金往往得不到保障,只能优先修补损伤相对较大的部分路段。

　　当道路铺装部分破损时,伴随车辆行驶的交通负荷影响一般被认为与车辆车轴重的4次方成正比[日本道路协会(2006)]。例如,将车轴重0.5t(重1t,2轴)的小型车与车轴重为6t(重18t,3轴)的大型货车进行比较,能够发现大型货车对道路铺装部分造成的负荷约为小型车的2万倍之多。从这一点可以看出,作为实现"道路有效使用"的具体措施,可以通过引导大型货车使用更高规格更为结实的道路,来增加每单位里程能够为我们带来的社会剩余。

　　对于这一问题,味水等(2015)通过运用拉姆齐定价原理,分析说明了对大型货车行驶路线进行引导,能够增加每单位里程在其生命周期内能够产生的社会剩余。这一结果说明,即便是从长期道路供给管理的角度来看,采用设置以大型货车引导区间为首的道路网络战略是行之有效的。

　　根据上述结果可以推论出,虽然目前存在部分道路老化,如果预期道路需求会增加,也可以通过采取只允许使用小型车等措施来避免道路网的全面更新。对于需要采取短期老化对策的路段,也有必要根据今后的道路需求,进行细致的组合方案研究(表 5-2)。

表 5-2 应对道路需求与老化状况的道路供给管理思路

今后的道路需求	道路老化状况	
	正常	加速老化中
增加	更新与维持道路供给	仅限小型车通行
减少	削减道路供给	废弃道路

5.7 本章小结

正如本章开头所表明的,所谓道路供给管理就是根据道路需求来规划适当的道路供给并进行供给,其中最大的难点是长期变动的道路需求与耐用年限较长的道路供给之间的兼顾与调整。

另外,不仅人口减少会严重影响道路供给管理,人口分布不均也会对道路供给管理造成很大的影响。这也就意味着道路网络的布局设计在很大程度上依存于城市结构。到目前为止,随着人口的下降,城市结构会发生怎样的改变还尚未清晰。这也给城市应有的道路供给管理带来了一些不透明的因素。

再者,确保稳定而充足的资金也必不可少。日本在 2009 年经历了"道路由特定财政资源转变为一般财政资源"的大幅度制度转变。但是到目前为止,事实上道路的维修费用仍然没能得到充分的保障。笔者认为,关于中央政府及地方政府财政预算分配的优化还存在需要推敲讨论的部分。

总而言之,虽然道路供给管理绝非容易实施的政策,但是为了让从老一辈人继承下来的道路社会资本能够顺利传承给下一代,这类政策不可或缺,今后仍需要继续关注这方面问题,并不断摸索解决问题的恰当方法。

参考文献

[1] 根本敏则,味水佑毅.以按距离收费为基础的道路建设[M].东京:劲草书房,2008.

[2] 日本道路协会.铺装设计便览[M].东京:日本道路协会,2006.

[3] 味水佑毅,胁岛秀行,松井龙太郎,等.有关道路维持更新时代中的大型车运行管制的评价[J].交通学研究,2015,58:81-88.

[4] Mohring, H. Transportation Economics[M]. Cambridge Mels,1976.

[5] 今井勇,井上孝,山根孟.道路的长期规划[M].东京:技术书院,1971.

[6] 建设省道路局.沃特金斯调查团名古屋、神户高速道路调查报告书[M].东京:劲草书房,2001.

[7] 玉越隆史,大久保雅宪,横井芳辉.关于 2013 年度道路构造物的基本数据集[DB].国综研资料,2014,776.

第6章 大都市圈高速公路收费政策
——以东京三条环路为例

6.1 概述

与许多其他国家的超大城市一样,在日本以东京都市圈为首的大都市也在进行环线道路的建设。这意味着日本正迈向更加健全的道路网络社会,即能够让从同样起点出发去同一目的地的车辆拥有多条可选路径,可以根据具体情况来进行选择。或者说当某条通道发生拥堵时,可以选择其他替代路径前往目的地。特别是在几年后东京首都圈将会形成东京高速中央环状线(中环线)、东京外廓环状线(外环线)、东京内环状线(内环线)三条环路,有望缓解长期以来困扰首都圈的交通拥堵问题。

但从提高道路网络整体使用效率的角度来看,当前的高速公路收费还存在一些问题。举例来讲,外环线的轿车使用费统一为500日元(税前)。这样的收费标准一方面抑制了短距离使用者的通行(不划算),另一方面由于外环线的通车里程不断延长,对于长距离使用外环的车辆而言,其定价水平又过于低廉,这使得这类长距离移动的车辆集中到了外环线,从而又导致了其他道路使用效率的下降。制定这样的收费标准,其结果是扭曲了道路的正常使用需求。

本章以东京都市圈为对象,整理现行高速公路收费制度存在的问题,同时分析讨论2012年东京高速公路股份公司采用的按行驶距离分段收费的制度,分析讨论新加坡目前正在实施的根据时段变化来进行拥挤收费的定价制度等,希望能够得出一套在短期及中期内,值得在东京都市圈推广实施的高速公路收费方案。

6.2 都市圈高速公路收费的问题

东京都市圈的高速公路主要是由东京高速公路股份公司(简称东京高速),以及东日本高速公路股份公司(NEXCO 东)和中日本高速公路股份公司(NEXCO 中)来进行分别管理。另外,在高速公路中还包含"第三京滨",这条路是早期按照一般收费道路模式建设的,因此收费标准较低。这里尝试针对各类主要道路,整理出一套按行驶里程收费的高速公路收费标准(图6-1)。

当车辆行驶的路线跨越了多家高速公司时,其所需缴纳的费用原则上是各公司收费金额的总和,并且每当车辆行驶上某家公司经营的高速公路时就必须支付相当于该路段"起步费"(first fare)的费用。而这种起步费就成为了实现连续收费(也就是说,即使车辆行驶的路径跨越了多家公司、多种类型的高速公路,其所需缴纳的费用也不会出现跳跃式上涨,而是一个随着行驶距离的增加而增加的连续递增收费)的一个主要障碍。

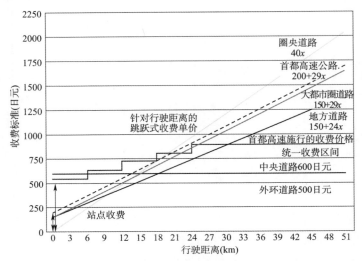

图 6-1　现行高速公路收费标准计算方式（税前价格）

东京高速公路于 2012 年开始实施按行驶里程区间收费的制度。最初讨论了 200 日元的起步费加上 29 日元/km 的单位里程收费标准（$200+29x$），而实际上最终实施的是以 500 日元起步费，每 6km 加收 100 日元的按区间阶梯式收费标准。也就是说最终首都高速公路的起步费被定为 500 日元。

高速公路之间按距离收费的标准也存在着差异。内环线西侧区间路段的单价为 40 日元/km（但是，这一区间没有收取起步费）。其结果是，如东名厚木高速公路出入口到东北道九喜高速公路出入口之间存在"内环线高速公路"与"东京高速公路"两条高速公路路线可以利用，虽然两条路径的行驶距离基本相同，但是前者需要缴纳的费用要比后者高出 600 日元。所以即便"内环线高速公路"不拥堵，使用者们也不会选择使用该条道路。

而外环线、中环线的部分区间所采用的统一收费方法，可以说是兼具了采用起步费以及不均等的按距离收费两种收费方法的问题。也就是说，统一收费的方法既会带来采用起步费时造成的短距离使用者（顾客）的过度流失，还会带来采用不均等按距离收费时引发的长距离使用者（顾客）的过度集中。

这里从定性分析的角度，就短期内首都圈应该实施的收费政策提出以下 3 点建议。

①废除统一收费区间，实行全区间按行驶距离计算收费（按行驶距离收费的制度）。
②即使跨公司通行，也只收一次"起步费"。
③东京都市圈范围内的高速公路采取"统一的距离单价"。

事实上，像这样的无间断按距离收费的方式，在东京高速公路的部分路段上已经得到实施（虽然只是一部分路段）。下一节中将尝试对按距离收费的效果进行定量分析。

另外，在上述 3 条收费措施之外，还应该附加一条，即：中期（2020 年东京奥运会之前）是否可以考虑采用"拥堵收费"的方法，来促使拥堵时段内的车辆分流。

拥堵收费（Road Pricing）理论是交通经济学领域中发展出来的能够实际指导交通政策的理论之一。但要建立一套能够针对某特定拥堵时段的道路，对某一特定的使用者（某车辆）加收费用的机制还十分困难，所以在以往的政策实践中对于这一收费方法的评价并不太高（认为难以实现）。但是，伴随着利用信息通信技术开发的电子收费系统出现，实际采用拥堵收费的例子开始渐渐增多。例如,美国高速公路实施了根据实时的交通拥堵状况每间隔几分钟调整一次收费标准的动态收费方法(根本,2015)。

由于东京都市圈的高速公路网络十分复杂,所以笔者也不赞成突然采用动态收费系统,目前需要做的工作应该是首先根据每周及每天不同时间段的拥堵状况摸索其变化规律,正确预测日常发生拥堵的时间段与路段,然后以此为依据收取相应的拥堵费。同时还需要对实施拥堵费后的拥堵情况进行监控,从而定期对拥堵费的收费价格进行调整。也就是说,应该探讨有关如何制定形成一套"定期调整拥堵费标准"的问题。本章的后半部分将在参考新加坡实施的"定期调整型拥堵费标准"成功事例基础上,对东京都市圈高速公路应该采用的收取拥堵费的合理方案进行探讨。

6.3 短期发展建议——无缝式按距离收费

接下来,以2012年1月东京高速公路实施的按距离收费为例,来确认这一收费制度的实际效果,同时提出一个希望短期内能够实施的按距离收费方案。

(1)东京高速公路实施按距离收费后的效果

①实施前后交通量与收费收入的变化。

直到2011年12月,东京高速公路的收费标准按区间设定为同一收费水准。所以当时如果从700日元的东京线区域行驶至600日元的神奈川线区域,需要缴纳两个区域的高速公路使用费,合计为1300日元。而当实施了以900日元为上限的按距离收费的新标准之后,交通流量与收费收入都发生了变化。与实施前一年1月份的交通流量进行对比,可以发现其流量从每天97.1万台变为每天95.3万台,下降了约2%,而收费却从每月206亿日元上升为每月214亿日元,获得了约4%[东京高速公路(2013)]收费收入的上升。

如图6-2所示,与原来在某区间行驶的车辆按统一标准收费相比较,在执行按距离收费的情况下,行驶距离长于18km的长距离行驶车辆的实际收费金额将会被提高,那么这类车辆的交通量也会因此减少;同时,低于18km的短距离行驶车辆的实际收费下降,短距离行驶

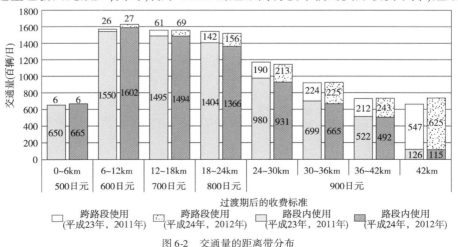

图6-2 交通量的距离带分布

出处:东京高速公路(2013)。

车辆的交通量上升。另外,长距离行驶中行驶距离超过36km的跨线路区间行驶的车辆出现上升。这是因为对于跨线路、跨区间的车辆,在收费水平整体下调的同时,还设定了900日元的收费上限,所以这类车辆的流量也出现了增加。另外,从收费收入来看,由于周末和节假日收费折扣的影响,假日收费收入增收了4%,但平时的收费收入相对下降了1%,所以整体上看可以说没有发生明显变化。

②由模型分析得到的社会剩余变化。

实施按距离收费标准之后社会剩余的变化,可以根据各距离带使用者的需求曲线来求解。在设定以下几个假设条件的基础上,构建数学模型,验证实施按距离收费标准后社会剩余的具体变化。

a. 假设高速公路为一直线路段。

b. 根据车辆行驶的里程数来划分里程区间,然后观察各里程区间内通行的交通量数值在实施按距离收费标准前后的变化。

c. 将区间内、跨区间以及里程区间的几种收费方式在实施前后的交通量的变化进行对比,并根据其相对应的收费价格来推导其需求函数。

d. 将实施前区间内的通行价格设定为(原)东京都高速圈的收费标准700日元。

e. 将实施前跨区间的通行价格设定为(原)东京都高速圈与(原)神奈川高速圈收费价格之和的1300日元。

f. 假设所有交通流量均由普通轿车所构成。

社会剩余的变化,可以通过原收费区域内使用者的剩余变化加上跨原收费区域的区域间使用者的剩余变化,得到的消费者剩余的变化部分,与生产者剩余的变化部分求和来进行推算。根据统一收费制度的收费价格与改为按里程区间收费制度后的收费价格、更改前后的交通量、东京高速公路每年的维护修缮成本与每年的交通流量来求得边际成本,并由此能计算得出社会剩余。图6-3所示说明了在收费价格下降的情况下求解社会剩余的方法[今西等(2014)]。

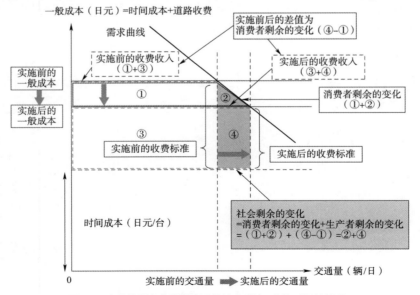

图6-3 实施按距离收费制度后的社会剩余(价格下调的情况)

将收费方式转换为按行驶距离长短来进行收费的方式,意味着对短距离使用者降低了收费价格,这使得对应的交通流量出现增加,使得社会剩余增加。同时,这一收费方式还意味着调高了对旧收费区域内长距离使用者的收费价格,造成对应的交通流量减少,进而社会剩余也会相应减少。而在另一方面,对于跨区域的使用者而言,新收费方式能够降低所有行驶区间的使用成本,所以这部分交通流量会出现增加,进而社会剩余也会出现大幅增加。将原收费区域内与跨收费区域的使用者们消费者剩余进行叠加可以得出,按行驶距离收费的方式使得社会剩余整体增加了0.5%(表6-1)。

对应道路交通需求的通行能力管理基本思路 表6-1

类　　别	收费区域统一收费	按行驶距离收费	变　化　率
消费者剩余	146.0亿日元	149.3亿日元	+2.3%
生产者剩余	64.4亿日元	62.2亿日元	-3.4%
社会剩余	210.4亿日元	211.5亿日元	+0.5%

③拉姆齐式定价带来的社会剩余增加。

按行驶距离收费,高速公路收费总收入没有减少(也可以说是在维持总收入水平的条件下制定了新收费标准)。而在另一方面,这种新的收费方式能够通过下调短距离行驶以及跨区域的长距离行驶车辆的收费价格而增加其对应的使用量,同时通过调高在同一收费区域内长距离行驶车辆的收费价格来抑制其通行量。这样的收费方式,能够在一定程度矫正以往由统一收费制度所导致的供求扭曲。但是从整体上看,社会剩余不会因此得到大幅增加。

然而,目前的按行驶距离收费的方法似乎还存在改良的空间。具体来讲,由于各个距离带的交通流量变化间存在差异,即,短距离行驶车辆的价格需求弹性高,长距离行驶车辆的价格需求弹性低。这时,在收费总收入不变的条件下,降低短距离使用的收费标准,提高长距离使用的收费标准,就有可能带来交通总流量及社会总剩余的增加。实际上,短距离(长距离)收费标准高于(低于)收费模型求得的价格,这一点体现在了价格需求弹性的差异上。

那么,在收费总收入不变的条件下,设定与价格弹性成反比的收费标准(拉姆齐式定价),以交通流量较多的行驶距离在6~36km范围内的车辆为对象,计算在实施按行驶距离收费标准后的社会剩余变化。如表6-2所示,收费价格接近于模型求解值,并且在采用拉姆齐式定价的收费标准情况下计算得出的社会剩余的增幅还要高于0.14%。因此,可以认为通过采用细分行驶距离制定不同收费价格等方法,有希望能进一步提高社会剩余。

采用拉姆齐式定价能带来的社会剩余的增加 表6-2

距离区间	价格弹力	实施按距离收费制度后的收费标准	拉姆齐式定价的收费标准
6~12km	0.24	600日元	342日元
12~18km	0.21	700日元	589日元
18~24km	0.19	800日元	860日元
24~30km	0.18	900日元	1145日元
30~36km	0.17	900日元	1418日元
实施按距离收费制度后的社会剩余变化: +0.14%			

（2）短期发展建议——无缝式按距离收费

通过对东京高速公路按距离收费的案例分析,确认了按行驶距离收费制度能够带来社会剩余的增加。这样的收费制度应该在更为广域的东京圈高速公路网中得到推广。

收费价格可以通过下面的计算公式来求得。这里对各个变量进行逐一分析。

$$高速公路收费价格 = 起步费 + (里程单价 \times 行驶距离)$$

也可以考虑废除"起步费"。但是,如果首都圈范围外日本高速公路(NEXCO)公司的收费标准中保留了该收费项目,那么不论是首都圈内外,还是首都圈内的首都高速公路与所有 NEXCO 都统一只收取 1 次起步费的方式。这样的收费方式对于使用者而言更加容易理解。

关于"按行驶距离收费",比较理想的是东京高速公路与 NEXCO 都制定相同的价格,同时,收费水平应该以不用更改原道路建设成本偿还计划为原则来设定(虽然目前日本国内有采用道路永久收费并下调收费水平的提议,这里为了避免造成混乱,暂不考虑这一点)。虽然说每家道路公司的收入会发生一定变化,但只要保证各家公司的收入总和不变,就可以通过修改各家公司的偿还计划来进行应对。

公式中的"行驶距离"是指车辆行驶路径的实际行驶距离。另外,作为按距离收费制度的替代方案,部分专家还提出了"不论行车路径如何,根据起点终点位置来进行统一定价"(对于起点及终点相同的车辆收取相同的通行费)的收费方式。例如,东名—厚木收费站与东北道—久喜收费站之间的通行,不论选择哪条路径,不论行车距离长短(也就是说不论车辆的实际行驶公里数为多少,将最短路径的距离作为其行驶距离),都收取相同金额的通行费用。的确,就目前的收费标准来看,实际存在部分容易发生拥堵行驶距离相对较短的即所谓"捷径"路径,其收费水平低于不容易发生拥堵的行驶距离相对较长的路径(另外,只有在类似于厚木—久喜间的两条呈放射状高速公路的延伸方向间夹角大于 120°以上的例子中,使用外侧环线道路时的行驶距离会相对较长),因此从缓解道路拥堵的角度来看,专家提出的收费替代方案作为过渡性的方法具有一定的实施价值。

但是,从中期上来看,应该实施一套能够反映道路拥堵情况、环境影响等因素的政策性收费体系。而这一收费体系应该是能够识别车辆的实际行驶路径,在此基础上针对每条路径来调整距离收费的单价水平,进而引导车流量的分布,这一点十分重要。即便是作为临时措施,采取"不论行车路径如何,根据起点终点位置来进行统一定价"的收费制度,之后如若要改回到根据行驶路径来收取费用的方式就很有可能会给使用者带来困惑,造成混乱。也就是说,重要的道路收费原则不应该,也不能够被轻易更改。

6.4 中期发展建议——定期调节型拥堵收费

本节将分析新加坡缓解大都市圈拥堵的成功案例,回顾其定期调整式拥堵收费的收费结构,并讨论在中期东京首都圈实施同类拥堵收费制度时可能会遇到的困难。

（1）新加坡的拥堵收费

新加坡收费制度的基本沿革是,首先在 1975 年实施了贴签式的道路收费制度,之后 1998 年改为采用专用短程通信方式(相当于日本的 ETC 方式)的电子式道路收费(Electronic Road Pricing),其后又对其进行了多次扩展、改良直至今日。

作为在公路一侧设置收费装置(gantry)的收费站点,从最初的30处增加为90处。路侧装置上安装了可变显示板,能够根据时间带的不同,显示不同的收费价格(图6-4)。收费装置不仅设置在出入城市中心部的边界处,在通往城市中心的高速公路上也增设了此类装置。结果是使得收费制度中原有的"进入城市中心部的许可制"特征不再明显。

图6-4 道路收费的收费装置(显示的是当前的收费价格)

这一装置还随时监管车辆的行驶速度,每3个月在报纸上刊登以5min为单位的按时间段收费的新价格表。将容许轻微拥堵的行驶速度设定为目标行驶速度,高速公路车速为45km/h,主干道车速为20~30km/h。监测到的车辆实际行驶速度如果低于(高于)目标值,那么下3个月的收费标准将会上浮(下调)。虽说这一收费体系不是即时性的,但基本上是根据日常的拥堵情况来进行收费定价。

实际上,新加坡城市中心部道路的收费时间段为早上7:30半到上午10:00,中午12:00到下午5:30,收费价格为0.5~3美元(约为40~250日元)。高速公路的收费时间段为市中心方向(上班方向)公路早上7:00到上午9:30,反方向(回家方向)公路为下午5:30到8:00,收费价格为0.5~4美元(约为40~350日元)。

另外,道路收费的车载器适用于市内1200处公营或私营的月租停车场门禁管理与计时停车场缴费管理系统(都能使用其电子支付)。并且车载器也被改良为能够插入非接触式交通卡的两用式装置。这种交通卡类似于日本的JR卡,能够支付列车乘车费,也能用于便利店购物支付。

在此之上,为了实施一套能够有效利用全球定位系统(GPS)与手机通信网络的第二代电子公路收费系统,新加坡政府正在着手进行前期测试。目前,只能针对行驶通过收费装置的车辆进行收费,而第二代收费系统能够全面把握所有车辆的位置及速度,所以能够任意设定需要收费的区域。对于标榜为花园城市的新加坡而言,能够拆除影响城市美观的收费装置,其意义是巨大的[根本(2014)]。

(2)中期的收费政策——定期调整式拥堵收费

东京都三条环路网络体系正在逐步成形,如果能实施反映实际拥堵情况的收费制度,就更能有效促进公路网络的利用效率。但由于东京都的路网复杂，笔者认为考虑实施前文中提到的定期调整型拥堵收费系统更为合理。

从技术层面来看，实施新加坡式的收费制度并不困难。即使在东京都市圈，目前是有可能也有能力对每天每个时间段的车辆行驶速度进行预测的。但是具体应该几分钟调整一次收费价格，如何划分时间段，各条公路应该按多少里程来制定价格等，类似这样有关路网划分方法的内容有必要在新加坡的模式基础上进行更进一步的设计，让收费标准更加简单易懂。作为稍稍大胆一点的设想，可以考虑将首都圈路网区域划分为"内环线以内""到外环线为止""到中环线为止""中环线内侧"四个区间，然后按星期按时间段(每15min)调整收费单价(行驶单位距离的价格)。即便是采用这样粗略的划分，也已经包含了引导公路使用者使用非拥堵路段的必要信息。

新加坡制定了高速公路与干线道路的目标行驶速度，在东京首都圈也可以考虑针对上述四个区间设定目标行驶速度，调整收费价格。并将各区间内实现的行驶速度与并行的一般公路路段上的实际行驶速度进行对比，然后对收费标准进行调整修正。目前，虽然内环线与中环线内侧之间的行驶速度差距较大，但这一速度差应该调整到怎样一个程度，还需要公路的使用者们等相关主体一同讨论分析，才能得出一个合理的结论。

另外，虽然拥堵收费收入与实际目标行驶速度的高低有关，能够获得一定程度的收费收入这一点不容置疑。只要日本的公路收费制度还是以"偿还主义"为前提，那么收费收入就理应可以作为某些路段，或者是在某一时间段内实施降价收费的原始资金。如果能够同时实施拥堵递增式收费与非拥堵情况下的降价收费，不用提高收费标准也能有效地引导车流。

6.5　长期收费政策建议

本章以东京都市圈环线高速公路为例，分析讨论了其短期及中期的收费政策。本章探讨的收费政策在技术上并不难实现。但是，要改变现行的收费制度，不只是东京高速、NEXCO东、NEXCO中，日本高速公路持有机构、中央与地方政府的相关制度都必须进行相应的改革与调整。另外，即便是新的收费制度能够给社会整体带来正的效果（社会剩余的增加等），对于会因为新制度的实施而负担增加的使用者也应该尽量给予充分说明，取得这部分人的理解与配合。

从长期来看，有必要探讨大型车辆在使用高速公路与一般道路时，是否应该实施按距离收费制度，应该如何实施的问题。虽说道路老化已经成为不容忽视的社会问题，但就日本现行的道路收费机制来看，要同时完成提高导致道路老化的大型车辆收费标准，并将大型车辆从一般公路引导到高速公路，延长日本全社会的公路使用寿命，十分困难。目前，在首都高速公路上实施的道路环境收费制度，也正试图通过下调收费价格，将车流引导到环境影响相对较小的路段。

在日本，与燃油税相比高速公路收费价格要高出很多，所以高速公路与一般公路的行驶成本差距很大，这就造成了大型车辆一般情况下很难选择高速公路。应该考虑通过对一般道路的使用也收取一定的通行费，来缩小一般道路与高速公路间的运输成本差。另外，欧美各国正在对大型车辆造成的外部不经济(即，路面损伤、拥堵以及环境污染等负面影响)展开研究,目前在高速公路收费的基础上,对一般公路实施按距离收费的计划也正在逐步推进[根本等(2014)]。

此外,虽然本章中没能提到,短期内东京高速与日本高速(NEXCO)对于车型的区分标准需要进行统一(之前标准不统一),并且从长期来看,还希望对车型间的负担标准进行调整。以往是重视道路建设时期的收费制度,现在是重视道路维护管理及更新时期的收费制度,所以两者理应不同。但是,要根据车型的不同来制定收费标准并非易事。研究的内容需要实施道路货运产业政策与道路使用收费政策,还需要更进一步探讨包含一般道路在内的道路使用成本负担的合理模式,这中间不论少了哪一项,要想从根本上改变收费制度都只是纸上谈兵。

参考文献

[1] 今西芳一,等.收费政策在交通运输管理中的有效性[R].日本计划行政学会第37次全国大会研究报告摘要集,2014.
[2] 根本敏则.信息通信技术对公路收费理论的刺激[J].经济讲座,2014,12&1.
[3] 根本敏则,等.对大型货车实施按距离收费的研究[M].东京:日本交通政策研究会,2014.
[4] 根本敏则.变动性收费与高速旅游客车带动的HOV车道设计[J].高速公路与汽车,2015,58(2).
[5] 首都高速公路.收费标准向按距离收费转换过程中,首都高速公路的交通运输状况的变化[J].高速公路与汽车,2013,56(4).

第7章 日本交通需求管理政策的现状与课题
——道路环境污染地区的交通需求管理

7.1 概述

交通需求管理(Transportation Demand Management,通常简写为TDM)思想被纳入日本交通政策体系已经有大约20年的历史。但到目前为止,真正值得一提的具体交通需求管理政策几乎还是空白。TDM这一专业术语较多在美国使用,欧洲地区也很早就开始实施车辆流入控制、停车管制、街道空间的商业化等抑制汽车交通的政策手段。实际上,作为消除交通拥堵、环境恶化等汽车交通问题的办法,不仅仅有新建、扩建道路等从供给侧出发的手法,欧美国家从20世纪60年代开始对于需求侧也加以实施一定的消费引导。到20世纪80年代从需求侧出发的方法已经很成熟,成了普遍的政策性手段。

然而,日本直到20世纪90年代,才开始引入交通需求管理的政策手段,并且当时实施目的并不是真正意义上要抑制汽车交通,而是将其定位为一个促进汽车交通流顺畅的对策性措施❶。交通需求管理政策应该是对使用汽车的人们施加影响,引导并管制他们的行为。为此,需要采取从软件方面的信息提供到硬件方面的交通管制等各类具体措施。但是在日本,如果要施行交通管制或者加收通行费用等政策手段,都会遭到汽车使用者的强烈反对。在不得已的情况下,将政策目的设定为"促进交通通畅",这种做法虽然能够很容易获得社会认同,便于政策的实施,但到目前为止关于政策实施的各种社会实验都未能得到理想的结果,几乎没有一个真正成功的例子。即便是对于已经实施的政策,汽车使用者也没有感受到明显的变化。不得不说其实际效果微乎其微。

为什么在日本,交通需求管理政策到今天还基本上只是停留在理念阶段?这中间存在什么样的问题?是否仅仅是因为社会承受度的问题?本章将回顾日本引入交通需求管理理念的政策历史,以道路公害地区的需求管理政策实施过程为例,深入分析产生问题的根源。

7.2 交通需求管理政策的应用与国土交通省政策

太田胜敏先生在日本引入交通需求管理政策方面作出了积极的贡献。他在1992年的论文中将交通需求管理的概念定义为:"在广义上,通过促使移动者变更其交通行为来实现缓解交通拥堵,减少交通量等政策目的的措施。"具体而言,就是促使人们选择私家车之外的交通方式出行,或者是促使人们更有效率地驾车出行,分散拥堵时段、拥堵路段上的交通流量,又或者是从合理利用土地的方面着手,促使用人单位考虑如何缩短住宅区与办公地点间的距离,减少或避免产生不必要的通勤车流等(图7-1)。

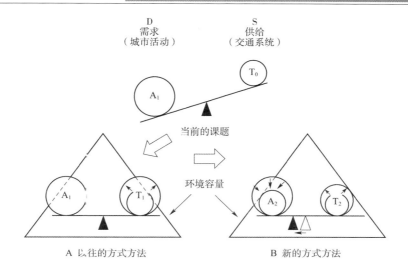

图 7-1　交通需求管理

出处：太田胜敏"道路交通需求管理与公共交通"《MOBILTY》1995，冬，第 6 页。

　　建设省（现国土交通省）制定了引导实施 TDM 的纲要，并通过社会实验等方法积累了一定的实施经验与事例。但是，国土交通省在 2003 年分析整理了日本国内 729 例事例的特征，结果发现，在这些社会实验中真正意义上落实完成的仅占整体的 2%。由此不得不承认"日本现阶段，实际感受到 TDM 成功的城市还很少"。在同篇论文中指出这一现象的原因是："有关选择政策措施的依据以及实施效果的预测与评价不够充分，没能够获得相关方面的理解与支持。"也就是说，对于改变车辆使用者交通行为的必要性，及其改变后的效果都没有提出充分的说明解释，所以在多数的社会实验中，缺乏社会认同的政策措施，自然也就难以成功。应该看到这一方面的原因确实存在，但在此之上更为重要的问题是在交通需求管理政策方面，国土交通省的动力不足，以及在政策措施实施过程中涉及权限规定时，会受到来自相关法律制度方面的制约等。

　　事实上，迈入 21 世纪以来，TDM 名义的政策急速减少，而出行管理（Mobility Management，MM）则成为政策主流❷。TDM 与 MM 的类似点与差异常常容易混淆，例如对两者都有研究的太田先生在 2007 年的论文中谈到，"TDM 是以经济学、MM 是以心理学的理论与概念为背景来思考交通政策与交通政策措施的"，在此基础上，"日本的 MM 主要是通过启发交通主体自发改变其行动方式来实现的交通政策措施，其政策重心在启发人们改变选择交通移动工具的思维模式"，而 TDM 则是包含了启发之外的其他政策措施，是更为广泛的一个概念。但是目前的情况是，有关 TDM 的政策措施的前景并不明朗，运用心理学中的方法来逐步改变人们交通行为的 MM 成了主流政策❸。

　　就这一政策上的变迁，如果说国土交通省有逃避责任的嫌疑，也许会有些言过其实。笔者在这里并不想否定 MM 政策。但是，如果说放弃追求完整的 TDM 政策，而仅仅抓住 MM 一点，想通过 MM 来实现政策目标，这样的思路明显存在问题。有关道路汽车交通，不仅仅存在拥堵的问题，同时还有来自交通事故以及社会排斥方面的多种问题。并且对于地方人居环境来讲，还有着小到地区道路污染、大到全球环境破坏等种种问题。日本的 TDM 政策落后的原因之一，是国家多年来的道路政策仅仅注重道路网建设，而当谈到如何解决 TMD

政策落后问题的时候,国土交通省的回答往往都是"虽然向车辆使用者提出了很多要求建议,但是往往都被人们置之不理"之类的内容。从这一点来看,国土交通省并没有意识到自身是导致这一结果的原因,是责任人,反而将自己放置在受害者的位置上,托词说"我们也很为难"。

如果能够得到人们的主动配合当然最为理想,但是,"在得不到配合的时候就什么也不做"的处理方式,自然也不能称之为符合有责任、有担当的道路政策责任人标准的行为。更不用说,交通需求管理政策并不是日本首创,并非是具有前沿性的特殊政策。这类政策在欧美各国已是一般性政策,从某种意义上来讲也可以说是已经完成了内容模式化的政策。这种在先进国家已经成为理所应当的政策,放到日本国内竟然落到无法实施的地步,这一现状应早日改变。

然而,也不是说可以完全忽视社会承受能力,只管强制实施政策就行了,倾听民众诉求也是理所应当的。政府对市民移动自由进行约束时,会被要求对其约束理由、约束内容作出相应的说明解释。不论是为了消除拥堵,还是作为地球环境保护措施的一环,在政策实施过程当中政府部门都有必要就政策的理由与实施效果予以说明。国土交通省方面对于目前的状况作出了"到现阶段为止,TDM 政策方面的努力还不够"的反省,这样的反省即使能够得到社会的充分认可,但其姿态明显还是过分消极,另外在法制上也还存在着很大的制约,这也是今后需要解决的问题。关于这一点,在道路公害地区实施交通需求管理政策的具体案例中能够得到更好的验证。

7.3 道路环境污染地区交通需求管理探讨

(1)道路公害诉讼案与其判决结果的意义

虽然没有必要特别引起关注,但是在日本的交通需求管理政策当中,作为例外,已经有为减轻道路公害(交通污染,译者注)地区的环境负荷,出现道路收费与设置环境保护车道的事例。

所谓道路公害,是指过往车辆带来的废气、噪声、震动、粉尘、事故等的总称。引起这类公害的原因是机动车,所以也可以称之为机动车交通公害。之所以将其定位为道路公害,其一,是因为道路建设及管理的具体办法都与其受害的深刻程度密切相关,其二,国家以及地方政府目前尚未在道路政策中承认采取公害对策的必要性,其对策仅限于针对机动车单体的层面,在问题定位方面没有对其给予足够的重视。也就是说,采用"道路公害"这一名称,目的在于要改变当前的道路政策思想,带动政策变革。

日本最初真正意义上的道路公害审判案例,是 1976 年被指控的国道 43 号线诉讼案。之后,大阪市西淀川(1978 年)、川崎(1982 年)、尼崎(1988 年)、名古屋南部(1989 年)、东京(1996 年)有关大气污染的审判法庭上,以行驶在道路上的机动车辆带来的排气所造成的损害为理由,国家、地方政府、阪神高速公路公团、首都高速公路公团等都被告上了法庭。虽然最初原告等所提出的健康损害并没有得到承认,但是 1995 年大阪地方裁判所在西淀川大气污染诉讼案中,第一次承认了汽车尾气对健康方面的影响,随后最高裁判所在国道 43 号线诉讼案中最终又承认了噪声危害,并判定了国家的赔偿责任。此后,道路裁决中一般都判定建设管理方具有一定责任,而有关健康危害方面的赔偿也变得理所当然。

在这一背景下,国家在道路审议会中开展了有关沿路环境问题的调查研究,作为中期报告,1997年提出了"今后道路环境政策的办法——环境时代的政策转变"❹。在这一报告中明确将改善沿路环境作为基本政策理念及基本政策方向。报告的基本理念是"尽量兼顾支撑经济与社会活动的干线道路作用与保全沿路居民生活环境的两全"。具体实施政策的基本方向可以简单地表示为以下三个阶段,首先以"机动车的低公害化与建设道路网为主线"。其次是对于目前公害严重,沿路居民无法等待技术更新的路段,采取"改善道路构造,沿路住房的防音化改造等措施"。虽然能够预见到这些对策能够取得一定的成效,但对于最终仍需要进行更进一步改善的地区,"作为使用道路的具体方法,需要考虑实施调控机动车交通需求的措施,使需求能够控制在一个适当的水平上"。在这里,交通需求管理政策被定位成为最终的兜底措施。

但应该看到,这样的政策排序恰好被颠倒了。正确的排序应该是首先保全人们的生活环境,之后才是提供支撑经济社会的道路网。当然,这并不是表示非要毁灭经济社会也要保全人们的生活生存环境,而是说如果只是给经济社会带来一点点不方便,或是需要公平分担一些维护生活环境的成本,在这种情况下,优先考虑深受道路公害影响的沿路居民生活环境,做好环境保护工作应该更为重要。

2000年1月,尼崎路公害诉讼案在神户地方裁判所的判决中赢得了"禁止令"判决。在这一判决中,从正面否定了以"道路的公共性"为盾牌,无视眼前正在发生的危害健康的结果,在道路公害诉讼史上首次宣判了禁止造成大气污染的机动车驶入道路,这意味着地方裁判所批准了禁止车辆通行的民意,这次判决具有历史性的突破意义。实际上这里所讲的道路公害诉讼中的"禁止",并非是要全面禁止道路通车,而是要督促道路管理方将车流量限制到环境标准的范围以内❺。这可以说是以治理环境为目的,督促交通需求管理政策的实施。事实上该判决内容,已经成为对上述道路审议会报告内容❻的批判。

著名的尼崎诉讼案,最终于2000年12月由大阪最高裁判所以和解的方式解决了。其诉讼标内容是以国道43号线及用高架方式在国道43号线上方通过的阪神高速公路3号神户线(收费城市快速路,译者注)所造成的道路公害。双方和解的基本条件是,就诉讼案中涉及地区的道路环境改善,原告团体与国土交通省近畿地方建设局以及阪神高速公路股份公司(当时)之间设立一个进行意见交换的道路联络会。这个联络会在长达十多年的时间内,一直就如何实现环境改善的问题,协商讨论需要采取的各类交通需求管理的具体办法。由此可以看出,虽然从法庭的判决结果已经说明关于环境方面的问题开始受到重视,人们开始决定认真对待处理这一问题,但实际解决问题的过程却是十分漫长而艰难。

(2)道路联络会的迂回曲折

在和解文书中,确认了以原告团体成员为代表的,众多道路沿路居民患者们正在饱受道路公害所带来健康危害的客观事实,确认了本诉讼案中各条道路沿线的大气环境超过了环境标准数值,认定确实存在污染问题。同时,国家与公团也将会就这些实际问题采取相应的措施,落实沿路的环境对策❼。其中作为实际的应对措施,具体列举了:设定阪神高速神户线与湾岸线之间的道路收费差距,尽早着手开展环境道路收费实验;同时以分析讨论大型车辆交通管制的可行性为目的,推进交通流量的调查等❽。具体的措施内容以及实施步骤都需要通过道路联络会的意见交换来进行确认。同时,原告团体方还以放弃健康损害赔偿金的索赔权为条件,希望道路交通政策的相关内容能够转变成为能够有效管制大型车辆的具体措施,同时能够朝着有利于地方经济复苏的方向发展。

但是,实际上联络会机制的运营并不顺利。国土交通省近畿地方建设局在没有进行提前商议的情况下,擅自组织实施了交通流量调查,并且声称是履行了和解条约条款之一。但是从总体上来讲,这次调查仅仅停留在单纯的交通流量统计上,完全没有考虑今后应该如何削减大型车辆车流量方面的问题,没有从需求管理的角度来展开调查。并且事后只是将其调查结果抄送给兵库县警察局,委托对方研究分析是否可以实施有关大型车辆的交通管制,同时还托词说是"因为交通管制的权限在警察方面"。而来自兵库县警察局方面的回答信息是"全面禁止大型车辆通行是不可行的",而这在某种意义上是作为警察方面的必然回答❾。但是作为居民,这种情况下需要的是减轻交通流量负荷的道路政策,而不是全面禁止车辆通行的办法。国土交通省需要做的是在减少部分大型车辆车流的情况下,衡量其政策措施的有效性与这一措施可能会带来的成本,选择最为有效的措施来付诸实施。政府相关部门应该模拟在采用了各种能够降低交通流量政策措施的情况下,分析各个政策措施将会带来的效果与伴随其产生的成本,同时预测所采取的政策措施将会给经济社会带来的影响,以及如何才能更好地让当地居民接受政策的实施等。也就是说,应该在明确了具体道路交通政策内容的基础上,再委托拥有管制权限的警察厅来处理相关事宜。当联络会成员了解到国土交通省并没有一套具有实际效果的交通需求管理政策时,主体间的交流便陷入了僵局。

原告方强调按照如此下去联络会也就失去了存在的意义,并于2002年10月向公害协调委员会申请了"诚信履行和解条约"的调停要求。2003年6月,双方达成了调停和解。在调停中,作为申请方原告辩护团的要求基本得到了认可,形成了:①为削减大型车辆的车流量,展开综合性调查;②尝试实施道路环境收费措施;③委托警察厅分析讨论大型车辆交通管制的可行性;④促进联络会机制的顺利运转;⑤推进与相关部门机关的合作等。关于综合交通调查,还明确列出了调查目的及具体的调查内容。其中规定了以实际使用国道43号线的大型车辆管理单位为对象展开调查,摸索当实施国道43号线大型车辆通行管制以及按时间段限制过往车牌号码的管制措施时,将会发生的车流量变化等。这样确保其调查结果能够有效用于分析讨论道路环境收费的社会实验中。道路联络会最终作为深入分析调查结果的会议组织,于2003年9月再次召开,并同时形成了调查结果的公示原则❿。这之后的联络会虽然不能说是一帆风顺,但可以说在会议机制再次启动之后,总算是进入了一个真正讨论具体解决方案的阶段。

7.4 道路环境收费制度

以减少道路公害地区大型车辆的车流量为目的,2001年11月起开始尝试实施道路环境收费。具体是将5号湾岸线(阪神高速公路西线部分区间)的大型车辆收费标准下调了200日元,意图引导利用国道43号线以及高架路3号神户线大型车辆的迂回线路。但是当时获得的实际效果是,每天仅有2~300辆车更改了行驶路线。当时利用国道43号线与3号神户线的大型车辆数量,就尼崎大阪处的通行量来看,每天约为4万辆⑪,所以每天(2~300辆)的分流显然不能够说是在环境改善方面发挥了作用。

这次收费标准的调整收效甚微,其原因可以归纳为其标准的适用范围、折扣幅度以及对象车辆三个方面。所谓适用范围是指,满足收费折扣标准的新路只有按区域收费的西线部分。而折扣幅度也仅从西线部分的1000日元下调至800日元,即便是只利用西线部分路段的使用者,也没有感受到太大的优惠,更不用说从东线方面驶入的大型车辆,其缴纳费用仅从2400日元变为2200日元,显然这样的下调力度不足以让大型车辆特意绕道使用湾岸线道路。另外,关于设定收费打折的对象车辆问题,这部分内容或许不太容易理解,其实就是指阪神高速公路收费制度中所规定的大型车辆标准比人们通常理解的大型车辆范围要狭窄一些⑫,也就是说被纳入管理的车辆数较少,这也导致收费价格调整措施的收效欠佳。

在联络会上,道路环境收费的完善成了研究的重点。为了探讨今后应该如何设定这一制度,2005年3月实施了"有关削减大型车流量的问卷调查"。此次调查的对象,是针对日常行驶利用尼崎地区路段的企业与实际驾驶大型车辆行驶此路段的驾驶员。在对目前车辆实际行驶状况进行调查的基础上,对于车道管制及限牌、道路环境收费方面也进行了调查。问卷调查中,有关道路环境收费方面的具体问题,首先是"当湾岸线的收费标准下调后,是否愿意更改行驶路线利用湾岸线""这种情况下,您所期望的下调幅度为多少",以及"如果神户线提高了收费标准,是否会考虑使用其他路线""当您开始考虑使用其他路线时,上涨幅度大约多少为宜""此时您考虑使用什么路线"。调查结果为,选择改变路线的下调比例为31%,上涨幅度为12%。关于折扣金额,第一位是500日元左右,第二位是700日元左右。而涨价金额的第一位是100日元,第二位是500日元⑬。联络会判断进行大幅度的收费价格下调,以及扩大下调区域范围的措施具有一定的可能性,也因此决定开始进行下一步的社会实验。

2006年6月起开始了长达2个月的社会实验。在实验过程中,对象区域扩大到东线的部分线路,折扣比例也定位最大达到半价的程度。其结果是湾岸线ETC收取的大型车辆费用上涨幅度最高约达20%,同时,国道43号线的大型车辆收费收入下降了5%。虽然说这与实验开始前的预想几乎一致,即单靠"糖果"政策不足以取得令人满意的成果。但是,由于观察到了具体的成效,联络会决定继续努力推进新收费制度的实施。终于自2009年4月起,作为正式的政策措施,一套进一步扩充了收费区域范围以及收费折扣比例的道路环境收费制度得到了实施⑭。之后,关于对象车辆,自2010年3月起,原来被归类为普通收费车辆(传感判断)的大型车辆也被纳入适用对象⑮,另外2012年1月在更改为按距离收费制度之后仍保持了30%的折扣原则。其结果是尼崎大阪路段的大型车辆,湾岸线分担比例从事前的31.8%(2001年)增加为46.8%(2014年),国道43号线与3号神户线的大型车辆行驶辆数也从每天约4万辆下降为每天3万辆左右。得到如此效果,可以评价道路环境收费制度已经取得了一定的成效。

但是,湾岸线分担比例的上升已经趋缓,同时尼崎大阪路段的大型车辆车流量正呈现出逐渐增加的趋势,所以我们还不能仅仅满足于使用道路环境收费的手段。实际上国道43号线与3号神户线的3万辆车流量这一数字,从2009年起几乎没有发生任何变化,可以预见到当国内经济的波动平息之后就有可能出现增加。为了阻止这一情况发生,就需要思考下一步的应对措施。另外,对于目前的折扣式道路环境收费制度,还有一部分人持反对意见,认为这是对造成环境污染的车辆实施了优惠政策。联络会上虽然研究讨论了3号神户线收费价格上调的办法,但是单纯上调该线路的收费标准,不仅会让车辆分流到湾岸线,还会引起国道43号线以及2号线的车流量增加。所以要解决这些问题,无论如何都必须从对国道43号线采取通行管制的措施开始着手。

7.5 国道43号线通行管制问题

之前提及的"有关削减大型车流量的问卷调查"中,也有关于通行管制措施的意向调查内容。

目前在尼崎市内双向3车道的国道43号线上,如果规定大型车只能行驶2个车道时,停止使用国道43号线改用其他路线的比例为9%,不作任何更改的比例为66%。如果规定大型车辆只能行驶1个车道,回答"更改"路线的比例为19%,不更改的比例为47%。无论如何限制通行车道数量,回答"不更改"的比例都远远高于"更改"的比例。而作为不更改的理由中,"出发地点、中途停留地点、目的地的距离变长"的回答最多,"使用阪神高速公路需要缴纳费用"的回答排名第二。然后第三、第四多的理由分别为"国道43号线沿线有业务,有事情需要处理""公司以及发货人有指定",可以看出这两条理由的主旨与第一条理由相同。第五多的理由是"湾岸线的收费折扣太少",这样的回答说明,如果对湾岸线收费标准进行更进一步下调,这类使用者就可能有意愿决定更改路线。作为更改后的路线,湾岸线通行量不论是何种情况都是最高(45%,43%),第二位是国道2号线(28%,33%),第三位是3号神户线(15%,12%)。

同样,在尼崎市内的国道43号线上,设想如果从上午9时到12时之间实施限牌管制,回答如果成为限行车辆的话就"更改"行驶路线的比例为33%,"更改行驶时间"的比例为6%,"使用不受限的大型车辆"的比例为13%,"管制时间段以外行驶利用"的比例为13%。作为改用能够通行的大型货车的理由,与如果实施车道管制时的理由几乎相同,只是"公司以及发货人有指定"的理由回答数量上升为第二位。更改后的路线为湾岸线的比例为40%,而国道2号线也上升为相当高的比例(36%),3号神户线为14%。

调查结果出现的差异,可能是因为车道管制必然会引起道路拥堵,而限牌管制则不会如此,所以使得人们对于限牌管制措施的意识更强一些。这样的管制措施配合道路环境收费制度就有可能进一步地提高使用者们更改意识的比例,在结合这两种办法的情况下,有望产生政策措施间的协同效应。

在实施了道路环境收费制度之后,下一步应该进行什么样的车辆通行管制措施成了新的课题。

2007年7月,国土交通省向警察厅提交了要求研究讨论实施国道43号线尼崎地区道路靠近中央线车道(1个或2个车道)的大型车辆行驶限制,以及实施从上午9时到12时的限牌管制,禁止部分大型车辆通行的管制措施可行性书面材料❿。其反馈信息是2008年7月17日回答的:"要求研究讨论的交通管制措施,不论是从交通管理问题还是削减大型车辆的实际效果问题等方面,都需要进行慎重地研究讨论。"这样的内容也就意味着,在目前的状况下要实施管制措施十分困难。具体上来看,对于车道限行,允许 2 车道行驶的话,削减效果并不明显,而只允许 1 车道行驶的话又会引起"从交通管理方角度来看,会造成难以容忍的交通拥堵",而限号管制措施也有可能会引起区域范围内的拥堵。由于不得不将到达与离开地区在尼崎地区内的大型车辆,规定在管制对象范围之外,其管制效果的成效将不会明显,并且同时还需要加派相应的监管人员来进行管理等。如此诸多因素的叠加,使得警察厅不得不给出这么一个委婉拒绝的答复。

但是,在答复文书中,承认了需要削减该地区大型车辆流量的必要性。作为大型车辆分流的具体办法,国土交通省"灵活运用阪神高速公路湾岸线""有必要提供具有实际效果的迂回路线对策",在此之上"研究讨论能够与其对策相呼应的交通管制措施"。也就是说,这个问题的"皮球"又被踢回给了国土交通省。收到这样的回答,国土交通省进一步充实了上述的道路环境收费制度,也就是从 2009 年 4 月起,扩大制度适用范围、提高折扣比例,并且从 2010 年 3 月起又实施了扩大对象车种的措施。

之后,国土交通省近畿建设局与具有管制权限的兵库县警察厅就通行管制的具体事宜进行了商议。但是,兵库县警方并没有将道路环境收费的扩充视为迂回对策。相反询问了"假设实施管制措施后,取缔违章车辆时应该如何确保车辆的停放空间?"对于这一点,建设局方向县警方给出了"要求在路旁停放车辆的应对措施是不可能的"答复。交通管制措施的实施也因此遭受了挫折。

剩下的应对措施不是日道路交通法规定的交通管制措施,而是只能在现行道路法范围之内采取能够采取的相关措施。在联络会上,提出了作为具体措施的"国道 43 号线的行驶规章"的提案,2012 年 3 月开始正式实施。这个规章是由"根据现行法律条例指定的管制措施"以及"请求过往车辆重视沿路环境环保行驶"两个部分构成。第一"根据现行法律条例指定的管制措施",是指:①夜间 22 时至次日凌晨 6 时间的大型车辆靠中央线行驶;②县条例中被指定为管制对象的车辆禁止在管制区域内行驶;③禁止车况较差的车辆、违规使用柴油的车辆以及超载和无许可的特殊车辆在公共路面上行驶。共计采取三项措施,进行更为严格的监管控制。对于第二项"请求过往车辆重视沿路环境环保行驶",是请求驾驶员做到以下要求:①6 时至 22 时间大型车辆靠中央线车道行驶;②促进阪神高速 5 号湾岸线的迂回利用;③轻踩加速踏板慢慢起动。并且在促进大型车辆使用靠中央线车道行驶的同时,将最靠近步行道的车道定为"考虑沿道环境的车道(环境车道)",完善了路面标识、广告牌以及路段横幅以求实现广而告知的作用。值得庆幸的是到目前为止,环境车道上行驶的大型车辆车流量的变化虽然不大,但也正呈现出缓慢减少的趋势。

道路联络会是以实现日本最初真正意义上的交通需求管制为目标的,最终作为这次协议的一个句号,在 2013 年 5 月的第 47 次联络会上双方交换了最终协议书❼。

7.6　本章小结

由上述事例可以看出,像交通需求管制这类强行限制行驶自由的政策,不得不需要重视社会承受能力的问题。在充分考虑了这一点的基础上,国土交通省不得不对其必要性以及效果给予充分说明,中间确实存在着很多困难。但是,不论是对于道路公害严重的受害地区,还是在诉讼案中赢得了禁止通行判决的地区,其政策的必要性对于多数人而言都是显而易见的。即便是作为接受管制的货车运输企业以及货车驾驶员,都能够谅解、理解管制的必要性❸。但尽管如此,国土交通省在很长一段时间内都采取了消极处理的办法,并且在初始阶段应对此事的态度不够诚恳。不禁让人对于国土交通省是如何定位交通需求管理政策的,抱有很大的疑惑。

对于县警方"必须全面检查所有违章车辆"的主张,感觉从取缔违章车辆的实际情况来看也不现实。虽然说有取缔行驶超速那样的电子监控装置,但是不得不说作为道路法的执法部门——国土交通省与道路交通法的执法部门——警察厅之间,存在着无论如何也无法逾越的职务权限壁垒❹。现代交通政策是必须包含通行管制内容的政策体系,但是要实现这一点有必要从现行法律制度的改革着手。但对于这一类问题,在目前的状况下,可以说相关政府部门甚至还没有意识到它是一个有待解决的课题。日本目前"在能够进行的范围内实施交通需求管理就已经足够"的认识,只能说是远远落后于世界标准水平。

注释

❶国土交通省定义:"所谓交通需求管理,是指通过促使汽车使用者更改其交通移动行为,缓解城市和地区级道路拥堵的方法。"

❷在国土交通省主页用相关词语检索功能能够检索到有关"交通需求管理"的结果1650件,后来才出现的"交通管理"用语的词条检索结果也达到了2460件。

❸国土交通省将交通管理作为"促进每个人的移动能力/移动水平能够朝着社会与个人所期望的方向发展变化(从过度依赖汽车转变成为适当利用公共交通等),建立一套以交换各方(政府、运输企业、使用者、当地居民等)意见,增进各方交流,形成共识为中心的交通运输政策"。

❹这是由《面向创建更好的道路沿线环境》与《关于今后为防止全球变暖的道路政策——为实现面向未来的可持续性环境的政策转变》的两个方面所构成的最终报告。

❺具体上是,命令测出的能够造成大气污染的 SPM 数值不得超过标准(一天内瞬时数值的均值为 $0.15mg/m^3$),否则批准对其进行取缔的请求。

❻在2000年11月在名古屋南部的诉讼中也出现了取缔的裁决结果。另外,在2002年10月的东京大气诉讼中地方法院判决结果也延续了2000年的判决先例,虽然最终没有承认取缔被告路段,但在最后的结论中也判定得十分坚决,即"为了防止汽车造成的环境污染,相关政府省厅部门需相互协商讨论,应该想尽一切办法解决问题。这是国家作为设置道路的管理方理应尽到的责任与义务"。在上述的道路审议会最终报告中,西淀川诉讼与川崎诉讼最终是达成了和解,但是尼崎诉讼与名古屋南部诉讼中的取缔判决与之后的和解等内容并没有被包含在内。此外,之后政府方面也没有出台反映这些问题的道路政策方针。

但是,道路审议会的报告中表示,就噪声问题,虽然能够期待道路构造方面的对策能够起到一定作用,但是"就大气质量方面而言,很难予以充分改善"。另外,对道路构造对策的成本收益方面还存在质疑,还承认了存在过度使用汽车的问题。这么一来,剩下的可选对策就只有交通需求管理这一项了。然而,当时建设省在接受了这一报告之后所采取的政策措施中,对于有关改善道路沿线环境的交通需求管理方面的政策只字未提。总而言之,道路运输政策的实际状态不得不说是,相较于审议会报告中的结论,更加重视"道路对支撑地方经济与社会活动中的作用",并将其视为政策的重心。

❼目前的道路沿线环境,就 SPM 值来看,自 2003 年起就已开始达到了环境要求的标准值,NO_2 值自 2011 年起开始达到环境标准的上限,就快进入正常范围水平。但是,到目前为止 O_3 和 PM2.5 值离实现环境标准水平还相差甚远。在和解文书中,还涉及了应该将 PM2.5 和 DEP(柴油排气微粒)也考虑划入削减对象范围之中的内容。关于道路公害的现状与课题,参见西村 2015。

❽调查的目的在于"为了理解本调查区域内削减大型车辆运输的必要性"。

❾国土交通省近畿地方建设局在委托兵库县警察局进行调查方面没有留存任何文件,双方之间只是进行了口头交涉。另外,在原告与律师团向兵库县警察局提出进行交涉之后,才明确了当初近畿地方建设局方面的委托是有关对经过 43 号线道路的大型车辆实行全面交通管制的内容。并且,县警察局对于此项委托也只是口头上予以了回复,称完全无法完成此项委托[平野孝、加川充浩(2005),943-944 页]。委托与回复信息均为口头交涉,这种情况在之前是没有先例的。

❿公开后的联络会信息可以参照国土交通省近畿地方建设局的兵库国道事务所的网页公布信息 https://www.kkr.mlit.go.jp/hyogo/communication/43renrakukai/index.html。

⓫在 2001 年 2 月 8 日的调查中,国道 43 号线的车流量为 22660 辆、3 号神户线为 16897 辆。相反,5 号湾岸线的车流量为 18404 辆,还有充足的剩余容量。

⓬准确地讲,所谓收费大户的大型车辆是指车辆总重量为 8t 以上,或者载重量为 5t 以上的汽车。通常观念中的大型车辆是通过道路传感器区分的大型车辆类,其车辆总重量不满 8t 并且最大载重量并未达到 5t 的货车与小型客车也会被计为大型车辆。前面注释的大型车辆运行车辆数是传感器识别的大型车辆。行驶在阪神高速上传感器识别的大型车辆数大约是收费大型车辆数的 2 倍。

⓭另外,本调查还询问了那些无论在任何情况下都不会选择行驶湾岸线道路的驾驶员理由,并最后询问了车道管制、车牌管制以及道路环境收费等政策手段综合实施的情况下对于更改行车路线的意愿及会选择的具体更改路线。问卷调查的内容为能够在 2006 年 11 月 16 日召开的第 14 次道路联络会议资料中得到确认。参照上一项注解中的网址。

⓮但其实际折扣比例并非 5 成,基本折扣为 3 成,并且还存在节假日折扣,大型车折扣等,各类折扣类型综合起来称之为"约为半价水平"。最终成了规则复杂难以理解的折扣比例。在高速公路降价收费政策的"永久性实施"方面,政府投入了作为国家促进高速公路事业发展的补助资金。另外,虽然已经决定对这项事业进行重新认识,但是在阪神高速公路方面,现行制度一直维持到了 2016 年,此后准备将其制定成为"在实践 TDM 的基础上,将收费体系整理成为无缝衔接型"收费制度。详细方案会在今后予以更进一步地探讨,期望能够成为包含环境目的在内的 TDM 政策中的一个环节。

⓯在使用 ETC 公司卡方面,存在必须事先登录的限制条件。

⓰正式的是 2007 年 7 月 6 日由国土交通省道路局道路交通管理科长与地方道路/环境

科长联名,对警察厅交通局交通管制科科长提出的"探讨在国道 43 号线尼崎地区,以大型车辆为对象,实施部分交通管制的可能性(建议)"文书。此文书作为资料被附加到了上文提及的该地域交通量问卷调查中。

⑰道路联络会本身今后还要继续作为"基于协调关系的意见交换"的平台。

⑱尼崎公害患者与家属会会长松光子,多次亲自前往当地兵库县与大阪府的卡车协会,进行了反复多次的交涉。对于卡车协会而言,虽说是在近年来困难的经济状况下怀揣着各自的经营问题,但仍能理解道路环境污染受害者们的想法。他们中间还有部分人将这次的"国道 43 号线的通行规则"视为能够让企业作出实质性改善的重要契机。会议记录中提到:"如果得不到各方的合作,那么也就不能将所有的责任都推卸到货物运输行业。并且,只是单方面地要求货物运输企业承担社会责任,却不给予相应发言权的现状并没有得到丝毫改变。与其是这样,还不如索性采取附带惩戒条款的管制制度。这样,我们也能够简单明了地对发货方企业进行说明。这样反而更实际。"("国道 43 号通行规则 住民与国交省的对话"《物流周刊》电子版,2012.01.25,http://www.weekly-net.co.jp/logistics/43-3.php 2014 年 12 月 30 日)。不正是如此吗?

⑲但是,正如执笔的警察厅交通管制科长助理扇泽 1994 中所提到的那样,警察方面从一开始对于 TDM 的态度是"有必要予以积极应对,推进政策的实施"。

参考文献

[1] 平野孝,加川充浩.尼崎大气污染公害事件史[M].东京:日本评论社,2005.
[2] 国土交通省国土技术政策综合研究所道路研究部道路研究室.在日本国内采取 TDM 的事例分析[J].道路行政讲座,2003,9.
[3] 西村弘.脱离汽车社会的交通政策[M].东京:智慧女神书房,2007.
[4] 西村弘.道路公害的现状与课题[J].社会安全学研究,2015,5.
[5] 扇泽昭宏.有关交通需求管理的推进[J].警察学论集,1994,47(12).
[6] 太田胜敏.交通需求管理的概念与展开[J].道路交通经济,1992,59.
[7] 太田胜敏.交通需求管理(TDM)的展开与汽车管理[J].IATSSReview,2007,31(4).

第8章　英国、美国交通拥堵对策与道路拥堵收费

8.1　概述

不论是在发达国家还是发展中国家,道路拥堵问题都已经成为世界上多数城市所面临的严峻问题。传统的解决拥堵对策,都是根据交通流的需求新建道路或拓宽原有的道路。但是随着城市建设的不断成熟与开发水平的不断提高,能够提供实施这两项措施的土地空间日益减少。另一方面,作为改善原有道路交通流量的基本措施,停车管制与信号灯控制等办法虽然都在应用实施,但收效却不十分明显。

在这一背景下,与这类从供给侧考虑的对策相比,以促使人们改变其交通行为,调整道路需求量为目的的"交通需求管理",开始受到专家学者们的关注。其内容包括以抑制私家车拥有量、采取减少私家车使用频度为目的的调控措施,经济方面的相关政策手段,以及通过改善公共交通基础设施来消化这部分转移的移动需求,实施集约化城市的建设等一系列涉及范围广泛的对策性措施。

本章将围绕交通需求管理中具有代表性的经济类手段——道路收费来进行讨论,主要针对英国、美国的事例,分析其政策背景、实施过程、制度特征、政策效果以及今后所面临的问题。

8.2　交通拥堵对策与道路拥堵收费

（1）拥堵对策

道路拥堵对策基本可以分为供给侧的扩大道路容量对策,以及需求侧的抑制私家车使用或者分流的对策。供给侧解决拥堵对策,还可以分为新建/拓宽道路,以及有效利用现有道路两种办法。

通常而言,大型城市已经经历了高密度开发,能够用于新建或拓宽道路的土地空间较少。即便能够实施,需要投入大量工程资金,并且还需要一段较长的时间才能完成工程,同时还会引发诱导交通量增加的问题。也就是说,即便通过扩大道路容量,某一路段高峰时段的拥堵情况能够得到缓解,但是当①在其他时段使用本路段的车辆驾驶员、②使用其他拥堵路段的车辆驾驶员、③(不驾驶私家车)只使用公共交通的乘客们,这些潜在的需求者们由于拥堵情况得到了缓解,开始在高峰时段驾驶私家车使用这一路段时,该路段又会再次倒退回拥堵时的状况。

有效利用现有道路的办法,是不新建或拓宽道路,而是改进交通流走向的政策措施。具体的例子有：信号控制、单行道限行、停车管制等。在这多种多样的措施办法当中,停车管制

是各大都市最常采用的拥堵对策。路边停放的车辆会导致道路容量的缩小,所以这一措施是通过限制或者禁止路边停车恢复其原有道路容量的有效办法。

另一方面,作为需求侧解决拥堵的对策,是指放弃持有私家车、减少私家车的使用频度、改变出行时间段等促使人们改变交通行为方式的对策措施,常常被称为"交通需求管理"(Transportation Demand Management,TDM)。具体有:①设定步行者专用区域或者交通运输中心(transit mall,即只允许步行者以及公共交通工具出入的区域)等管制措施;②道路拥堵收费等经济方面的措施;③完善作为替代性交通方式的公共交通,提高其服务质量(尽量提供能够接近于私家车的方便度与舒适度);④开发集约型城市,缩短工作地点与住宅区间的距离等多种多样范围广泛的对策措施。

(2)道路拥堵收费

在广义的道路收费中,虽然包含了以收回道路、桥梁的建设成本以及维护修缮成本为目的的道路收费,但是本章中提到的道路收费,是专指以解决交通拥堵为目的的措施性收费。其理论定义是:对驾驶员收取相当于社会边际成本与个人边际成本之差的拥堵费用,就能将拥堵程度调整到最佳水平。

作为现实政策,制定收费政策的适用范围,大致可以分为以下3个类别:①适用于"都市内的特定区域";②适用于"特定的道路设施或者车道";③适用于"全国或者特定地区的所有道路"。在这之中,①的适用范围主要是大都市中的拥堵区域(通常是市中心)。这一类大致又可以分为:a. 区域行驶许可方式(事前购买许可证的方式);b. 警戒线型收费方式[也就是每当穿越收费界限(警戒线)处,就需要缴纳费用的收费方式]。

最初导入道路拥堵收费的是1975年新加坡被称为ALS(Area Licensing Scheme)的系统,采用的是发放区域行驶许可证的方式。针对周一到周六的高峰时段(7:30~9:30)驶入市中心的轿车与出租车收取通行费。驾驶员需要事前购买日均价格为3新币的许可证,并将许可证贴于前风窗玻璃上明显的位置。同时,在监管方面,有专门的监视员通过目测来确认车辆是否贴有许可证。ALS之后在1989年与1994年分别进行了两次修改,扩大了收费对象的范围,延长了收费的时间段❶。

另外,ALS方式作为初期投入资金较少的道路拥堵收费方式取得了一定的成效,但同时也存在人力成本方面花销较大,且人为判断失误以及违反规定的行为频繁发生等问题。因此,到1998年,全面电子化收费系统ERP(Electronic Road Pricing)代替了ALS收费。并且收费方式也更改为警戒线型收费,周一至周六的高峰时段每当车辆驶入警戒线之内就会被加收一次费用。收费对象也扩大为除去紧急救护类与军用之外的所有车辆(包括摩托车)。费用可以通过车内安装的IC卡来进行自动支付。值得一提的是收费标准是根据时间段、收费地点、车辆型号的不同收取不同的费用。并且对于收费标准的价格表,每间隔3个月,定价人员会以是否能维持事前制定的目标车速(20~30km/h)标准来调整价格❷。

2003年伦敦实施的拥堵收费是采用区域行驶许可的收费方式。另外2007年斯德哥尔摩实施的拥堵征税是采取警戒线型收费方式(表8-1)。关于后者,政府是在进行了长达7个月的社会实验以及居民投票之后才导入实施的,收费对象为轿车、出租车以及货车。收费金额也是根据时间段的不同而不同,周一至周五的上午6:30至下午6:30的时间段内,每当车辆驶入或驶出警戒线就会被征收相应的税费。但同时也规定了每台车每天缴纳的通行税费的上限金额❸。

收费道路的对比 表 8-1

城 市 名	收费对象	收费方式	技 术	收费方式
新加坡（ALS）	轿车、出租车	区域行驶许可（area licence）	贴标识、目测	统一收费
新加坡（ERP）	轿车、出租车、货车、公交车	警戒线（封锁）型（cordon type）	电子化（IC 卡）	按时间段、按车型收费
伦敦	轿车、货车	区域行驶许可（area licence）	自动读取车牌号装置	统一收费
斯德哥尔摩	轿车、出租车、货车	警戒线（封锁）型（cordon type）	自动读取车牌号装置	按时间段收费

出处：参照 International Technclogy Scanning Program（2010）。

上述②"特定的道路设施或者车道"的道路拥堵收费的例子，有美国的 HOT 车道以及变动拥堵收费，相关内容会在后文中进行详细解释。另外，上述③"全国或者特定地区的所有道路"的例子，有英国 2005 年由运输省所提出的收费方案，但是这一方案最终未能被采用。该方案的大致内容是以国内所有道路的使用者为对象，根据车辆行驶距离的长短来收取费用的收费方式，行驶距离通过 GPS 来测量，每公里所收取的费用价格根据道路的拥堵程度来进行制定❹。

8.3 英国——伦敦的道路拥堵收费

（1）拥堵对策的变迁

伦敦自 20 世纪 50 年代起，私家车的车辆数飞速增长，导致了以伦敦中心区（Center London）为中心的严重交通拥堵。20 世纪 50 年代的英国，包括伦敦在内，多数城市道路都还没有拉开建设的序幕，当时主要的拥堵对策仅仅是通过管制路旁停车来扩大已有道路容量。到了 1960 年，运输省内新设置了"伦敦交通管理室"，开始实施包括停车管制、设置单行道等在内的一系列综合交通管理措施，这些措施在提高车辆行驶速度方面获得了一定的成效❺。

1965 年，成立了名为"大伦敦省"（Greater London Council，GLC）的广域自治体，伦敦的面积也扩大了 5 倍。GLC 规划了包含 3 条环状路在内的约 400mi（约 640km）的高速公路建设计划。在当时，中央政府在城市道路建设方面投入了大量的政府预算，各地方城市也开始着手高速公路建设。在这样的背景下，政府制定了基于 1963 年《布坎南报告》（运输省）的政策，即对于汽车交通流量的增加，原则上是通过以道路建设为中心的扩大容量的方式来进行应对。但是，对于仍无法满足的部分，政策制定者认为应该通过抑制交通流量以及改善公共交通的办法来进行应对。与此同时，不论是路旁还是道路以外的空间，将削减车辆停放的总空间面积定位为抑制交通流量的核心政策。以往的停车管制是等同于扩大现有道路容量的政策措施，与之相配套的是要增加道路之外停车场空间的供给。但这一次，则是将停车管制措施作为抑制交通流量的措施来予以实施❻。

另外,GLC 的高速公路建设计划虽然赢得了超越党派的支持,却由于会造成环境恶化而遭受到人们的强烈反对。1973 年,当反对高速公路建设的劳动党在 GLC 选举上取得了胜利后,之前的建设计划被撤回,政策措施的中心内容变成了抑制汽车交通流量与改善公共交通。另一方面,这个时期在反对城市道路建设的浪潮中,中央政府促进道路建设的政策也走到了尾声。之后中央政府政策措施的中心内容也变成了通过停车管制抑制交通流量。在伦敦,通过积极采取 GLC 措施成功地削减了停车面积的总量。但由于通过性车流量的明显增加,最终使得抑制交通流量的政策目的没有得到实现。所以在这之后,道路拥堵收费的办法开始受到人们的关注[7]。

(2)拥堵收费实施之前

早在 1964 年,包含对收费道路的技术可能性进行考察的 Smeed 委员会(运输省)报告书被公之于众。长期以来作为经济学家们研究对象的收费道路,第一次作为现实的政策课题被正式提到了研讨议程当中。当时,除去道路拥堵收费还存在其他备选方案,专家们对每个方案实施的可能性与经济效应都作出了评价。到了 20 世纪 70 年代,由于 GLC 理念的影响,区域行驶许可方式的道路拥堵收费方案曾于 1974 年与 1977 年两度被提议。虽然当时的概算显示出通过实施这样的收费方案,伦敦中心区高峰时段的拥堵程度能够下降 30% 左右,但这一方案最终仍未能付诸实施。1991 年,自 Smeed 委员会之后政府展开了第一次真正意义上的调查,1995 年调查报告内容被公布。在这次的报告书中虽然也明确指出了道路拥堵收费的有效性、经济性,但是运输大臣(保守党)在当时却作出了没有实施道路拥堵收费计划的声明[8]。

也就是说 20 世纪 70 年代之后,虽然道路拥堵收费的有效性与实用性不断地得到证实,但是历代担任政策制定角色的官员,却以技术课题以及社会承受度为理由(托词),对实施该政策措施的态度十分消极。也就是说,对于道路拥堵收费,当时在技术方面已经看到了解决问题的希望,并且在社会承受能力的方面,也有着通过调整收费收入的使用途径来逐步提高社会承受能力的可能性。

道路拥挤收费政策几经辗转,在 1997 年布莱尔劳动党政权诞生,利文斯顿市长上任后才看到了一线希望。1999 年,布莱尔政权制定了"大伦敦市设置法",将撒切尔保守党政权时代在 1986 年废除的广域自治体(GLC)予以恢复,更换为"大伦敦市"(Greater London Authority,GLA),并且同时决定,在历史上第一次通过直接公选的方式,任命大伦敦市的市长。此时新市长被赋予了能够实施道路拥堵收费的权限。之后 2000 年的市长选举中,支持实施拥堵收费的利文斯顿当选首届大伦敦市市长。

(3)拥堵收费实施及成果

当时,政府机构中作为负责伦敦问题的部门——伦敦政府厅(GOL),为了应对在市长选举中有可能成为争议热点的道路拥堵收费问题,从 1998 年就开始展开了详细的调查。其目的是对多个备选方案给出客观评价,并且向相关部门以及对外提供评价结果的信息。在临近选举的 2000 年 3 月,名为《伦敦实施道路拥堵收费的备选方案》调查报告书新鲜出炉。报告书中,在考虑到新市长 4 年任期内的实施可能性,以及社会承受能力的基础上,得出了以下结论:①收费区间为伦敦中心区的内环路以内;②采用区域行驶许可的方式收费;③使用自动读取车牌号的 ANPR 装置。在利文斯顿新市长就任后不久,这一结论都获得了批准。

但是，出于政治方面的考虑，对有关其他方面的具体事项作出了部分调整：①将原计划收费价格为一般轿车 3 倍的货车所缴纳的费用调整为与一般轿车同等的金额；②针对收费区域内居住的市民，将其所纳费用降为一般（收费区域外居民的）应纳费用的 90%；③将收费时间段的结束时间从原来的下午 7:00 调整为下午 6:30 等，作出了一系列的让步❾。

伦敦市收费道路的收费目的，正如同其"拥堵收费"（Congestion Charge）的名称，是以缓解交通拥堵为目的的政策措施，同时，它还有着通过征收费用来改善现有公共交通运输，改善城市环境的目的。制度的概要大致可以整理为以下几点：①收费区域为伦敦中心区的内环路以内，面积约 21km²，内环路上不收取费用；②收费时间段为周一至周五的上午 7:00 至下午 6:30；③收费对象为收费时段内驶入收费区域、驶出收费区域以及在收费区域内行驶的车辆；④收费价格统一为 5 英镑；⑤出租车、公交车、二轮车、紧急救护车辆以及残疾人士使用的车辆不用缴纳费用；收费区域内的居民按 90% 收费；⑥支付费用的时间可以是提前支付或者是当天晚上 10:00 以前支付（虽然晚上 10:00 到深夜 0:00 前的支付也被承认，但缴纳的金额上涨为 10 英镑）；⑦取缔违章的措施是通过 ANPR 从全市 203 处监视器拍摄到的所有车辆车牌号影像中读取的信息，与支付信息记录对比分析来完成；⑧违反者的罚金为 80 英镑（28 天内未支付罚金的违反者，罚金将会增加为 120 英镑）❿。

新的拥堵收费制度从 2003 年 2 月 17 日起开始实施。据进行系统管理的伦敦市交通厅（Transport for London，TfL）的信息，在制度实施后的第 1 年，交通流量发生了以下变化：①相较于制度实施前（2003 年初），收费时间段进入收费区域的四轮（及四轮以上）车辆数平均减少了 18%，收费区域内行驶的车辆也减少了 15%；②进入收费区域的车辆减少比例最大的为轿车，减少了 33%，轻型客车与货车减少了 11%；③收费区域内的拥堵程度（基于拥堵延时总和的比较）下降了 30%⓫。作为拥堵收费的最大目的，缓解交通拥堵的目标得到了基本实现，可以说伦敦的拥堵收费政策取得了成功。

根据 TfL 的推测，驶入城市中心收费区域的汽车数量平均减少了 65000 辆以上，这其中 50%～60% 的人流都转移到了公交车或铁路旅客运输，20%～30% 的人流改变了其行车路线（选择使用收费区域周边的迂回路线），其余的人流通过使用自行车、摩托车、步行来实现其位移，也有通过更改移动时间段，即改为在收费时段以外的时段来完成移动。在实施拥堵收费的过程中，TfL 着手改善了有能力消化城市人流的公交车服务的水平（增加了公交车运行的台数与运行路线数），并且统一了公交车的票价（全线统一为 70 便士）。TfL 声称，2003 年秋天的统计数据与 2002 年秋天相对比发现，收费时间段利用公交车的乘客数量增加了 37%，并且其中一半的人流转移是由于公交车服务水平的提高而带来的实际效果⓬。

拥堵收费金额在 2005 年 7 月上涨为 8 英镑，2007 年 2 月收费区域也向西面扩展，收费面积大约扩大了一倍（收费时间段缩短到下午 6:00）。关于收费区域的扩展，最初的反对意见主要有：①新扩展区域的拥堵程度并没有原收费区域严重，一部分人对于征收费用的必要性持怀疑态度；②由于新扩展收费区域内的居民所缴纳的费用会下调为原来的 90%，可以预见到这部分居民流入原收费区域的频率会上升，从而会减少原拥堵收费的效果等⓭。2008 年的市长选举中，利文斯顿没能争取到第三次连任的机会，而主张将收费区域恢复到原来范围的鲍里斯·约翰逊（保守党）赢得了选举。由此，收费区域于 2011 年恢复成为原收费区域（同时，收费金额也上涨为 10 英镑）。2015 年 9 月收费金额上调为 11.5 英镑。

另外,原收费区域的交通流量虽然在这之后也维持在一个较低的水平,但是道路拥堵程度却逐渐增加,到2009年市内的拥堵状况又恢复到了实施拥堵收费之前的水平。而这是由于步行者优先信号灯、公交车专用车道等步行者、自行车以及公交车优先的政策,导致了道路容量的减少;同时,市内各类生活基础设施的更新以及重新开发(这其中包括伦敦奥运会相关的建设工程)带来的道路施工增加等又进一步压缩了现有道路容量。因此,市内的拥堵现象并不能代表拥堵收费的失效或失败。

8.4 美国——HOV 车道与 HOT 车道

(1)拥堵对策及其特征

20世纪60年代以前,美国拥堵对策的主要内容是以通过道路建设扩大交通供给来应对移动需求的增长。但进入20世纪70年代,不仅仅是拥堵问题、大气污染问题、能源问题、交通贫困层问题等,有关汽车交通的各类负面问题都开始受到人们的关注。另外,由于财政方面出现制约,联邦政府一方面开始逐步抑制日益增加的道路建设财政补助,另一方面作为改善现实状况的措施,开始大幅提高对于公共交通的财政扶持力度。扶持公共交通的目的,是通过建设完善公共交通设施,提高其服务水平,来促使私家车的使用者改变其移动方式[14]。这样,比起以往以扩大交通供给为中心的政策内容,有关交通需求管理(TDM)的政策越来越受到人们的关注。

美国具有代表性的 TDM 政策,是促进共享式利用(同乘)的 HOV 车道措施。近年,在此之上又有 HOT 车道等道路收费,以及具有替代性的交通方式——LRT 等,各类政策措施都付诸实践。但是这当中并没有包含任何会给私家车使用者个人利益造成过多负面影响的措施。也就是说,在美国很少有限制私家车使用,或是提高其使用成本的政策措施。借用班尼斯特(D. Banister)的话,这是"政治方面的一个忌讳,也可以说政客们如若采用这一政策措施就等同于选择了'自杀'"[15]。与之相反,在欧洲各国,对于私家车加收高额的所有税、禁止车辆驶入城市中心地区、严格管制车辆停放、制定高额的燃油税或高额的停车收费等,牺牲私家车使用者利益的政策措施比比皆是。伦敦市的拥堵收费就是其中一个典型的例子。

(2)HOV 车道

在美国,作为拥堵对策的道路收费,被称为拥堵收费(Congestion Pricing)或者价值收费(Value Pricing),HOT 车道就是其中的一个代表性政策措施[16]。这是以支付一定费用为条件,即便是单人乘坐驾驶的驾驶员,也能使用同乘专用车道——HOV 车道的制度。这里首先就 HOV 车道的内容来进行简单整理。

HOV(High Occupancy Vehicle)是指两人以上乘坐的车辆。适用于这种分类的有:Carpool(私家车拼车)、Vanpool(轻型客车拼车上班)以及公交车[17]。所谓 HOV 车道是指"某一天,或者是在一天中的某个特定时间段内,被指定为 HOV 专用车道"的车道。

首先,单人乘坐驾驶的车辆被视为造成高峰期拥堵的最大原因。根据2010年美国的全国普查,通勤车辆的76.6%是单人乘坐驾驶的私家车,拼车的比例为9.7%。私家车出行已经融入美国人的普通生活方式之中,要改变它并非易事。但是,削减单人乘坐驾驶车辆的数量却是可能的,在这之中 HOV 车道被认为是短期内最行之有效的缓解拥堵的对策。

第二部分/第8章　英国、美国交通拥堵对策与道路拥堵收费

促进同乘的办法之一是提高单人乘坐驾驶车辆的成本。虽说有提高燃油税的代表性措施，但由于这不仅会被人们视为对"美国人生活方式"的直接挑战，还会引起从违反社会公平角度出发的广泛社会批判。同时，还不得不面对来自石油产业、汽车产业、货运产业等相关产业的游说压力，所以即便是从政治方面来看，要付诸实施也会是十分困难。因此，设置 HOV 车道作为比较容易为社会各界所接受的政策措施，在美国得到广泛采用⑱。

据联邦道路厅（Federal Highway Administration，FHWAN）数据，2012 年美国全国有 150 多处 HOV 车道。特别是在洛杉矶与旧金山湾岸地区以及西雅图等地的 HOV 车道数最多。在洛杉矶，HOV 车道里程近 800km。最初的 HOV 车道是于 1969 年在东部的州际道路设置的公交专用道。之后，为了增加其使用人数，对私家车拼车的车辆也开放了使用。到 1980 年，使用 HOV 车道的多数车辆都变成了私家车拼车的车辆。作为具体的使用条件，最初多数 HOV 车道规定乘客为"3 人以上"的私家车，目前一般规定为"2 人以上"的私家车。基于 FHWA 的资料整理发现，美国 HOV 车道的一般特点为：①大多设置在大城市的高速公路上；②一个方向一般设置一个 HOV 车道；③一般在平日的高峰时段开设 HOV 车道；④使用资格为 2 人以上乘坐的私家车。另外，在设置 HOV 车道时，多数时候是增设一条新的行车道⑲。

根据 FHWA 的调查结果，从目前使用中的 HOV 车道使用程度（使用车辆数、使用人数）以及节省的移动时间等主要指标来看，这一政策措施基本上取得了成功。但是，其中仍存在 HOV 利用率低的车道，被称为"车道空旷综合征"（empty-lane syndrome），引起了在拥堵时段使用一般车道人们的极度不满。因此，最近几年，为了促进 HOV 车道的使用，政府开始着手设置 HOT 车道。另外，从美国整体来看，HOV 车道仅在一部分地区的部分道路有开设，美国的私家车通勤人数中单人驾驶车辆的比例仍呈现出上升的趋势（1980 年为 64.4%，1990 年为 73.2%，2000 年为 75.7%，2010 年为 76.6%）。

（3）从 HOV 车道到 HOT 车道

HOT 车道（High Occupancy Toll Lane）是针对原本不能使用 HOV 车道的"单人乘坐驾驶"车辆设置的，只要这类车辆缴纳费用也能使用该车道（对于使用条件是 3 人以上乘坐车辆的 HOV 车道时，2 人乘坐的车辆也需要缴纳费用）。HOT 车道 1995 年开始设置在加利福尼亚州的奥兰治县。2013 年时，有 9 个州的 17 处道路导入了这一制度。设置最多的是加利福尼亚州（6 处）以及得克萨斯州（4 处），其余的则是分散在美国各地。

HOT 车道的主要目的是：①提供选择"拼车来免费使用 HOV 车道"，或者是选择"单人乘坐驾驶并支付 HOV 车道的使用费用"；②提高尚未得到充分利用的 HOV 车道使用程度，提高现有道路的利用效率；③扩大道路网整体的交通供给能力；④确保新的道路收费收入来源。本书根据以上的每个政策目的来对 HOV 车道的意义进行更进一步的整理。

①的"提供可选项"被视为 HOT 车道最大的优点。时间价值相对较高的通勤驾驶员，可以通过支付使用费用，即便是单人乘坐驾驶也能够通过利用 HOV 车道来节约通勤时间。另一方面，对于时间价值相对较低的通勤驾驶员，可以按照以往的方式使用免费的一般车道。2007 年的"总统经济报告"显示，虽然高收入层人士有更多使用 HOT 车道的倾向，但低收入层的驾驶员也会在有必要准时到达目的地时选择使用这一车道。也就是说 HOT 车道向所有的驾驶员提供了一个可以选择的行驶方案。也正因为如此，与向所有驾驶员收取费用的其他类型拥堵收费不同，这种收费方式不容易受到来自社会各界有关不公平的指责。实际

上各类调查结果显示,这一收费方式得到了低收入层通勤驾驶员的高度支持,在圣地亚哥其支持率高达70%。另外在奥兰治县,有10%的低收入层驾驶员频繁使用这一车道。如果单看通勤驾驶员的使用状况,大约有1/4是长期使用人群。最近其他相关调查结果也显示出,对HOT车道的支持与否跟收入水平高低无关[20]。

②是上文中提到的"车道空旷综合征",也就是为了解决HOV车道使用度较低的问题,在高峰时段使用拥堵的一般车道的驾驶员,当看到近旁的HOV车道车流量较少的时候,即便设置的HOV车道并不是从原有道路的车道中分划出去的,也会引起驾驶员的极度不满。其结果是,不但不会主动改变其出行习惯,积极拼车出行,而是很有可能直接站到要求废除HOV车道的一方立场。这时,将HOV车道转换为HOT车道,一部分单人乘坐驾驶的车辆也能够使用HOV车道,这不但提高了HOV车道的使用度,同时也能缓解一般车道的拥堵程度。

③是通过扩大HOV车道与一般车道的通行能力,来改善使用该道路所有驾驶员的使用状况。当然,新建道路也能够达到扩大交通供给的目的。而这样将HOV车道转换为HOT车道时,通过扩大单人乘坐驾驶车辆可以使用的车道范围,同样能够达到扩大交通总容量的目的。

④是在交通投资财政资金不足的环境下,HOT车道带来新的财政收入正可以用于改善公共交通运输部门的服务、改良道路、推进停车换乘的基础设施建设等。当然,其收入也可以用于充实设置及运营HOT车道的成本费用。

另外,目前17例的HOT车道,几乎所有都采用了"动态收费"的方式。这是一种根据实际的拥堵状况来即时调整收费标准的收费方式,最初是1998年在圣地亚哥得到了实施。虽说圣地亚哥的收费价格每隔6min变动一次,但是驾驶员可以在驶入HOT车道前,通过确认价格牌上的当前收费价格来判断是否使用该车道。多数的HOT车道通过恰当地调整收费价格来调整HOV车道的需求量,并且同时实现HOV车道上的"高速行驶"与"足够多的行驶车辆"。

8.5 本章小结

伦敦自20世纪60年代初就开始针对道路收费问题展开议论,但是直到2003年2月它才以拥堵收费的形式付诸实践,也是利文斯顿市长上任后仅2年9个月就实现了该制度。

长期以来阻碍制度实施的原因主要是来自技术方面的课题以及社会承受能力的问题。但是对于前者,通过采用区域行驶许可方式与统一收费方式就能够用相对简单的技术来予以克服,结果是能够在短时间内用较低的成本来实现该制度。对于后者,可以通过将收费收入用于改善公共交通运输设施来赢得市民的支持。对于这一点,当时还存在着两个社会背景。85%的以伦敦中心区为目的地的通勤市民使用的都是公共交通运输手段,私家车通勤的市民占少数。并且伦敦市作为不受"1985年运输法"(自治体关于公交车服务供给的权限大幅受限)影响的例外城市,市长能够对公交车服务供给方面施加影响。但是,对如此有利环境条件的有效利用,还是仰仗于具有"强有力的领导能力"与"对风险负责的强烈意志"的利文斯顿市长的带领,才得以最终实现[21]。

另外,近几年步行者优先信号、自行车专用车道、公交车专用车道等,针对步行者、自行车、公交车优先的政策措施被不断导入实施,造成了道路容量的减少,最终使伦敦中心区的拥堵状况比拥堵收费实施前更为严重。应该如何实施优先政策与缓解拥堵的政策,并同时实现其两个政策目的,这是今后有待解决的一个重要课题。

在美国也一直在研究讨论是否需要实施一套和伦敦市类似的都市特定区域道路收费,但是到目前为止还没有一个真正落实的例子出现。其主要的原因有两点。第二次世界大战后,美国的住宅与工作地开始向极端分散的方向发展,从而形成了以私家车为中心的交通移动的社会形态。在拥有"美国生活方式"的社会中如果想要实施像伦敦市那样以牺牲私家车使用者利益为代价的交通政策,很难获得民众支持(例如2008年的纽约市提议)。并且,另一个理由是在美国能够观察到严重交通拥堵的地方,除去纽约市,不单是城市中心的地区,连接中心地区与郊区(或者郊区间)的道路也会时常发生严重堵塞❷。所以,以都市内的特定地区为对象收取费用的方式,在美国并不现实。由于这两个理由,赋予驾驶员新选项的HOT车道,更能符合美国的实际国情,从而发展成为美国式的道路拥堵收费。截至2013年,虽然美国国内实际实施该制度的地区仅有17处,但是在全国各地这样拥堵收费的实施计划正在不断地被推进。

注释

❶Santos *et al*.(2004)pp.209-235.
❷International Technology Scanning Program(2010)p.3.
❸Ibid., pp.11-13.
❹Bamford(2006)pp.87-90.
❺Starkie(1982)pp.20-30;中村实男(2006)39-40页。
❻Starkie(1982)pp.26-58;山田浩之,富田安夫(2001)25-28页;中村实男(2006)41页。关于伦敦行政制度的变迁参照中村实男(2012)。
❼Starkie(1982)pp.83-106;山田浩之,富田安夫(2001)28-29页;中村实男(2006)41-42页。
❽Richards(2006)pp.44-59.
❾Ibid., pp.89-95.
❿Ibid., pp.114-124.
⓫Ibid., pp.183-188.
⓬Ibid., pp.188-191;p.193.
⓭Richardson(2008)pp.171-174.
⓮中村实男(2010)16页。
⓯Banister, D.(2005)pp.153-154.
⓰除此之外还有变动拥堵收费(Variable Toll;Peak-Period Priced Facilities)。这是一种在车流量较大的拥堵时段,提高收费道路、桥梁、隧道的收费价格,或者是在车流量较小的闲

散时段降低收费价格的收费办法。到 2011 年为止,有 18 处收费站采用此收费办法。

⓱Federal Highway Administration(2008)Ⅱ.
⓲Downs(2004) pp. 188-191.
⓳中村实男(2010)17-19 页.
⓴中村实男(2010)26-27 页.
㉑Richards(2006) pp. 221-231;Richardson(2008) pp. 218-220.
㉒Richardson(2008) pp. 226-227.

参考文献

[1] Bamford,C. G. Transport Economics[M].4th edition,Heinemann,2006.
[2] Banister,D. Unsustainable Transport:City Transport in the New Century[M]. Routledge,2005.
[3] Downs,A. Still Stuck in Traffic:Coping with Peak-Hour Traffic Congestion[M]. Brookings Institution Press,2004.
[4] Federal Highway Administration. Federal-Aid Highway Program Guidance on High Occupancy Vehicle(HOV) Lanes[R]. 2008.
[5] International Technology Scanning Program. Reducing Congestion and Funding Transportation Using Road Pricing in Europe and Singapore [R]. Sponsored by Federal Highway Administration,2010.
[6] 中村实男.伦敦都市交通政策的轨迹——拥堵收费与引进 PPP 的过程[J].运输与经济,2006,11.
[7] 中村实男.美国道路拥堵政策的展开——从 HOV 车道到 HOT 车道[J].明大商学论丛,2010,92(1).
[8] 小池滋与,久田康雄.都市交通的世界史[M].东京:悠书馆,2012.
[9] Richards,M. G. Congestion Charging in London:The Policy and the Politics[M]. Palgrave Macmillan,2006.
[10] Richardson,H. W. et al. Road Congestion Pricing in Europe:Implications for the United States[M]. Edward Elgar Publishing Limited,2008.
[11] Santos,G. Road Pricing:Theory and Evidence[M]. Elsevier,2004.
[12] Starkie,D. 高速公路与汽车社会——英国道路交通政策的变迁[M].UTP 研究会译.东京:学艺出版社,1991 年.
[13] 山田浩之.交通拥堵的经济分析[M].东京:劲草书房,2001.

第9章 城市物流的现状与问题

9.1 城市物流

所谓企业经济活动中的战略物流,是指"在将商品、物资按照顾客要求送货上门的过程中,高效地计划实施并统一管理控制从出发地到目的地之间的商流(商务交易流)与物流(商品的流通)"❶。也就是说,物流是战略物流中的一个重要因素,包括了运输、保管、装卸、包装、流通加工、货物移动、信息处理在内的有关物品流动以及仓库保管方面的一系列活动❷。一般企业经济活动中所涉及的战略物流,对于降低商品货物的运输以及保管过程中的成本,以及如何高效完成物流活动而言十分重要。但是,如果要论及城市区域的战略物流,那么从企业的效率观点出发,考虑得出的城市间、地区间战略物流的结果就会与城市区域物流之间出现概念上的差异。在考虑城市地区的战略物流时,有必要在一般意义上的战略物流概念中附加上有关如何解决城市交通拥堵、大气污染以及能源消耗等问题的研究。

9.2 日本的物流现状

随着日本经济的成长,日本国内的物流总量从20世纪60年代后期开始大幅上升。从表9-1中可以看出,1965—1980年日本的国内物流量,从以周转量为单位的统计数据来看增加了1.4倍。目前,支撑日本国内物流不断增长的主力是汽车运输业。这是由于第二次世界大战后日本汽车运输业的不断扩大,使得以往以铁路运输为主的日本国内物流转变成了以汽车运输为主的结构。从2010年交通运输部门间的分担率来看,汽车运输为54.7%,内航海运为40.5%。汽车运输在日本国内物流行业中发挥着如此重要的作用,其主要原因有高速公路等路网的完善,以及汽车运输具有能够根据发货人的具体运输需求来提供服务的优势等。

国内各运输方式分担率的变迁　　　　　　　　表9-1

年度	合计(百万t·km)	汽车(百万t·km)	分担率(%)	铁路(百万t·km)	分担率(%)	国内海运(百万t·km)	分担率(%)	航空(百万t·km)	分担率(%)
1965	185726	48392	26.1	56678	30.5	80685	43.4	21	0.0
1970	350265	135916	38.8	63031	18.0	151243	43.2	74	0.0
1975	360490	129701	36.0	47058	13.1	183578	50.9	152	0.0

续上表

年度	合计	汽车		铁路		国内海运		航空	
	(百万 t·km)	(百万 t·km)	分担率(%)	(百万 t·km)	分担率(%)	(百万 t·km)	分担率(%)	(百万 t·km)	分担率(%)
1980	438792	178901	40.8	37728	8.5	222173	50.6	290	0.1
1985	434160	205941	47.4	21919	5.0	205808	47.4	482	0.2
1990	459462	186921	40.7	27196	5.9	244546	53.2	799	0.2
1995	465190	200835	43.2	25101	5.4	283330	21.2	924	0.2
2000	477513	212631	44.5	22136	4.6	241671	50.6	1075	0.2
2005	462360	226896	49.0	88813	4.9	211576	45.8	1075	0.2
2010	444478	243150	54.7	20398	4.6	179898	40.5	1032	0.2

出处：一般财团法人日本物流团体联合会《数字看物流》。

另外，日本国内物流行业中汽车运输分担率的增加，还带来了城市地区货车流量的明显增加。表9-2为东京都以外46道府县的行政都市所在地的交通量（以车·km为单位）中各类车型所占的比例。城市机动车交通量中的23.2%为货车，由此可以看出在城市的主要道路上有大量货车存在。

城市区域的各车型的交通量   表9-2

车型	轿车	公交车	小型货车	普通货车
交通量(车·km)	75.5	1.3	14.9	8.3

注：数据根据除东京都地区以外46个道府县的行政市所在地的年交通量计算得出。
出处：《平成17年度道路交通统计》。

另外，如表9-3所示，根据货车最大载质量来进行分类可以发现，东京都市圈内行驶的各等级货车平均满载率[＝(实际载质量/额定载质量)的平均值]的实际状况是，额定载质量越小的货车满载率越小，例如额定载质量2t及以下的货车平均满载率为55%。这一现状主要是由于了满足发货人高频度、小批量的运输需求造成的结果，同时也是城市区域货车交通量增大的原因之一。

货车的平均满载率   表9-3

额定载质量	平均满载率(%)
2t以下	55
2t以上至4t以下	68
4t以上至10t以下	77
10t以上	84
平均值	67

注：东京都市圈包括东京都、神奈川县、埼玉县、千叶县、茨城县。
出处：东京都市圈交通计划协议会《东京都市圈物资流动调查（平成15年）》。

9.3 城市物流问题分析

(1) 城市物流的问题

日本国内物流总量伴随着经济的成长不断增加,城市地区的货车车流量也在不断增加。因此,城市主干道内行驶的不仅有轿车类汽车,货运车辆也不在少数。特别是在早晚的车流高峰时段,拥堵状况的恶化导致了一系列城市交通问题。这样的公路拥堵对于物流而言,会造成货运时间变长、货物不能按照指定时间到达目的地等后果,最终会影响物流业务的整体效率。

另外,由货车造成的大气污染与噪声污染等对城市环境也造成了诸多不良影响。多数货车所使用的柴油发动机会排放出大量的浮游粒子状物质(particulate matter,PM)。据目前的病理学等调查显示,这样的浮游粒子状物质,是引起呼吸道系统疾病以及心脏病的原因之一。有人指出,由货车排放的汽车尾气中所含有的浮游粒子状物质,正影响着货车车流量较大的干线公路沿路居住居民身体健康。另外,包括货车在内的所有汽车在行驶过程当中产生的噪声,也会导致干线公路沿路居民居住环境恶化。

(2) 城市物流的分析

城市中的货车车流量变大会带来交通拥堵、大气污染、噪声等城市交通问题。那么,这些问题究竟会给社会带来怎样的影响?为了对这些影响进行定量分析,可以从经济学的角度运用外部成本的概念来进行分析。

① 外部成本的理论体系。

在经济学当中,对于整个社会而言,当消费者与企业针对某一商品(货物商品或服务商品)进行交易的市场为完全竞争市场时,通过市场交易来实现的资源配置最为理想❸。但是同时在经济学当中,完全竞争市场必须满足两个前提条件,即市场的普遍性❹与市场的完全竞争性❺。一旦市场不能满足这两个条件,就不能被称为完全竞争市场。同时在这样的市场环境中通过交易所完成的资源配置,最终很难成为社会整体的理想资源配置。这样的情况在经济学中被称为市场的失败。公共部门、政府部门的作用就在于弥补以及矫正这样的失败。首先市场不能满足理论中的普遍性条件的典型原因是:市场存在着外部性问题。

有关外部性问题的例子,首先能够想到的是企业在生产活动过程中所进行技术革新的情况。技术革新能够提高企业的生产力,能在企业的经济活动方面发挥积极作用。但是,当这一技术没有成为市场的交易对象时,这一技术革新就不会通过市场,而是通过其他方式,即有可能是以(正的)外部性的形式来影响企业的经济活动。另一方面,作为负面外部性问题的典型,容易联想到环境破坏的例子,即假设企业在生产产品时,其生产工厂排放出的有害气体污染了空气,破坏了周边地区的环境。但是一般来说,这种由企业经济活动造成的环境污染,要完全修复环境或者说是以赔偿的形式让该企业承担其造成的所有社会成本,几乎是不可能的。多数情况下,这类环境污染的成本至少是有一部分强加到工厂周边的居民身上,以居民们承受健康危害的形式来予以承担。像这样由企业经济活动造成的环境污染等,并且企业自身并没有对其进行承担的这部分成本,即是所谓的外部不经济(External diseconomy)或者外部成本(本章中称其为外部成本)。当消费者以及企业的经济活动中产生了外部成本时,就会在一定程度上影响消费者的偏好以及企业的生产活动,从而市场就无法完成其理想的资源配置,最终导致市场的失败。

②货车外部成本的概要。

汽车运输所承担的物流部分,物流企业是根据货物的运输需求来对货车进行调度的。而货车在行驶过程中所发生的直接成本是由物流企业以及通过运费的形式由发货人来予以承担。例如伴随货车行驶所需要花费的燃油费以及货车的维护管理费用等都属于直接成本。另一方面,在货车行驶过程产生的成本当中,物流企业与发货人都没有予以承担的"成本"部分,正是上文的外部成本部分。具体有:货车在行驶过程中造成的大气污染、噪声以及交通事故等所造成的损害成本。的确,这类外部成本中有一部分是通过保险费等的形式,由物流企业以及发货人实现了承担。但对于余下的大部分外部成本,运输服务市场的供给方与需求方都没有对其进行承担。而是将这部分成本强加到市场之外的第三方头上,最终成为以强迫第三方忍受危害的形式来对其进行变相承担。

对于这样包含货车在内的机动车所产生的外部成本,长期以来,以欧美国家为中心,各国都在尝试对其进行定量的把握。作为汽车的外部成本,除交通事故、大气污染、噪声、拥堵等成本项目以外,近年来,在公路建设过程中对自然景观造成的影响也被归为此类成本。另外以欧美各国为中心,目前不仅针对公路交通,对于铁路、航空等多种交通运输手段所产生的外部成本也在加以分析。这样才能够全面定量把握交通运输过程中所存在的问题。其分析结果也被运用于各类交通政策的研究分析之中。具有代表性的研究有 CE Delft(2007)以及 UNITE(2003)等。

③货车外部成本的推算方法。

承担城市内物流的货运车辆所产生的外部成本有交通事故、大气污染、噪声、气候变化、拥堵等。接下来,笔者对城市中行驶的普通货车❻所产生的外部成本进行一个大致的定量把握❼。

关于普通货车外部成本的基本推算方法,可以通过以下两个步骤来进行简单推算。首先,针对普通货车的外部成本项目,即交通事故、大气污染等进行逐一推算。然后,将单个推算项目结果叠加,求得的总和便为外部成本的推算结果。

具体的计算方法是:首先对交通事故的外部成本推算,是通过将每年遭受交通事故影响的事故数,乘以其对应的事故单位成本,求其总和就能得出结果。作为叠加对象的事故类型有交通事故死亡、重伤、轻伤三类,其受害件数的统计数据是根据交通事故综合分析中心(财团)的《交通事故统计年报》来进行计算的。另外,目前有关交通事故受害情况的统计数据中,还没有根据不同事故车型来进行统计的数据。这里假设包括货车在内的所有汽车,行驶每一公里发生死亡或负伤的风险大小一致,那么就可以根据不同车型的车流量大小来推算普通货车事故所造成的伤亡人数,然后将不同程度的受害人数与其对应损失金额(单位成本)的乘积结果进行叠加,最终得出事故外部成本的推算值。另外,关于事故受害程度所对应的单位成本是内阁府(2007)所设定的,交通事故死亡一个人的成本约 22903200 日元,重伤事故一个人约 84810000 日元,轻伤事故一个人 846000 日元。

其次,关于大气污染的外部成本推算,是以普通货车所排放的大气污染物质 PM10 为对象,根据预计PM10会对周边地区居民的健康造成的危害程度来进行推算。具体的推算方法是:首先,需要计算每年普通货车在行驶过程中排放的PM10总量。依据环境省(2005)设定的普通货车PM10的年排放量系数,以及货车行驶速度与货车车流量来推算其总排放量,从而推算出对象地区的PM10浓度。然后再以货车产生PM10浓度变化对居民健康造成的危害进行推算,将其影响程度以货币的形式来予以评价。普通货车所排放的PM10会导致或诱发癌症、哮喘、慢性支气管炎等,影响当地居民的健康。这里,根据欧盟委员会(European Commission,2005)等机构数据,推算出普通货车排放的PM10浓度变化与当地居民健康受害程度的关系,之后将推算出的每种健康危害乘以其对应的受害单位成本,可以得出大气污染所造成的外部成本。

对于噪声等外部成本,由于无法限定普通货车所造成的噪声危害,所以我们就从汽车整体所造成的噪声外部成本来进行推算。具体方法是首先推算出由汽车造成的噪声等级,并根据受到汽车噪声危害的人口来计算噪声受害数量,然后将噪声受害数量乘以每单位噪声的成本,得出汽车整体所造成的噪声外部成本。然后将噪声的外部成本细分到每类车型,从而推算出普通货车所造成噪声外部成本的大小。这里可以利用当年由建设省设置的关于评价公路投资的指标研讨委员会(1998)所指定的指标,也可以以铃木(2013)计算的噪声单位成本为基础来进行推算。其结果为对于单个人每追加1dB噪声危害,就会造成约为5000日元的噪声外部成本。

对于气候变动的外部成本,首先根据大城等(2000)设定的普通货车二氧化碳排放系数、普通货车的移动速度、车流量,计算出普通货车每年排放的二氧化碳量。之后通过计算普通货车造成的二氧化碳排放量与每吨二氧化碳所对应的单位成本(14000日元/t)乘积,可以推算出气候变动的外部成本。

最后来看交通拥堵方面的外部成本。以普通货车行驶在某一区间而没有发生拥堵,或者说普通货车按照该公路区间上指定的最高行驶速度行驶时,所需要花费的时间为标准。将在出现拥堵时所需要追加的移动时间,视为拥堵所造成的时间损失,并计算这类时间叠加的总和,然后通过货币的形式予以评价,从而得出拥堵所造成的外部成本。具体而言,按照指定的最高行驶速度行驶的货车所需时间,与实际行驶时间的时间差来衡量时间的损失量,然后根据国土交通省(2008)制定的普通货车每分钟的时间价值6418日元/辆的标准,推算出交通拥堵所造成的外部成本。

④关于城市普通货车的外部成本分析。

要分析承担城市物流的货车所造成的外部成本,利用《公路交通SENSOR》的数据,以及上文中描述的手法,就2005年日本100个城市的普通货车外部成本进行了推算。为了不让对象城市在人口规模以及地域方面发生偏差,我们在每个都道府都选择了2座城市的数据来进行分析。图9-1显示的是普通货车外部成本总额与城市人口关系的散点图。从散点图中可以看出,普通货车的外部成本随着城市人口规模的增加而增加。这是因为人口规模较大的城市中,以市内为货物到达与出发点的货物总量多,市内普通货车的车流量大,其直接结果是市内由普通货车带来的外部成本也相对较大,从而会带来一系列严重的交通问题。表9-4是根据人口规模的等级对普通货车的外部平均成本均值进行了整理[13]。

现代交通问题与政策

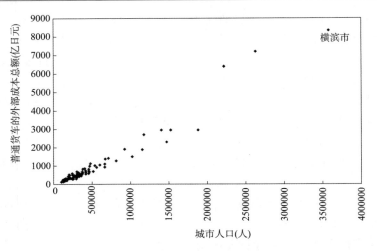

图 9-1　普通货车外部成本总额与城市人口关系

不同人口规模城市的普通货车外部平均成本　　表 9-4

人口规模	总　额 [日元/(车·km)]/ （占比）	交通事故 [日元/(车·km)]/ （占比）	大气污染 [日元/(车·km)]/ （占比）	噪　声 [日元/(车·km)]/ （占比）	气候变化 [日元/(车·km)]/ （占比）	拥　堵 [日元/(车·km)]/ （占比）
100 万人以上	281.9 (100)	11.4 (4.0)	170.8 (60.5)	16.9 (6.0)	14.0 (5.0)	69.0 (24.5)
50 万~100 万人	207.1 (100)	11.4 (5.5)	130.9 (63.2)	10.1 (4.9)	13.1 (6.3)	41.6 (20.1)
40 万~50 万人	227.0 (100)	11.0 (4.8)	145.4 (64.1)	11.2 (4.9)	13.3 (5.9)	46.1 (21.8)
30 万~40 万人	192.1 (100)	8.9 (4.6)	118.5 (61.7)	9.7 (5.1)	13.1 (6.8)	41.9 (21.8)
20 万~30 万人	177.0 (100)	8.3 (4.7)	108.2 (61.1)	8.8 (5.0)	12.9 (7.2)	38.8 (21.9)
20 万人以下	150.1 (100)	7.9 (5.3)	91.5 (61.0)	7.1 (4.7)	12.5 (8.3)	31.1 (20.7)

　　首先从各个成本项目来看，普通货车的外部平均成本不论城市规模大小如何，由大气污染造成的外部成本约占总外部成本的 60% 左右。其背景是以柴油车为主的普通货车在行驶过程中会排放出大量的 PM10，会严重危害主干道沿线的居民健康。其次，占总外部成本比例第二多的是由交通拥堵造成的外部成本，约占整体的 20% 左右。特别是人口规模超过 100 万以上的城市，拥堵的外部平均成本占比高达 24.5%。这是因为大城市不仅是机动车的总车流量大，中间的货车车流量也相当大，这使得城市内主干道上发生慢性的拥堵现象，最终成为整个城市严重的交通问题。在另一方面，交通事故、噪声、气候变动等其他成本项目的外部平均成本总和仅占整体的 5%，所占比例相对较小。另外，从人口规模来看，所有城

市普通货车的外部平均成本,都随着城市人口规模的增加而增加。特别是人口在 100 万人以上的城市,普通货车每行驶 1km 所产生的外部成本是人口在 20 万人以下城市的 2 倍左右。从以上的整理可以得出,要抑制大城市普通货车的外部成本,就有必要从如何解决货车的大气污染以及公路拥堵的问题入手来思考应对措施。

9.4 城市物流课题及对策

伴随着日本的经济成长,日本国内物流量也不断增加。特别是在城市地区,承担物流的货车车流量也不断增加,从而引发了大气污染、交通拥堵等城市交通问题。像这样由货车带来的外部成本会扭曲市场中的资源配置,使得资源配置无法达到人们理想的状态,所以有必要针对这部分外部成本采取相应的措施。但是对于这样的城市交通问题要考虑对策,仅从城市内部的战略性物流角度出发,只关注物流运输部门还远远不够。为了增强相关对策及具体措施的实际效果,应该从整体的战略物流的角度出发来思考问题。表 9-5 中整理的是针对货车外部成本的代表性应对措施。

针对货车外部成本的应对措施　　　　　　　　　　表 9-5

(1) 外部成本的内部化	(2) 抑制外部成本的发生
征税 ・碳素排放税 ・拥堵税　等	①直接管制(社会类管制) ・货车的尾气管制 ・规定大型货车速度抑制装置的安装义务 ②交通需求管理

(1) 货车外部成本的内部化

货车在市内的行驶过程中造成大气污染、噪声污染等,并且这些污染有可能会破坏公路沿线地区的自然环境。但是在一般情况下,对于由企业物流造成环境破坏的社会成本,物流公司与发货公司是不会进行全额承担或赔偿,不会对其结果负责。像这类环境破坏成本,至少有一部分是强加到公路沿线的居民身上,通过其健康受损的形式来予以承担的。担当这类城市物流工作的货车所产生的外部成本,在上一节中已经予以说明,这部分成本会妨碍市场中资源的有效配置,会导致市场的失败。

因此作为必要的应对措施之一,可以考虑选择实施将这部分货车外部成本内部化的办法。例如货车在行驶过程中所排放的二氧化碳,它被视为引起温室效应的原因之一,二氧化碳排放量的增加可能会导致全球变暖。根据国土交通省资料,2012 年日本各产业部门所排放的二氧化碳量中,所占比例最高的产业部门比例为 32.7%,其次是由汽车轮船等构成的交通运输部门,所占比例为 17.7%。而私人货车与企业货车之和的货车总排放量高达 7525 万 t/年,占交通运输部门排放量的 33.2%,占整体排放量的 5.9%。而在抑制国际气候变动的政策纲领中,政府将削减货车的二氧化碳排放量视为急需解决的政策课题,解决方案之一是着手实施碳素排放税制度。其具体办法是:例如先对货车排放的二氧化碳所造成的外部成本进行经济评价,然后根据货车造成气候变动的外部成本的规模大小,对实际运营管理货车运输的物流公司,以及发货公司与最终的消费者征收碳素排放税,从而最终实现外部成本的内部化。

（2）如何抑制货车外部成本

城市货车车流量的增加会带来大气污染、噪声污染、交通拥堵等外部成本的增加。为了避免由此带来的市场失败，还可以采用直接抑制货车外部成本的政策措施来予以解决。例如对货车实施尾气排放管制，又或者要求大型货车内必须安装控制车速的装置。

首先，货车尾气排放管制是控制货车排放污染大气的有害物质，抑制大气污染成本产生的管制措施。具体是在国家与地方政府制定了大气污染物质的环境标准之后，建立健全一套监管制度以及监管组织，来保证各个主体能够严格遵守其标准。一旦出现超标情况，监管组织以收取罚金的形式对造成污染的主体进行管制。例如，在东京都、爱知县以及大阪府等都府县的部分地区实施的汽车 PM、NO_x 法（2007 年 5 月修订）中，禁止使用没有达到氮氧化物与浮游粒子状物质排放标准的货车、公交车以及柴油轿车。

另外一个例子是要求大型货车安装控制车速装置的政策措施，这是为了抑制高速公路等公路上行驶的大型货车事故发生，于 2003 年 9 月实施的管制措施。通过强制安装在抑制大型货车事故方面有明显效果的速度抑制装置，控制大型货车在高速公路上的行驶速度，从而达到削减交通事故的目的。

像这样以抑制外部成本产生为目的的管制政策，将事前制定好的环境标准等具体指标作为判断基准，要求公司企业等保证达到这一标准的管制方式，被称为直接管制，其管制效果在短时期内就能显现。但在另一方面，如果要求物流、运输公司通过将其原有的货车更换为能够满足环境标准的新型货车等来实现其环保指标，对于物流、运输公司而言其遵守管制的成本就会增大。所以在实际的政策落实过程中，通常情况下，政府会同时采取拨发补助金等方式，对这些企业给予经济方面的补偿。

另外为了抑制日趋严重的城市大气污染以及城市交通拥堵所造成的外部成本，还可以采取将车辆从外部成本较大的路径，诱导到外部成本较小路径的办法，即所谓的交通需求管理（Transportation Demand Management）来予以控制。在日本，作为交通需求管理的实际事例，有以改善兵库县尼崎市的国道 43 号线沿线环境为目的的政策落实例子。其政策措施是根据 2000 年 12 月，国家以及阪神高速公路公团与原告团体之间，以有关尼崎公害诉讼案的和解方案来进行落实的。在这一和解方案中，为了缓解公路沿线有着住宅区的国道 43 号线以及阪神高速公路神户线上行驶车辆所造成的大气污染，实施了公路环境收费的新收费制度，通过提高阪神高速公路神户线的公路收费价格，扩大公路间的收费差价，意图将原本行驶在国道 43 号线与阪神高速公路神户线的大型车辆，诱导到沿海地区的阪神高速公路湾岸线。通过这一政策措施，实际上 2009 年 4 月阪神高速公路湾岸线的公路收费价格下调了 30%，将阪神间行驶的货车诱导到了沿线居住人口较少的路径。

在日本其他城市，还有着通过实施共享市内物流网来降低环境外部成本的措施。这种物流共享的方法是物流公司、发货公司等主体通过使用共同的停车场、装卸货物的场地以及共同完成货物的装卸配送等业务，来实施的物流合理化方法。通过这一方法，能够有效削减市内行驶的收集配送货物的货车总车流量，并有希望实现改善城市环境、缓解城市交通拥堵的政策目的。但是要促进物流共享，还存在着企业之间信息系统的共享，以及企业竞争对手之间的信息管理等实际问题，有待解决的课题还有很多。这一政策措施的实施事例有福冈市天神地区，通过克服种种困难，多家企业合作成立了一家共同配送公司，实现了物流共享，为改善城市交通环境作出了一定贡献。

在由货车造成的城市交通问题不断严重的大环境下,今后对于抑制货车外部成本发生的政策措施需求会越来越大。但是正如本章所述,其对策中针对以运送货物为目的的物流运输公司的政策,多数情况下明显有着将外部成本转嫁到单一主体即运输公司头上的倾向。从公平性的角度来看,有关战略物流的发货公司以及消费者等,也应当被视为承担相应成本的主体,要求他们同物流公司一起分担其货物流动的外部成本。即有必要抑制战略物流整体产生的外部成本,并进一步摸索实现高效物流的具体办法。

注释

❶ 苦濑博仁编(2014)。
❷ 谷口荣一,根本敏则(2001)。
❸ 微观经济学的详细内容,参照 N. G. 曼昆(2005)等。
❹ 所谓市场的普遍性,是指所有商品与服务的所有权都是确定的,并且是在以实现交易、交换为目的的市场机制成立的情况。
❺ 所谓市场的完全竞争性,是指进行商品服务交易的市场中,有足够多的消费者与生产者参与其中,并且各个主体的经济活动不会对市场价格造成影响的情况。
❻ 普通货车的分类是依据公路交通统计中的车种分类。具体是指车牌号为 1、10~19 及 100~199 的汽车。
❼ 详细分析,参照铃木裕介(2013)。
❽ 所谓普通货车的外部平均费用,是普通货车的外部费用(日元)除以普通货车的交通量(辆/km)所得到的结果。

参考文献

[1] CE Delft. Handbook on estimation of external cost in the transport sector[M]. Delft,2007.
[2] 关于公路投资评价方针的探讨委员会.关于公路投资评价的指针(案例)[M].东京:日本综合研究所,1998.
[3] European Commission. ExternE:Externalities of Energy Methodology 2005 Update[R]. Luxemberg:European Commission,2005.
[4] 日本环境省.汽车废气基本单位及总量计算检讨委调查[R].2005 年度环境委托业务结果报告书,2005.
[5] 交通事故综合分析中心.交通事故统计年报[M].东京:交通事故综合分析中心,2005.
[6] 交通工程研究会.2006 年公路交通观察[M].东京:交通工程研究会,2005.
[7] 国土交通省公路局.时间价值基本单位及行驶经费基本单位(2011 年价格)的计算方法[M].东京:国土交通省公路局,2008.

[8] 苦濑博仁.物流概论[M].东京:白桃书房,2014.
[9] 内阁府.关于交通事故的受害与经济损失的分析的调查研究报告书[R].2010,3.
[10] N.曼昆.曼昆微观经济学[M].3版.东京:东洋经济新报社,2013.
[11] 日本物流团体联合会.用数字看物流[M].东京:一般社团法人日本物流团体联合会,2014.
[12] 大城温,松下雅行,并河良治,等.汽车行驶时的燃料消耗率与二氧化碳排除系数[J].土木技术资料,2001,43(11):50-55.
[13] 铃木裕介.关于城市普通货车的外部费用的分析[J].交通学研究,2013,56:131-138.
[14] 谷口荣一,根本敏则.战略物流[M].东京:森北出版株式会社,2001.
[15] 东京都市圈交通规划协议会.2003年物资流动调查[R].2003.
[16] UNITE. Unification of accounts and marginal costs for Transport Efficiency Final Report for Publication[R]. UK:Unite,2003.

第10章 欧盟铁路线路使用费的现状与欧盟的作用

10.1 概述

目前,欧盟各国大部分铁路的列车运营与线路维护管理都是由不同的公司主体来担任❶,这样的铁路运营方式被称为网运分离。20世纪90年代之后,这种经营模式作为欧盟的铁路政策陆续得以实施❷。在网运分离制度体系下,列车运营公司要向负责线路维护管理的公司(铁路基础设施公司)支付线路使用费,而从线路有效利用角度讲,制定线路使用费(租金)具有非常重要的意义。本章将会对欧盟各国线路使用收费的实际情况及其理想的方法,以及在制定线路使用费中欧盟所发挥的作用进行考察。

10.2 铁路线路使用费的作用及其定价

(1)欧盟实施铁路线路网运分离的目的

表10-1列出了欧盟主要国家的铁路基础设施公司与主要的列车运营公司。目前在世界各国已经能看到很多采用网运分离方法来运营铁路的事例。深入考察其实际状态,能够发现网运分离的目的大致可以分为两类:①让铁路运输业能够可持续运行(追求铁路运输业自身的盈利能力);②将市场竞争机制引入铁路运输业(追求铁路运输业的社会效率)。而欧盟实施的网运分离政策应该属于后者,其目的在于引发列车运营公司之间的竞争,提高列车运营公司的效率,进而提高铁路运输系统整体的效率。

欧盟主要国家的铁路基础设施公司与主要的列车运营公司　　　　表10-1

国　家	铁路基础设施公司	列车运营公司(货物)	列车运营公司(旅客)
德国	DB Netz	DB Schenker	DB Fernverkehr
法国	RFF	SNCF Fret	SNCF
瑞典	Trafikverket	Green Cargo	SJ
英国	Network Rail	EWS	Virgin First Rail

出处:小泽,根本(2013)。笔者整理。

(2)线路使用费的作用

在"网运一体"的经营模式中,列车运营与铁路线路的维护、管理都是由同一主体来实施完成,因此原则上不存在收取线路使用费的问题。然而,当铁路运输业被分割成为铁路基础设施公司与列车运营公司两个部分时,就会形成"铁路基础设施公司出租铁路线路,列车运营公司租赁其线路来完成列车运营"的铁路运输业新的运营形态,两家公司间发生交易,而作为铁路线路使用的代价,即产生出收取线路使用费的必要性。

如果将线路使用费视为使用线路的代价,那么它的作用就可以归结为以下两点。

①具有能够促进线路有效利用(社会总剩余的最大化)的作用。即"线路使用主体严格根据使用的程度来支付相应的费用",就成了线路有效利用的基础。还有,对于高负荷的铁路运行区间,铁路线路这一稀缺资源的配置将会变得极为复杂且重要,因此在这些线路区间上通过收取线路使用费用来协调铁路线路的资源配置,其作用意义十分重大。

②具有能够回收铁路线路相关成本的作用❸。铁路线路相关的主要成本可以归纳如表10-2所示。当重视基础设施公司收支平衡时,这种作用就变得尤其重要。由此可见,制定铁路线路的使用费是实现铁路线路的使用效率提高以及保证基础设施公司的盈利能力的基本手段。

与铁路线路相关的主要成本　　　　　　　　　　　　表10-2

类　　别	更　新　成　本	维　修　成　本	运　营　成　本
路基	主要结构的更换、更新	沟渠、植物; 路基加固、钢架结构	—
轨道	枕木、铁轨、轨道附属品的更换	检查、加固路基; 修理部分轨道	—
通信装置	通信设备、设施的更新	通信及控制装置的维护检修	通信操作员的人力成本、电力成本
电力供给装置	电力供给装置的更新	电力供给装置的维护检修	电力成本,电力控制员的人力成本
车站、车库	建筑物的更新、重建	构造物的维护检修	人力成本、铁路基础设施公司的运营成本; 其他相关组织单位的运营成本

出处:参照Dodgeson(1998)。

(3)从经济理论观察线路使用费的设定

从经济理论的角度来分析线路使用费时,首先有必要明确线路的使用环境。而铁路线路使用的主要环境可以归纳为以下3点。

①铁路线路意味着巨额的固定成本(赋予原铁路运输产业,长期平均成本递减,或者说是收益递增的特征);

②铁路线路的所有权掌握在少数的独占主体手中,铁路运输服务只有依靠他们才能实现供给(瓶颈独占);

③不同重量、不同速度以及运输不同种类货物的列车,共同使用着同一铁路线路❹。

当铁路线路本身代表着巨额的固定成本时,(在理论中)很自然地将线路供给交由一家公司来进行,就能够体现线路的供给效率(自然垄断)❺。但在这种情况下,如果将线路使用费交由市场来决定,就会形成垄断价格,从而导致线路的使用效率受到严重影响。此时,政府就有必要介入(干涉)市场,针对线路使用方面存在的或者是可能发生的资源配置扭曲,采取相应的矫正措施。基于上述分析,以经济原理为依据,有关制定线路使用费的问题也就成了"在供给垄断以及长期平均成本递减的情况下,如何制定线路使用费才能实现资源的有效/高效配置"的问题。而这与本章前文中提出的线路使用费的经济意义、社会作用(即促进铁路线路的有效利用)的内容一致。对于这一问题,可以从线路使用费的理论与实践两个方面来进行考察。

10.3 欧盟铁路线路使用费定价

(1)线路使用费定价原则与实施

欧盟制定线路使用费的基本原则是基于欧盟指令 95/19/EC 以及欧盟指令 2001/14/EC 等中的明确规定,根据边际成本(社会边际成本)来确定需要收取费用的价格(基于边际成本的定价原则)。另一方面,在长期平均成本递减的条件下,如果将线路使用费规定成为边际成本的水平,那么铁路基础设施公司必然会出现赤字。而当出现无法填补(本国的)铁路基础设施公司赤字的情况时,欧盟各国政府允许该公司可以不按照边际成本价格定价原则来制定价格。针对这种情况的具体的定价方式有:在 ECMT(2005)等中提出的基于平均成本的定价原则,或是在边际成本的基础上增加一定利润额度的定价法,以及反映了固定成本与可变成本两部分的双段制收费法(或者是反映了固定成本与固定成本之外的其他复数多个可变成本项目的多段收费法)。

而基于边际成本的定价方式被规定为铁路线路使用费定价原则的政策背景之一是,欧盟的铁路政策以及交通运输白皮书中明确提出了追求铁路运输运营效率的基本政策理念❻。由此也可以推测出,欧盟各国政策负责人在考虑制定铁路线路使用费的问题时,一面将提高线路的使用效率作为首要政策目标,一面也在苦恼应该如何把握线路使用效率与基础设施公司收支平衡间的折中问题。

目前,欧盟各国的线路使用收费项目以及收费金额各不相同,另外,如图 10-1 所示,各国制定线路使用费的基本框架也存在差异。这些不同主要还是从是更重视线路的使用效率(是否重视基于边际成本的定价方式),或者是更重视基础设施公司的收支平衡(是否重视基于平均成本定价方式),这两个不同的基本点出发而形成的差异。例如,瑞典实施的是基于边际成本的铁路线路使用费定价方式,而德国、法国、英国规定实施的线路使用费则是介于边际成本与平均成本之间的一个价格(即调整类型的平均成本定价方式)。

在制定线路使用费方面,收费的单价、单位收费价格也十分重要。作为征收费用的单位也存在着各式各样的标准(例如车辆重量、车速等),但是在现实当中使用较多的还是列车公里数的单位。其理由是由于列车时刻表的分配是以列车为单位来进行处理,为了方便其时刻表的调整所以选择了此单位。

(2)影响线路使用费定价的主要原因

线路使用费的制定方式主要可以分为基于边际成本的定价、基于调整型平均成本的定价、基于平均成本的定价三类。而关于调整型平均成本的定价方式又可以进一步分为单段收费、双段制收费两类。在现实当中应该选择何种定价方式来制定收费价格,其判断的基本标准主要可以列为以下 3 点。

现代交通问题与政策

德国
铁路线路使用费的基本框架是,参考边际成本的价格形成原理,在尽可能提高线路利用效率的同时,铁路线路成本完全通过线路收费收入来予以填补。其线路收费价格的设定是根据边际成本加上一定比例的利润为标准来计算得出。德国试图通过这样的定价方式来促使铁路基础设施公司达到收支平衡。目前,虽然线路收费收入仅能够填补铁路基础设施60%的总成本,但其将来的目标为100%。这是由于德国政府正意图实现一个不依靠政府补助金且具有可持续性的铁路运营系统(并且还意图能够在将来实现铁路基础设施公司的民营化)
法国
铁路线路使用费的基本框架,是在参考边际成本价格形成原理的同时,尽可能地提高线路使用的效率,并且线路部分所需要的成本都是依靠线路收费来进行回收。目前,线路收费收入能够填补铁路基础设施65%的总成本。法国政府制定的目标是,基础设施总成本中的运营成本与维修成本能够完全依靠线路收费收入来进行回收
瑞典
铁路线路使用费的基本框架,是根据边际成本来设定收费价格。线路使用费是根据一段式收费来制定,并且还附加了有关拥堵、环境负荷以及交通事故的收费项目。这样一来,瑞典制定线路使用费时,比其他国家在如何反映社会成本方面考虑得更加周全。在瑞典,并没有将铁路基础设施公司的收支平衡定位成为收费制度的目标,政府会对边际成本的收费价格所造成的赤字负责,并予以相应补助。因此,其线路收费收入仅为铁路基础设施总成本的5%。这是由于瑞典的交通政策在很大程度上反映了 equal-footing(平等基础)的政策观念,与公路交通相同,使用费用的价格是根据其使用者的边际成本来进行制定的
英国
铁路线路使用费的基本框架,是在参考边际成本价格形成原理的同时,尽可能实现基础设施公司的收支平衡。针对旅客列车(拥有特许经营的列车)实施两段式收费[即将收费价格设定为回收固定成本的收费部分与回收可变成本的收费部分(两个部分)之和],针对货车列车以及不具有特许经营权的旅客列车实施一段式收费,通过设定基本收费价格来力图实现其收支平衡。目前,其线路收费收入约占铁路基础设施总成本的50%。英国曾一度争取实现其铁路基础设施公司的民营化,并且伴随着这一过程,也一度实现了线路收费收入与铁路线路所需成本的持平,但是之后由于Raintruck公司的破产,铁路基础设施公司完全独立(完全独立于政府,不依靠政府补助)的意向也逐渐削减转弱

图10-1　欧盟主要国家制定线路使用费标准的基本框架

①需求的大小(铁路基础设施公司未来收支平衡)。

在平均成本递减的条件下,运输需求的大小是决定基础设施未来收支平衡的关键性因素。这里将运输需求的大小表示为运输密度,由图10-2可以看出欧盟主要国家的铁路运输需求。由于瑞典运输需求小,其基础设施公司要实现收支平衡极为困难,所以线路使用费被规定为边际成本的价格,而政府则对公司的赤字给予相应的财政补助。与之相反,德国、法国、英国的运输需求相对较大,能够在不对线路使用效率造成太大影响的条件下,回收大部分铁路运输的固定成本。事实上,这些国家基本上是通过在边际成本的基础上,附加一定额度利润的方式,或者是运用双段制收费的方式来制定收费价格,并且通过收取线路使用费用,来尽可能地回收其线路建设维护方面所花费的成本。另外德国还在不断摸索,今后能够通过收取线路使用费,来回收铁路线路部分所花费所有成本的可行性方案。

在列车运营公司能够自由进出市场的条件下,对于有可能盈利(或者是不造成亏损)的线路区间,公司会维持其列车的运营,但是对于不能盈利或者是有可能造成亏损的线路区间,公司就终止其列车运营。而在另一方面,从交通政策的角度出发,现实当中存在很多即便很可能会发生亏损,却也不得不维持其列车运营的线路区间(主要是城市郊区或者是地方上的列车运营)。在这类事例当中,往往是通过向列车运营公司支付财政补助金的方式来维持其列车运营❼。

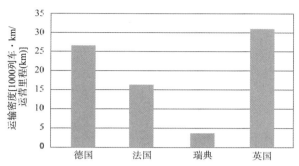

图 10-2　欧盟主要国家的运输密度

出处:小泽,根本(2013)。

②政府的财政状况。

目前,多数东欧国家的财政状况都不理想。因此,这些国家的政府都无法对铁路部门给予足够的财政补助,铁路线路部分产生的成本,很大一部分都只能是通过收取线路使用费的方式来进行回收。特别是波罗的海周边各国,铁路线路成本基本都是通过线路使用费来进行回收(图10-3)。也因为如此,这些国家的线路使用费与欧盟其他国家相比要高出许多(图10-4)。基于这一事实,可以推测波罗的海周边国家的线路使用费,基本上是基于纯粹的平均成本来进行定价。

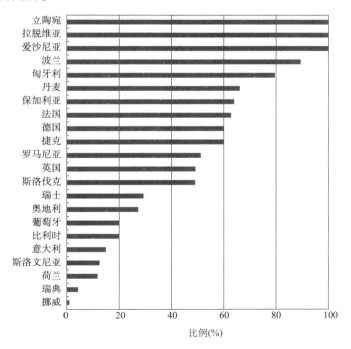

图 10-3　铁路线路收费收入与铁路线路成本

出处:小泽,根本(2013)。

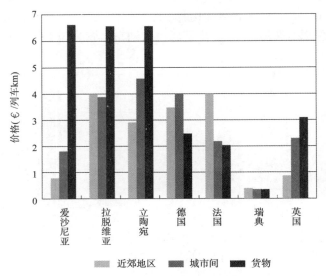

图 10-4 欧洲各国铁路线路收费价格对比

出处：小泽，根本(2013)。

③市场参与。

表 10-3 为将欧盟主要国家的铁路运输市场能够参与市场的自由化程度，通过新参与市场公司主体数目，以及新参与市场公司的运输市场份额等方面抽象反映的特殊参数化处理结果。由此可以看出，在德国、瑞典、英国，市场参与的自由化得到了一定的推进，而在另一方面，法国的市场自由化进程却比较缓慢。即便市场参与自由化是整个欧盟铁路运输政策的一个基本思路，但在法国，对于铁路运输仍然留存着国家利益(排斥外国企业)的思维方式，并且这在一时之间很难改变。这也是法国落后于欧盟其他国家的主要原因。虽然采取了双段制收费的定价方式确定收费，一旦基本收费的定价过高，就会形成阻碍新企业参与市场的屏障，影响市场参与的自由化程度。但是法国却规定了这一基本收费的价格，并且快速列车的基本收费价格特别高(对于这一点会在下文中进行更详尽的阐述)。

欧盟主要国家市场参与的自由度对比　　　　　　　　　　表 10-3

国　　家	自由化的进展程度		
	2002 年	2004 年	2007 年
德国	760	728	826
法国	340	305	574
瑞典	760	729	825
英国	805	781	827

出处：小泽，根本(2013)。

(3) 影响线路使用费定价的因素

欧盟主要国家的线路使用费的实际状况，基本可以整理为如图 10-5 所示的树形图，我们将有关价格制定的主要原因及其定价的步骤都进行了梳理。线路使用费的基本要因是铁路基础设施公司将来的收支平衡能够得到一定的保障,并且这一预见性结果要紧密联系铁路运输的实际需求。在铁路运输需求量大,公司未来的收支平衡能够得到一定保障的情况下,人们就会摸索如何同时实现保证铁路线路使用效率与基础设施公司收支平衡的方法,就会考虑选择实施单段收费(边际成本+一定利润额)或者是双段制收费的收费方式。可以认为其选择的结果与促进新企业的市场参与、促进市场竞争的意识相关联,其间存在一定的因果关系。但是对于运输需求不足,并且公司的收支平衡得不到保障的情况下,公司就会根据政府财政状况的好坏来选择采用基于边际成本的定价方式还是基于平均成本的定价方式。而在政府财政状况良好的情况下,制定线路使用费的方法,又会因为线路区间的实际使用情况(竞争的程度)而发生变化❽。另外,虽然每个国家线路使用费的基本框架各不相同,但是对于货物列车线路使用费的定价,考虑到货物列车的需求价格弹性较大,多数情况下都被规定为以边际成本水平为标准的价格。

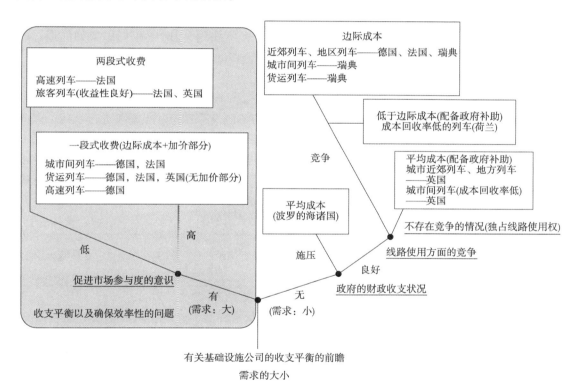

图 10-5　关于制定铁路线路收费的树形图

基于上述整理可以得出,线路使用费的差异与线路固定成本使用者负担❾的差异之间存在着因果关系。在类似瑞典这样运输密度较低的国家,如果将线路固定成本全部交由线路使用者来进行承担的话,就会导致线路使用费的定价极高,而这样的定价从交通政策的角度来看极不现实。通常,由于欧盟各国铁路使用者的需求价格弹性都较大,所以线路使用费的轻微上涨都会导致铁路使用者(列车运行数量)的减少,最终很有可能会使得线路成本基本无法回收。在这种情况下,一般考虑选择依据边际成本来制定线路收费标准,而将固定成本的部分交由国家来进行处理(财政补助的方式),采取这样的方法策略才能在一定程度上保证线路使用的效率性。

在另一方面,如同德国等东欧国家,一旦固定成本大部分由使用者承担的合理性得到了认同,形成了社会共识,其方案就有可能付诸实施。在财政方面,为了"维系铁路线路"就不得不重视基础设施公司的收支状况,也就不得不接受以平均成本为标准的定价方式。

10.4 欧盟铁路线路使用费的实证分析

在上一节中讨论了有关制定线路使用费的理论以及欧盟主要国家的实际状况。在接下来的这一节中,将利用实际数据来对线路使用费的设定进行实证分析。这里会对上一节中提到的法国高速列车基本收费极高(约为都市间线路收费的12倍)、市场参与的自由化进程缓慢等问题,进行更进一步的验证分析。可以将法国高速列车的基本收费,即实质上对列车运营数较少的列车运营公司形成的市场参与屏障,与德国的实际情况进行对比[⑩,⑪]。像这样的验证分析虽然在内容上与制定线路使用费的原理大不相同,但对于我们思考如何通过收取线路使用费来提高线路使用效率的问题还是有一定帮助。

(1) 德国、法国高速列车的线路使用费

德国高速列车线路使用费的主要内容可以整理为表10-4。德国基本上实行的是单段收费制,线路使用费是通过"基本收费价格(按需收费价格)×系数"的方式来进行设定。基本收费价格根据线路种类的不同被分为11个类别,在这之中针对高速列车的收费标准是F-Plus与F1。另外,拥堵区间(即高频率使用区间)的基本收费价格比通常的基本收费价格要高出一截,这部分收费可以视为拥堵收费。系数是根据列车型号的不同被分为3个类别,高速列车的系数被定为"地方运输以外的旅客列车(1.8)"。

德国高速铁路的线路收费价格　　　　　表10-4

线 路 种 类	基本收费标准 [€/(列车·km)]	高频率使用区间的基本收费标准 [€/(列车·km)]	系　　数
F Plus:最高速度为280km/h 以上	8.30	9.96	1.8
F1:最高速度为200~280km/h	3.51	4.21	

出处:小泽(2013)。

法国高速列车线路收费价格的主要内容可以整理为表10-5。法国的线路使用费主要依据双段制收费标准来进行制定。基本收费价格(固定收费)根据希望使用的线路区间类别,以及线路长度(距离)来进行定价(收费价格与实际的使用程度无关)。另外,基本收费价格根据线路种类的不同被规定为8类,这之中,N1、N2、N3为高速列车所使用的线路。按需收费(可变收费)的部分,由通过站点的预约费用、站点停靠费用、行驶费用构成,这部分收费是根据列车的实际行驶距离以及站点停靠次数来进行收费。另外在拥堵时间段,通过站点的预约费与站点停靠费都相对较高,这部分收费也可以视为拥堵收费。

法国高速铁路的线路收费价格　　　　　　　　　表10-5

线路种类	固定使用费 [€/(km·月)]	预约行驶收费 [€/(行驶列车·km)]			站点停车收费 (€/次)			行驶收费 [€/(列车·km)]
		闲散时间段	一般时间段	拥堵时间段	闲散时间段	一般时间段	拥堵时间段	
N1	4475.912	4.800	9.843	11.710	0.000	5.500	21.200	0.806
N2	4475.912	1.142	2.700	5.100	0.000	5.500	21.200	
N2*	4475.912	1.142	2.700	5.100	0.000	5.500	21.200	
N3	4475.912	0.816	1.713	3.250	0.000	5.500	21.200	
N3*	4475.912	0.816	1.713	3.250	0.000	5.500	21.200	

出处：小泽(2013)。

（2）妨碍效率性的线路使用费检验（妨碍企业进入市场的基本收费价格）

在公司收支平衡的条件下，双段制收费价格是一个单纯依照平均成本来制定价格的方式，并且通过这一定价方式能够成为实现资源效率配置的定价工具之一。但是，通过双段制收费价格来实现资源效率配置的过程中，必须要根据各家列车运营公司参与市场的需求、列车运营公司的需求价格弹性来制定基本收费价格与按需收费价格。如果这一工作不能得到妥当实施，那么很有可能定价行为反而会造成资源配置发生扭曲。特别是在制定基本收费价格方面，如果操作不当其定价结果很有可能会成为市场参与困难的原因（市场参与的屏障）。

图10-6[12]为两国各高速区间铁路线路使用费（月额）的对比图，图10-7显示的是各线路类别与各线路长度（距离）加权平均计算得出的两国线路使用费的平均值[13]。

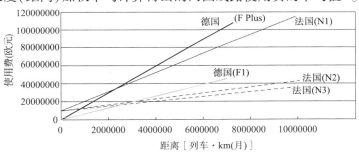

图10-6　德国、法国各高速区间的铁路线路收费价格对比

出处：小泽，根本(2013)。

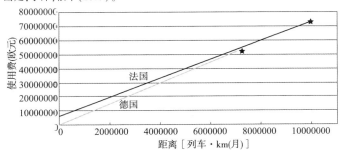

图10-7　德国、法国铁路线路收费价格（高速区间）对比

注：运行列车的网络距离为1496km的情况。

出处：小泽，根本(2013)。

现代交通问题与政策

由于法国铁路线路基本收费价格是根据列车运行的网络空间距离来制定的,所以随着网络空间距离的变化,两国的线路使用费的定价区间也会发生变化(图10-7 法国的直线会随着列车运行网络的距离而发生网运平移,所以与德国直线的交点也就随着铁路线路网络距离的变化而发生变化)。图10-8 表示的是两国线路使用费相同时的铁路线路网络距离与列车公里数之间的关系。图中直线的下方表示的是德国线路使用费相对较低的区域,直线上方表示的是法国线路使用费相对较低的区域。而图10-9 表示的是,两国线路使用费一致时的网络距离与高速列车区间运输密度(列车公里数除以网络距离所得到的值,即每天往返列车的车次数)之间的关系。从图中可以看出,法国每单位网络距离的线路使用费低于德国的条件是,需要每天运营规模在列车往返111次以上的程度才能成立。目前两国运行高速列车主要区间的运营规模为每天往返20~30次。基于这一现状可以认为,法国制定的基本收费价格对于列车运营数较少的公司而言,实质上成为阻碍公司自由参与市场的一个屏障。另外,法国如果要制定与德国相同水平的市场参与条件,就有必要将每公里的基本收费价格下调为1209欧元以下。

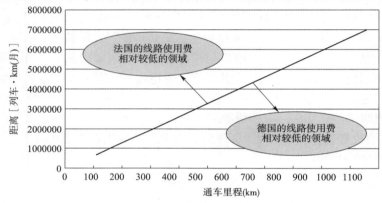

图10-8 德国、法国铁路线路收费制度的网络距离与列车公里数关系
出处:小泽,根本(2013)。

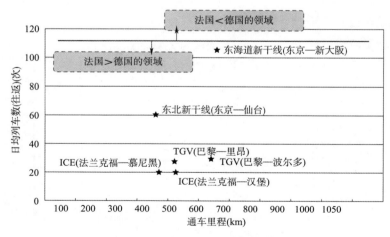

图10-9 德国、法国铁路线路收费制度的运输密度与具体区间
出处:小泽,根本(2013)。

通过上述验证分析,能够指出,法国的高速列车基本收费价格在很大程度上妨碍了市场

参与的自由,并且其定价的方式与结果与欧盟整体提出的通过促进铁路运输市场(列车运营方面)的参与自由,促进市场竞争来提高铁路运输整体运营效率的政策目标相悖,妨碍了政策目标的实现。

10.5 本章小结

欧盟范围内施行的铁路线路使用费的基本原则是根据边际成本来进行定价,这也完全符合经济理论当中的逻辑。但实际上,整个欧盟只有瑞典遵循了这一原则。目前,欧盟各国的铁路线路使用费有着遵循调整型平均成本定价方式的趋势,并且多数欧盟主要成员国的政策目标为,在充分考虑铁路基础设施公司收支平衡的同时,努力提高铁路线路的使用效率(努力实现资源配置扭曲的最小化)。

导致各国实际线路使用收费的定价之间出现差异的主要原因是,各国间的线路成本负担方式存在差异。这一差异在很大程度上是由欧盟各国的人口、经济产业状况等社会经济条件的不同而引起的。加之欧盟的铁路运输政策正处于一个过渡时期,所以造成了目前欧盟各国线路使用费不一致的现状,这一点也能够理解。但是,对于像在上一节中分析过的法国双段制收费价格这样妨碍线路使用效率的事例[14],笔者认为欧盟方面是有必要督促法国政府对其不合理的定价方式进行调整、改进的。

由于欧盟在铁路运输部门实施了网运分离的政策,对于其派生出来的铁路线路使用费的问题,欧盟方面也有责任从政策的角度对其进行规范。另外,欧盟实施网运分离政策的目的是提高铁路运输的运营效率。所以对于与各国实际社会经济条件无关的、妨碍线路使用效率的定价方式,应该采取严格的措施予以惩戒。

另一方面,目前对国际列车的拥堵问题、环境污染问题等政策应对正受到各方关注,在这样的情况下,欧盟方面也有责任从缓解拥堵及改善环境的角度,重新思考线路使用费的定价方式,将这一部分内容融入价格制定的原则中[15]。另外,实际上,线路使用的价格差异还会导致列车的低效率运营[16],其应对措施也有必要整合到线路使用费的定价原则中,这也是欧盟需要解决的一个政策课题。

利用网运分离的方式来实现铁路运输的尝试,当初在如何促进企业的市场参与方面出现了很多问题,但是通过欧盟的努力,这些问题在很大程度上得到了解决。对于接下来以提高线路使用效率为目标的价格制定课题,也希望能通过欧盟实施政策与解决问题的能力而得到妥善的解决。

注释

❶在日本,多数铁路的列车运行与线路维护与管理是由同一主体(组织)来完成,这样的铁路运营方式被称之为"网运一体"。

❷关于在欧盟导入实施网运分离政策的背景,参照小泽茂树(2013)。

❸在欧盟各国,基本上是建设成本由政府负担,维持管理成本和更新成本通过收取线路

现代交通问题与政策

使用费来进行支撑。

❹列车承担适当的成本是线路使用费的重要观点,这方面的论证请参照其他相关论文。

❺在垄断条件下追求利润最大化的收费体系存在差别价格。作为差别价格,有第一种差别价格、第二种差别价格、第三种差别价格。其中后面会讲到的双段制收费相当于第二种差别价格,拉姆齐定价法相当于第三种差别价格。

❻在 Rothengatter(2001)中,欧盟交通基础设施的收费设定,随着时代的不同而交替采用过边际成本定价与平均成本定价的方式。

❼对于需求少的地区,也存在线路使用费的定价标准不符合经济理论的例子,例如澳大利亚。在澳大利亚,铁路的运费被压得很低,这是出于要让铁路成为大众交通工具的考虑,以及由于全球变暖海水面上升等环境方面的考虑。澳大利亚将这些政策方面的考虑融入铁路运输政策。

❽英国采用了特权制。在一定期间内,特定的列车运行公司垄断能够特定运行的区间,原则上线路使用不存在竞争。

❾这里所谓利用者是指列车运行公司,而间接的利用者为乘坐列车的乘客以及委托货物运输的货主。

❿20 世纪 90 年代后期,德国也曾采用了双段制收费制度。但由于这一收费制度当中的基本收费项目被批判成为阻碍参与市场的主要原因(尤其对于小规模的列车运行公司),所以德国后来停止了对双段制收费制度的使用。

⓫原本有必要对列车运行公司的需求弹性进行估算分析,但由于数据方面的制约,本稿中进行了这样的分析。

⓬根据 RFF(2011),法国的高速网络的距离为 1496km(用该距离设定基本收费),高速列车的年均列车里程为 120000000 列车·km。在计算车站停车费用时,假设列车每行驶 100km 停车一次。由于德国高速列车里程公里数的数据欠缺,所以根据(DBAG"Fact &Figures 2011")长距离行驶的列车公里数为 145500000 列车·km/年的数据,将高速列车(ICE)与城市间列车(EC/IC)平均运行距离的比例假定为 3∶2,那么,高速列车的车公里就可以估算成为 87300000 列车·km/年。另外,在这样的推算方法中还假定了高速列车使用的铁路线路均为高速铁路网,但在现实当中,有部分高速列车还会使用旧铁路线。本书将这些问题作为需要在分析中予以处理的现实课题。

⓭根据 Remond(2004),法国的高速铁路网络的里程数为 1496km,这中间 N1 类铁路线有 718km,N2 类有 457km,N3 类有 321km。另外,德国的高速铁路网络里程数为 2060km,其中 F Plus 为 270km,F1 为 1760km。

⓮关于双段制式收费,从制定收费价格的复杂性以及把握有关基本收费价格数据(列车运行公司参与需要的价格弹性)的困难性来看,可以推测出特别是在 Open Access(只要缴纳使用费用,就有权使用铁路线路的铁路线路开放使用)的情况下,选择采用双段制式收费方式就很有可能会导致资源配置出现扭曲。

⓯关于拥堵区间的效率线路的利用,参照小泽茂树(2013)。

⓰事实上,在安特卫普港(比利时)—鲁尔地区(德国)之间的货物运输,由于荷兰的铁路线路使用费价位较低,所以出现很多的货物列车绕远道使用荷兰铁路的现象(最短路径是

直接连接比利时与德国之间的铁路线路)。

参考文献

[1] Dodgson, J. User Charges for Railway Infrastructure[M]. EMCT Press, 1998.
[2] ECMT. Railway Reform & Charges for the Use of Infrastructure[M]. OECD, 2005.
[3] Nash, C. A. Rail Infrastructure Charge in Europe[J]. Journal of Transport Economics and Policy, 2005, 39:259-277.
[4] 小泽茂树, 根本敏则. 欧洲铁路的网运分离的线路使用费的作用[J]. 交通学研究, 2013, 56:59-66.
[5] 小泽茂树. 起因网运分离的铁路货物运输问题的考察[D]. 东京:一桥大学, 2013.
[6] Remond, T. Infrastructure Charging on the French railway network: RFF's experience[C]. ECMT Workshop on Rail Infrastructure Charge, 2004.
[7] RFF. Report on activities and sustainable development[R]. 2011.
[8] Rothengatter, W. How good is first best? Marginal Cost and other Pricing Principles for User Charging in Transport[J]. Transport Policy, 2001, 10:121-130.

第 11 章　港口民营化与港口管理

11.1　概述

　　港口在地方经济中发挥着重要的作用,要加深对这一点的认识,可以从了解实施港口日常管理、提供港口服务的机构组织开始着手。在日本,所谓的港口管理人正是发挥着这一作用的机构组织。日本港口法中明确规定的(符合本法规定条件的)港口有 994 个,各港口均设置了具体的港口管理人。在港口法中明确规定,所谓管理港口的责任人,是指具有独立法人特征的组织机构,它可以是"港口局",或是"一般地方公共团体(县、市町村的相关政府部门)",又或者是部分"事务处理性质的工会",可以是这其中的任何一种组织单位。而实际上,港口管理人一般都是设置在地方政府部门内部的一个进行港口日常管理、负责运营业务的部门。要理解这类组织部门具体发挥着怎样的作用,是什么样的组织部门,那么,从该部门是如何应对市场变化以及如何确保运营效率两个方面来把握其管理的方式方法及相关的具体内容就显得尤为关键。这里可以从观察这类组织被赋予了怎样的权限,以什么为目的,通过什么样的手续步骤来运营管理港口的相关资产,来对其进行把握。

　　有关港口管理(governance)的研究,从 20 世纪 90 年代后期开始迅速增加。当选择从地方政策的视角来思考港口管理问题时,考察对象就包括了与港口服务间存在利益关系的所有相关主体。这里将主要相关主体大致划分为三个类别:一是调控方(国家及地方政府,公共团体),二是直接利用港口服务的使用方(提供港口运输服务的公司,发货公司),三是港口周边居住的当地居民。港口管理的研究主要也就是针对这些利害关系主体间,如何达成共识制定港口的相关政策,以及政策措施如何落实、落实的具体步骤等内容来展开分析讨论。这是由于在 20 世纪 90 年代末期经济合作与发展组织(OECD)各国的政府部门开始将行政权力逐步下放到地方政府,而要将行政权力分化,就需要在现有的财政收入以及权限条件下,实施一系列具体政策措施逐步满足地方上的各类需求。要落实这一工作,行政机构与民间组织之间建立一个良好的紧密合作关系就变得十分重要❶。如果将组织管理港口的工作比作行船的话,那么行政机构在其中发挥的职能作用与其说是亲力亲为独自划船,不如说是已经开始逐步转变为引导行船方向的掌舵者角色❷。对于港口管理的定义,Verhoeven(2009)指出,存在着特指港口管理人与港口物流公司以及直接利用港口服务的使用人之间的关系,以及特指港口管理人内部组织的运营管理(corporate governance)两种情况,两者含义不同需要区别理解。本章所涉及的港口管理主要是针对前一种定义的内容来进行展开。

　　截至 2015 年,日本全国设置了港口管理人的国际战略港口❸有 5 处,国际据点型港口❹有 18 处,重要港口❺有 102 处,地方港口❻有 808 处,符合港口法第 56 条规定的港口❼有 61 处,共计港口 994 处。将级别为重要港口以上的港口,按照管理人类别来进行分类的话,都道府县管理的有94处,市町村管理的有24处,(事务处理性质的)港口管理工会管理的有6处,港务局管理的有1处。港口管理人的行政活动范围包括港口区域(水域)与临港地区(陆地区域)两部分。2015年作为国际海洋运输网络汇聚点的国际战略港口与国际据点型港口合计23处,这些港口的港口区域(水域)面积约为19万hm^2,临港地区的绿地面积约为3万hm^2,这占日本全国临港地区总面积的大约53%❽。

港口管理人除了负有实施调控的责任以外,同时还承担着灵活运用临港地区土地、开发土地的工作。随着经济全球化的不断深化以及企业活动范围的不断扩大,运输商品的方式方法也正在不断进步。作为物流供应链中不可或缺的汇聚环节,当今时代的港口服务也需要被赋予新的附加价值。而这也就意味着港口管理人的责任也应该发生相应的改变。本章将运用民营化与管理(governance)的概念来对新时代港口利害关系主体(港口管理人、港口运输公司以及发货公司)之间的相互作用,以及形成实际制度管理体系的具体步骤进行分析阐述。

首先,11.2节将概述港口民营化的世界潮流,11.3节具体说明国家港口建设制度中规定的有关港口运营管理的公共部门与民间部门的社会职能。另外,通过日本国内的2个实例来分析港口利害关系主体间的相互作用对港口管理所带来的具体影响,及其引起变化的具体步骤。

11.2　港口民营化趋势

对于港口建设,从港口计划的制定、资金筹措、建设施工,到正式开始运营提供港口服务,以及设施的维护、修缮、管理等事项,长期以来都被视为是应该由公共部门(港口管理人)来进行落实的工作。

然而,当跨入20世纪90年代之后,在世界各地都开始出现民间企业着手进行集装箱码头运营管理的事例。就民间企业积极投资港口商务的理由,Farrell(1999)指出,这是由于自20世纪80年代中期起开展的港口劳动制度改革,全面提升了港口产业部门的劳动生产力,并且伴随着规模经济的发展单位成本也明显降低。但具体上,民间企业经营的集装箱码头有以下两种类型:①码头运营商持有土地与相关基础设施的所有权;②港口管理人拥有港口货物处理设施的所有权,同时将这些基础设施的独占性经营权在一定期间内交予(有租赁方式与特许权方式)码头运营商。到2008年,全世界由民间企业运营的495个码头当中①类码头仅有30处,大多数都是②类码头[Farrell(2012)]。

(1)港口民营化的定义

对于港口民营化,国际联合贸易开发会议(UNCTAD)在1998年将其定义为:"民营化是指资产所有权从公共部门转移到民间部门,或者是在对港口设施及其器材,系统进行投资时运用了民间资本。"而世界银行则是将民营化划分为两种类型来给出了诠释[World Bank(2007,pp.100-101)]。

①完全民营化。

继承公共部门的公司组织,拥有临港地区的土地、设施,以及船只泊位的所有权。

②部分民营化。

将公共港口管理人拥有的资产以及运用资产进行业务活动的一部分转移到民间部门的

情况[其典型手法是港口管理人将港口地区用地的开发许可及其一定时间范围内的运营许可资格都出售给某一得标的民间企业的方式(特许权方式)]❾。

(2)港口管理中的民营化手段

20世纪90年代起发达国家实施的港口运营改革可以分为:港口管理组织改革、有关港口服务的经济调控放宽、商业化、公社化[特殊(国营)企业化]以及部分民营化。港口管理组织改革是通过改变调整管理手法使其能够更加符合港口使用的实际情况,来力图改善港口整体运营状况的一个政策手段。有关港口服务的经济调控放宽,是指放宽以往公共部门独占型供给领域中的经济调控,促进民间企业介入市场。而港口运营的商业化是在不向民间企业转移公共港口设施所有权的条件下,引进民间企业有关服务供给、运营方法等的港口经营手法。港口运营商业化的目标是提高港口业务作为商务服务的经济独立性。

公社化(特殊企业化)是将公共港口的所有权保留在港口管理人即公共部门的手中,同时重新成立一个专门管理港口的新组织。这种手法的实例有:1997年在新加坡实施的港口管理(管制工作)与码头商务运营的业务分离,以及后者的公社化(股份公司化);2006年之后日本外贸码头公社进行的股份公司制化过程中,实施的将集装箱码头管理组织从政府部门中分割独立出来,将包括临港地区土地在内所有港口设施的所有权转交到公团、公社或是特殊公司手中的改革❿。而这些新成立组织的所有权,目前仍在政府或者政府的相关机关部门手中。这些组织未来的目标是成为上市公司,只有当这类组织的所有股份都成功出售到民间部门时,才能算是真正意义上实现了公司组织的民营化。

(3)影响港口管理的诸多因素

20世纪90年代影响发展中国家港口运营的主要因素可以归结为以下两点,即:海运市场内市场竞争与技术进步的加速,以及大规模投资必要性的显现;集装箱码头运营商积极拓展海外业务。

①海运市场内市场竞争与技术进步的加速,以及大规模投资的必要性。

以往港口服务的供给被视为是振兴贸易与拉动地方经济的有效手段。在进行港口基础设施建设时有必要进行大规模的投资,其成本方面具有被称为"不可分割性"的特质。提供港口服务供给的初期投资大,其单位成本会随着生产量的增加而逐步减少,会产生固定成本的效果。因此,港口服务的供给一般都是由地方政府等港口管理人承担。

但是,自20世纪90年代中期起,主要航运公司之间alliance(提携关系)的缔结开始加速,以集装箱船只大型化为首的航运技术进步加速,以及运用IT技术开展航运信息管理等方面的大规模投资也得到了推进。航运业开始迎来了追求具有附加价值的标准化物流服务⓫新时代。

在考虑港口服务供给中公共部门与民间部门间的责任分担时,对于由政府公共资金投资建设的港口设施,日本的情况是对每个港口设施的补贴比例都有着详细的规定⓬,如在下一节(第11.3节)中将会提到的,长期以来在运用民间资本或者是直接投资港口设施时,都会受到多种管制措施的束缚。究其原因,是管理公共财产(行政财产)的思维方式方面存在问题。例如,在日本最早采用特许经营权方式⓭的是北九州市名为"响滩集装箱码头"的工程项目,但是在这一事例中出现的问题是:民间码头运营商在公共码头这一领域,不能进行长期的集装箱码头(港口堤岸以及集装箱堆场)一体化运营管理。对于这一问题,作为港口管理人的北九州市政府提出了让运营商每年提交其使用每个设施的使用许可,来实现港口长期一体化管理的解决方案。2001 年政府修订了"有关灵活运用民间资金促进公共设施建设等的法律"(通称 PFI 法),至此,针对特别指定的国际集装箱码头(特定国际集装箱码头),面向民间企业的行政财产的长期租赁成为可能。港口改革的手段如图 11-1 所示。

图 11-1　港口改革的手段

出处:World Bank(2007)p.111,Box 20。

之后,有关集装箱码头一体化运营管理问题的解决方法开始逐渐明朗。基于 2005 年公布的修订版港口法第 55 条,向特定国际集装箱码头的认可运营商(民间的码头运营商)长期出租国有港口堤岸等成为可能。另外,结构性改革特别区域法[14],以及 2005 年"以活化港口资产为目的的港口法等部分修订法案"中的第一部分(有关超级枢纽型港口)在实施过程中,部分特定重要港口被指出需要提高其港口机能来增强国际竞争能力。而这部分港口被定为"指定特定重要港口"[15]。作为跟进的具体措施包括:a. 针对构成特定国际集装箱码头的行政财产(港口堤岸以及集装箱堆场)等最长达 30 年的租赁制度;b. 被认可的码头运营商能够享受零利率的资金借贷制度。在这之中,a 使得长期以来悬而未决的集装箱码头运管一体化得到了根本上的解决[16]。

②大型码头运营商的海外业务拓展。

20 世纪 90 年代既是集装箱码头运营商进行世界规模网络拓展的时代,也是运营商利用港口民营化潮流的一个黄金时期。当时主要的港口运营商有 Hutchison Port Holdings、Maesk-Sealand、Sea-Land Terminals、ICTSI、PSA Corporation、Dubai Port Authority、Stevedoring Services of America、BLG-Eurokai 等,这些公司的份额约占全世界集装箱处理总量的 40%。另外,Evergreen、COSCO、APL/NOL 等海运公司也开始在世界主要港口开展集装箱码头运营。当时已有的码头运营商也开始通过企业并购等方式来扩大其公司规模,像是 Maesk Line、P&O Ports、BLG、Eurokai 等码头运营商所拥有的战略性物流网规模,都在这段时间内快速成长起来。可以看出,通过获得码头的经营权以及企业 M&A(并购、收购)等方式,码头业务开始出现向大型企业聚集的趋势。世界五大码头 PSA Corporation、APMT、HPH、DPWorld、COSCO(2008 年起)每年所处理的集装箱数量都保持在一个稳定的水平,约为全世界集装箱货物总量的 30%[Farrell(2012)]。

11.3 日本港口管理与运营的PPP[17]

（1）港口建设运营方式的概要

日本是从20世纪60年代后期开始集装箱运输的。到2012年日本海洋运输的货物总量12.6亿t，其构成为：大约20%为集装箱，70%为大宗货物（干散货、铁矿石、煤炭）和液体货物（石油、石油制品、天然气等气体类），以及其他货物。从日本港口管理制度变迁的角度来看，在被称为三大港口的东京湾、伊势湾以及大阪湾之中的港口，以及这之外的港口之间，其集装箱码头的建设运营方式存在一定差异。首先，按照时间的推移来看，京滨港、伊势湾以及阪神港的变迁，如表11-1所示，先后采取了①公共方式，②公社方式，④新方式，⑥超级枢纽港口方式，⑦、⑧港口运营公司制度方式[18]。

所处位置在三大港口之外的港口，前后采取的制度方式分别为：①公共方式，③PFI方式，⑤特区方式，⑧港口运营公司制度。由公共方式修建的公共码头，通常情况下使用者需要以1年为单位获取使用许可，并且集装箱码头的运营不包含在这之中（不适用）。

一般情况下，采用PFI方式来实施项目的必要条件，是民间企业所提供的服务价值水平要高于公共部门提供的。这里所指的价值水平是意味着花费更少的成本提供相同内容的服务，或者是花费同样的成本能够提供更高品质的服务[19]。

在运营公共码头方面，促进民间企业参与项目的制度正在不断完善。位于三大港口之外的港口建设手法之一是自2003年起开始实施的，在符合2002年设立的结构性改革特别区域法条件下，向民间企业长期出租作为行政财产的停泊设施以及货物装卸设施等港口基础设施的新制度（表11-1中的⑤特区方式）。作为符合集装箱码头的实例，有那霸港、博多港以及水岛港[20]。另外，在后文的事例2中会提及德山下松港晴海码头的临海产业区域，与处理干散货的公共码头进行一体化管理的实例。虽然对于主体间的职能分担无法从集装箱码头的建设制度以及概念上找到相关依据，但是单从下部设施与上部设施间政府与民间企业的职能分工、分担这一点来看，可以发现③PFI方式的租赁形式与⑤特区方式在内容上具有相似之处。

港口管理运营的国家、地方政府与民间企业的职能作用　　表11-1

	制度方式	下部设施		上部设施（包括港口集装箱堆场的铺装）	码头运营（码头运营主体的性质）
		码头堤岸及其前方的船只泊位	码头集装箱堆场的构建及其堆场土地的所有		
集装箱	①公共方式	国家及港口管理人[a]	港口管理人	民间企业（使用许可）	
	②公社方式	码头公社		民间企业（专用式租赁）	
	③PFI方式	国家及港口管理人	港口管理人	第三类别企业（长期租赁）	
	④新方式	国家及港口管理人	港口管理人	码头公社	民间企业（专用式租赁）
	⑤特区方式	国家及港口管理人	港口管理人	特区企业单位（长期租赁）	

续上表

制度方式		下部设施		上部设施（包括港口集装箱堆场的铺装）	码头运营（码头运营主体的性质）
		码头堤岸及其前方的船只泊位	码头集装箱堆场的构建及其堆场土地的所有		
集装箱	⑥超级枢纽港口方式	国家及港口管理人	港口管理人	民间合资企业（长期租赁）	
	⑦港口运营公司制度（专用码头）	指定企业	港口管理人	指定企业	民间企业（专用式租赁）
	⑧港口运营公司制度（公共码头）高规格集装箱码头c	国家及港口管理人b	港口管理人	指定企业	民间企业（长期租赁）
		国家	国家		
	⑨民间集装箱船只泊位（东京港中央防波堤内侧的外贸杂货码头）	民间企业	港口管理人	民间企业	
散装	⑩临海产业工地区（德山下松港晴海码头）	国家及港口管理人	港口管理人及民间企业	第三类别企业（长期租赁）	

注：a. 只负责建设，其余由港口管理人承担。
b. 指定企业中存在指定管理的例子。
c. 限定为水深在16m以上的拥有抗震强化码头堤岸的集装箱码头。
出处：国土交通省港口局监修《数字看港口2014》（公社）日本港口协会，122页。

接下来,将介绍两例影响日本的港口管理方式方法的典型事例。

(2)事例1：北九州港响滩地区"响滩CT"PFI项目的公共化

①PFI项目的运营公司。

由于是日本国内首例采用PFI㉑方式实施港口建设的事例，位于北九州港响滩地区的"响滩CT"，自实施起就受到了各界的关注。北九州市在2000年就决定了在响滩港区码头集装箱堆场的铺装，以及门式起重机等上部设施的建设项目工程中采用PFI方式。以新加坡的国有港口运营公司PSA为中心的合资企业（简称PSA集团）提出了建成后能够处理总量为112.5万TEU㉒货物的建设方案，并以此获得了优先交涉的权利。最终，北九州市与PSA集团签订了项目合同。这一码头也于2005年起正式投入了使用。

但是，作为码头运营商的PSA集团实际处理的货物总量，即便在最多的一年也仅为其最初提出方案中目标总量的4%左右。因此，2007年作为港口管理人的北九州市回购了集团名下的港口资产，将集装箱码头重新规定为公共码头。

②风险分担对与项目融资的筹资方式。

虽然当初的契约合同并未公开，但是"响滩CT"PFI项目的协定中规定运营公司与北九州市的风险分担方式基本上是：上部设施的建设成本以及需求总量下滑的风险由运营公司承担,建设阶段的用地问题以及由于不可抗因素(地震灾害等)造成的下部设施损害风险等由市政府承担,而建设计划与设计阶段的风险由两主体共同承担。

2004年4月,成立了以主要出资人PSA集团为中心的码头运营公司——"响滩集装箱码头(股份制公司)"(简称为HCT)。其出资比例为:PSA 34.0%,3家港口运输企业 26.9%,发货企业以及当地银行 29.1%,北九州市政府 10.0%。为了获取国家对港口建设的补助(实际上,港口堤岸是国家直接管辖的项目),作为港口管理人的北九州市政府只好采取了向码头运营公司出资成立第三类别企业的方式[23]。而这却导致了资产所有构成、运用资产的经营方式以及公共管理方式方法的复杂化。

实际上经营项目的项目实施协定中还特别规定了"如果发生累计赤字超过资本金80%的意外情况,就开展有关项目可持续性的方法探讨与协商"的条款。因此当HCT的经营状况恶化[24],且其状况已经接近于上述条款中所描述的意外情况时,2007年2月HCT向北九州市政府提出了有关项目可持续性探讨协商的申请。之后,7月北九州市政府借用了HCT资产,并实施了码头的公共化。HCT通过一系列手续最终成为负责港口日常业务的受托公司。

2007年9月的北九州市议会上通过了预算措施,10月市政府正式签署了回购HCT资产的合同。与此同时,政府方面发现响滩CT项目的项目融资部分存在严重欠缺。HCT的项目融资[25]中,资金筹资是基于项目能够带来的未来收益所换算得到的现值来实施推进的。而作为全权承担项目风险组建成立的特别目的公司——HCT,它在成立当初约定的是,项目所产生的收益或损失都不会向出资方进行追溯,不具有追溯效力。但是,现实情况是由于北九州市政府方强烈要求码头项目的继续经营,这使得出资方之间最终进行了复杂的结算,并运用了类似于第三类企业破产状况的处理方式来进行了处理。

③再次探讨公共部门的介入以及政企双方的职能分担。

响滩CT项目中BOT方式(图11-1)得到了采用[26]。这是民间的项目公司负责筹措项目资金,建设所需设施,并且在一定期间内承担设施运营,然后将项目资产交由公共部门来进行管理的方法。实际上合同年限原本为25年,然而却在短短两年多的时间内便落空了。在BOT类型的项目当中,一般情况下运营公司应该全面承担需求减少方面的风险。但是,对于需求的下降幅度大幅超出最初预想范围(即累计赤字的额度超出资本金80%的意外情况)的时候,作为不能停止公共码头服务的北九州市政府方面就会愿意在一定程度上承担需求风险。可以说,这一点很有可能就是造成政府与民间企业间协定特殊性的原因[寺田(2010)]。

Notteboom(2007)指出,特许经营合同中,虽然民间的项目公司保证港口货物处理总量的最低限度条件对于政府方面而言是有利的,然而这一条实际上是否能有效监督项目公司的行为还不是很明确。反倒是在明确特许经营的收费、责任分担等方面,政府与民间企业通过协商的方式往往能够得出恰当的解决方案。

(3)事例2:德山下松港德山地区的临海产业地区公共码头的长期综合借贷制度

①临海产业地区项目计划的提出。

自2008年起,山口县周南市的德山下松港开始努力尝试成为能够处理干散货(此事例中具体的货物内容是煤炭)、拥有14m水深的大型深水港口,提高其作为多功能国际公共码头的性能,进而提高其所在地区的产业物流效率。民间码头运营商从港口管理人手中获得了作为行政财产公共码头长期租赁权,又从拥有公共码头周边土地的民间土地所有人手中租借了港口周边的土地,并将这部分土地作为装卸货物的集装箱堆场,实施了一体化的运营管理(长期一体租赁方式)。公共码头的租赁期间是由港口管理人(山口县政府)所认定的,自2008年起的20年时间。

这是作为2008年度国土交通省成长战略计划中的一部分而新建的有关物流效率化的制度,是被命名为"临海产业区域^❷"的计划。2008年,依照旧港口法,德山下松港获得了指定。目前该计划还没有出现任何依照2011年修订版的新港口法提出的新申请^❷。

港口堤岸可以分为公共港口设施与专用港口设施(特定企业专用的港口)两类,前者是公共码头,后者是专用码头。专用码头原则上是由受益企业全额负担修建。但也有作为例外的专门处理能源、钢铁、谷物等货物的港口,这类港口适用于国家补助制度,能够享受国家补助。在德山下松港的事例中,主要利用该公共码头的是总公司位于周南市的大型化工制造类企业及其关联的部分企业。

被设定在德山下松港近海区域的临海产业区,具体是指公共码头与其后方的码头用地,以及邻接这些地区与港口相关联的用地所构成的整个规划区域。在这一区域内,进口煤炭的运输、保管,以及货物装卸、搬运等相关业务都由码头运营商——"周南干货码头(SBT)"一体经营管理。这一产业区于2012年4月起开始全面投入使用,之后每年处理货物总量分别为:2012年223万t、2013年228万t、2014年215万t。

②公共码头的专用码头化利用。

德山下松港的主要作用是作为进口煤炭的运输中转站,具体上是将从印度尼西亚以及澳大利亚进口的煤炭资源进行短期保存,随后煤炭将被运送至化学药品及精炼石油的工厂。虽然位于临海产业园区的工厂如果能参与到进口煤炭的运输活动中,就有希望实现运输成本的削减,但在当时,就多目的性国际公共码头这一类别来看,还未形成针对某特定利用者实施长期租赁的制度体系。另外,要提高散装干货的装卸效率,还需要对码头装卸货物的机械器材进行合理分配。同时,为了制定一条能将货物从运输船搬运至码头,然后运往煤炭储存场进行保管,最后搬运至工厂的最短路径供应链,在当时就需要在邻接公共码头的附近确保建造一块港口的关联用地。

③项目融资基础上成立的码头运营商。

当时为了解决面临的种种问题,SBT作为以项目融资所筹措的资金为基础成立的第三类企业(仓库类企业),开始负责进行公共码头的货物装卸。2008年10月该企业向港口管理人即山口县政府提交了运营特定码头的项目认定申请,之后与政府缔结了特定码头的租赁合同。该企业的出资人及其出资比例分别为:Tokuyama(65%),出光兴产(15%),德山海陆运输(港口运输企业,10%),日本吉恩(5%),以及周南市政府(5%)^❷。并且Tokuyama还从港口管理人手中购买了港口关联用地(20hm^2)作为存储煤炭的场地。由于周南市政府的出资比例控制在最小额度范围之内,所以事实上这一合同可以视为民民合同(民间企业之间的合同)。在进行资金筹措的同时,SBT承诺承担Tokuyama公司每年180万t,出光产业公司每年20万t,合计共200万t煤炭的入库、保管以及出库。而SBT的收入来源是收取提供这些服务的服务费。其间作为出资人的企业如若需要煤炭保管服务,就需要同SBT缔结储炭合同。而 SBT 则以此合同作为担保，来筹措了成立资金。根据这一储炭合同，Tokuyama 必须每年向 SBT 支付处理 180 万 t 煤炭的服务费。而 180 万 t 作为 SBT 每年货物处理总量的下限，是由发货人作出承诺的部分。事实上，自 2012 年港口全面投入使用以来，其货物处理总量都维持在这一水平之上。另外，SBT 还同时与没有参与公司出资的其他企业签订货物处理合同，提供煤炭运输服务。同时，在收费价格方面，SBT 对于公司出资比例列一、二位的企业以及电力公司收取的服务费，与其他企业的服务费之间存在着一定的价格差。

另一方面，对于 SBT 向港口管理人上交的港口堤岸租赁费用的定价问题，港口管理人是根据港口的实际使用状况来设定其条例收费价格的。另外，对于露天堆积场的收费、泊船收费等也是根据山口县的港口设施管理条例来进行制定的。

（4）两个事例中得到的经验

①港口管理人介入市场的困难。

北九州港的事例中可以看出，作为港口管理人的市政府方面，在政企双方开始展开交涉的初期阶段，就可能已经表示了市政府即便是承担需求风险，也希望集装箱码头能够持续运营的意向。在"响滩集装箱码头建设及运营项目的实施协定"中规定了，当出现由于不可预测事件而造成项目运营难以维系的情况时，"市政府以及运营公司必须就项目持续运营的具体办法进行诚实的协商［北九州市港口局（2004）］"。

维持公共码头运营这样的政府判断，对于项目失败后仍然需要利用港口服务的使用者而言应该是最好的决定。但是仅仅以公共利益为理由，公共部门如果在与民间企业进行交涉的阶段就暗示了如果出现了问题政府可以出面帮助解决，那么就很有可能会招致民间企业的机会主义行为，从而最终导致政企两主体间的风险分担无法维持，合作项目失败。

②专用港口设施的政府支援。

对于处理干散货物的情况，一般而言专用码头以及港口堤岸会被视为生产线的一部分建设完成，而原材料的运输是通过其专用港口的运输服务而完成的。Wang & Oliver（2007）指出，码头以所处的地理位置为重要条件，要寻找具有可替代性的码头十分困难，具有难以替代的性质。例如，在中国的国营炼铁公司的事例中，从该企业的角度来看，通过与位于产业链上游（或者是下游）从事交通物流类行业的企业进行垂直整合能够削减其生产成本。在这种情况下，码头运营商可以视为同赞助商进行垂直整合的组织，码头运营是否能够获得成功，主要还是要看发货企业主力产品的市场状况及其生产计划的内容。

临海产业区的制度特征是，对于原则上由企业承担的专用港口设施成本的部分，在以往公共港口设施的制度结构上作出了更进一步的拓展，将部分港口作为公共港口设施，由公共部门负责承担其成本。沿着这样得到拓展后的公共性的思维[20]模式，主导临海地区产业的管理方式，可以说是在以往国家港口建设中的公共补助、扶助办法上开了一条民间企业主导的口子。

11.4 本章小结

随着全球经济的深化以及企业的海外业务拓展，港口作为供应链中的一个重要节点，开始逐渐被编入战略物流网之中。为了引进民间资本，港口管理人的职能作用也到了不得作出调整的阶段。本章运用民营化、管理(governance)等概念介绍了港口商务直接利害关系主体间相互作用所导致的政企合作制度的失败(或者说是不太理想的)事例,以及成功事例。

日本公共码头运营的实际状况虽然在码头运营权购销这一点上来讲,离真正的民营化还有很大的差距,但是民间资本的参与及其经营能力的发挥,一直以来都受到来自各方的关注。而这一点是否能够实现,不仅仅与国家、港口管理人在港口建设运营中的介入程度密切相关,还跟港口管理人是否能设计出一套能够吸引民间企业长期合作的内容紧密相关。

注释

❶ 关于统筹管理的重要性的相关背景信息参照 OECD(2001)第 26 页。

❷ 关于英国的行政系统的变化与政企责任分担,参照 Burnhamand Pyper(2008)第 48 页。

❸ 日本政府在政令上将能够成为远洋集装箱运输方面的国际海洋货物运输网据点,并且作为国际海洋运输网与国内海洋运输网间具有高度衔接性的港口,规定成为需要努力强化港口国际竞争力的重点对象。

❹ 是国际战略港口之外的,且在政府政令中被规定为国际海洋运输网络中据点的港口。

❺ 是国际战略港口以及国际据点港口以外的,并且在政府政令中被规定为海洋运输网络据点,与其他国家之间存在着重大利害关系、竞争关系的港口。

❻ 简而言之是与当地方存在利害关系的港口。

❼ 是指港口法第 56 条口规定的没有具体确定港口区域范围,由都道府知事公告其水域范围的,实际上由国家管理的港口。

❽ 这里使用的港口区域、港口地区的数据源自国土交通省港口局监修《数字看港口 2013》。在国土交通省"2014 年城市建设规划的现状调查"中"都市规划区域、市街化区域、地域区域的决定状况"的临港区域(确定面积)的基础上进行了计算。

❾ 对于特许经营权方式的项目,通常港口用地的所有权由港口管理者持有。由于这中间不存在所有权的转移,所以也有人认为特许经营权方式的项目不能视为民营化的方式。Brooks and Cullinane(2007)中认为,对于特许经营权方式,由于其项目目的为盈利,所以就这一点来讲可以将这一方式定位为商业化(commercialization)或者是政企协作(partnerships)的手法之一(第 7 页)。

❿ 林克彦等(1998)在第Ⅰ部第 7 章日本的码头公社制度的概要、第Ⅱ部第 1 章韩国的集装箱码头公团概要、第 3 章新加坡港口管理的民营化经过给予了解说。2006 年 5 月,为了实施码头公社民营化,制定了《特定外贸码头管理运营法》(外贸法)。该法于同年 10 月开始施行,其中设定了五大港(东京、横滨、川崎、大阪、神户)的各码头公社两年内移交给指定公司管理。指定公司采取股份制公司形态,公司股份中的 49%(上限)可以出售给民间。2012 年指定了阪神港与横滨港为特例港口运营公司,2014 年指定了川崎港及东京港、名古屋港和四日市港为特例港口运营公司。另外,所谓阪神港是大阪港、神户港、尼崎西宫芦屋港的统称,在关税法上这些港口被视为一个港口。

⑪从物流管理的观点来看,产生附加价值的时机是产品生产之后或者是完成配送之前。作为代表性的服务,被称为"延迟制造(推迟生产)"的服务,是将生产产品的时间点尽量向客户需求的时间点靠拢的服务。还有被称为"回收战略物流"的从消费者出发向生产者方向的反向物流服务。这是伴随商品的退货、修理,包装容器的回收与废弃所产生的反方向运输。与港口相关的具体事例请参照 Bichou(2009)第 10 章。

⑫例如关于港口建设事业,参照国土交通省港口局监修(2015)。

⑬在特许经营权下缔结政企契约,一定的期间给予民间企业垄断的运营权。获得这种经营权的民间事业者按照契约提供服务。北九州港的 PFI 事业基于旧的 PFI 法实施,具有一定的特许经营的色彩。详见寺田英子,寺田一薰(2013)。

⑭作为集装箱码头的适用事例,有那霸港、博多港、水岛港。

⑮这些是京滨港(东京港、横滨港)、伊势湾(名古屋港、四日市港)以及阪神港(大阪港、神户港、尼崎西宫芦屋港)。

⑯参照国土交通省港口局(2005)"关于港口设施的维持管理——现状与课题"。

⑰本节是基于寺田英子、寺田一薰"港口民营化与港口经营统筹管理的理想方法;基于北九州港与德山下松港的事例的考察"《交通学研究》,2013 年,67-74 页修改而成。

⑱有关超级中枢港口政策的课题,参照黑田胜彦等(2014)154-155 页。

⑲对于包含交通领域在内的难以实现完全民营化的领域,在尝试引入民间委托方式中逐渐发展形成的 PFI 方式十分重要。详见手塚广一郎(2001)。

⑳作为水岛港向民间企业租赁的特区制度的具体效果有:实际落实了按时间段调整系泊设施使用价格的具体方法,并根据货主、船舶企业的需求制定了收费价格。另外,还让门式起重机使用价格能够即时完成下调。由于这些收费项是基于冈山县的条例而制定的,所以在不存在特区制度的情况下,若要修订价格必须得到县议会的审议与认可才能实现。

㉑茨城县管理的常陆那珂港北码头也适用于 PFI 法,码头从 2000 年开始提供服务。但运输公司 50% 以上的股份由公共团体方面掌握,所以公司的性质为第三方企业。这样的公司性质与真正的 PFI 之间存在差异,所以本章中没有提及此例。

㉒TEU(twenty-foot equivalent unit,20 英尺集装箱换算)是在表示集装箱船只的装载能力以及集装箱码头的货物处理数量时所使用的单位。

㉓在当时通称 PFI 法的基础上,关于地方自治法第 244 条公共设施委托的规定等关系,曾经的理解是如果不是第三方企业不能成为 PFI 事业者。参照寺田英子,寺田一薰(2013)。

㉔当时,PSA 在韩国拓展业务,投资参与了仁川港码头建设。虽然,在 PSA 提交的 PFI 提议书中描述的聚集基础货物之后再进行业务拓展的基本思路获得了高度评价,但 PSA 在韩国的业务推进最终没能按预期进行。

㉕在某具体工程项目的资金筹措上,基本上是以将该项目所能产生的收益作为偿还债务资金源的方式来推进的。PFI 被认为是一种容易与工程融资相融合的建设运营方式。其理由是:为了实施该 PFI 项目会设立特别目的公司,并且该公司的收入只能成为该项目所产生的现金流。

㉖民间企业参与社会基础设施建设被称为 PPP(Public-Private Partnerships),日本的 PFI 方式也属于 PPP 的一种。在日本的 PFI 项目中能够观察到的民间企业的参与方式有,以

BTO(Build，Transfer，Operate)为代表的，在完成工程建设后，先将工程的资产所有权移交给公共部门，而后进行运营管理的方式较多。详见Price Waterhouse Coopers(2005)第56页。

㉗参照国土交通省网页http://www.mlit.go.jp/report/press/port04_hh_000005.html。

㉘这是由于符合适用条件规定的处理干散货物且水深有14m岸壁的重要港口在日本全国为数不多。另外在2011年的修订版港口法基础上，若要让某港口能够同样适用于该规定，那么此港口必须为国际据点的港口，同时还有必要成立相应的港口运营公司。

㉙关于SBT的概要，参照河村义人(2011)第425页。

㉚作为分析了狭义的"公共码头的公共性"概念妨碍了码头专有使用的批判性研究，有寺田一薰(2000)、(2008)，寺田英子(2005)，另外，作为在引进PFI项目方法之前，从公共集装箱码头的建设与运营的观点出发，分析其租赁制度的研究有：港口空间高度化中心(2000)。

参考文献

[1] Asian Development Bank. Developing Best Practices for Promoting Private Sector Investment in Infrastructure：Ports[M]. 2000.

[2] Bichou, K. Port Operations, Planning and Logistics[M]. Informa, 2009.

[3] Brooks, M. and Cullinane, K., eds. Devolution, Port Governance, and Port Performance[M]. Elsevier, 2007.

[4] Burnham, J. and Pyper, R. Britain's Modernised Civil Service[M]. Palgrave Macmillan, 2008.

[5] Farrell, S. Financing European Transport Infrastructure[M]. Macmillan, 1999.

[6] Farrell, S. The Ownership and Management Structure of Container Terminal Concessions[J]. Maritime Policy and Management, 2012, 39(1):7-26.

[7] 林克彦,宫下国生,津守贵之,等.亚洲物流与日本的港口经营营[M].大阪:关西经济研究中心,1998.

[8] 河村义人.通过周南干散货码头建设的国际竞争力的强化[J].港口货物装卸,2011,56(4):421-425.

[9] 北九州市港口局.响滩集装箱码头的建设及运营事业的事业实施协定[EB/OL].2004, http://www.kitaqport.or.jp/kowan_j/hibiki/pfi/pfi0219.html.

[10] 国土交通省港口局.数字看港口2015[M].东京:日本港口协会,2015.

[11] 港口空间高度化中心.放宽调控条件下的港口运营方式研究报告书之一[R].2000.

[12] 黑田胜彦,奥田刚章,木俣顺.日本的港口政策——历史与背景[M].东京:成山堂书店,2014.

[13] M. R. Brooks and Cullinane, K. Devolution, Port Governance, and Port Performance[M]. Elsevier, 2007.

[14] OECD. Local Partnerships for Better Governance[M]. OECD Publications, 2001.

[15] Price Waterhouse Coopers. Delivering the PPP Promise[EB/OL]. 2005, http://www.pwc.

com/gx/en/government-infrastructure/pdf/promisereport.pdf.

[16] 寺田一薰.港口建设的 PFI 的意义[J].海事产业研究所,2000,406:12-21.

[17] 寺田一薰.港口建设条件下的地方分权与政企作用的分担[J].国际交通安全学会杂志,2008,33(1):58-64.

[18] 寺田一薰.港口管理条件下的地方分权与民营化[J].都市问题研究,2010,62(2):18-30.

[19] 寺田英子.港口的部分民营化给予港口管理的影响[J].海事交通研究,2005,54:69-80.

[20] 寺田英子.围绕临港地区的港口管理者与城市规划主题的关系变化[J].交通学研究,2009,53:95-104.

[21] 寺田英子,寺田一薰.港口民营化与港口经营统筹管理的理想方法——基于北九州港和德山下松港事例的考察[J].交通学研究,2013:147-154.

[22] 藤井弥太郎,中条潮,太田和博.自由化时代交通政策[M].东京:东京大学出版会,2001.

[23] 手塚广一郎.港口的建设与运营与统筹管理构造[J].国民经济杂志,2009,200(1):15-30.

[24] 手塚广一郎.港口间竞争的各论点与其课题[J].运输与经济,2010,71(3):23-31.

[25] Verhoeven, P. A Review of Port Authority Functions[EB/OL]. IAME-Final,2009, http://www.bpoports.com/assets/files/2-34%20paper.pdf.

[26] J. Wang, D. Olivier, T. Notteboom, et al. Ports, Cities, and Global Supply Chains[M]. Ashgate,2007:173-186.

[27] World Bank. Port Reform Tool Kit, Second Edition, Module 3, Alternative Management-Structures and Ownership Models[EB/OL]. 2007, http://www.ppiaf.org/sites/ppiaf.org.

第三部分 交通服务

第12章 城市公共交通建设成本
——以城市轨道交通为例

12.1 概述

对于城市公共交通服务,一般存在两种哲学观察方法。其一,是将城市公共交通作为一项商业服务事业来看,即便这中间存在部分例外的情况,但还是应该通过运输收入来回收所需的运营成本,应该维持服务供给体制的独立(自立)财政原则(self-support principle),并坚持在这一原则条件下实施运营。这也就是所谓重视效率(盈利)的立场。其二,是虽然在一定程度上考虑收支方面的制约条件,但同时主张将维持可通达性,确保出行的便利度(mobility)以及社会公平性放在运营首位,即重视公共性的立场。那么具体应该选择上述哪一种哲学观察方法来建设公共交通网络,这一问题的答案基本上应该是基于地方居民的选择来决定,不能够轻易地在价值判断方面断言二者间的善恶。

在日本,虽然存在一些特殊处理的情况(例如针对利用率较低的闲散线路或大规模设备投资等),但从整体来看基本上都是采用的前者,即依照"独立财政原则"模式来开展城市公共交通的政策性运营。所以,对于连续出现赤字的运输服务,也就是说对于那些无法获得足够多使用者支持(使用者支付的费用)来承担其运营成本的服务,在日本长期以来基本上都被视为应该(不得不)停止供给的服务。

但是,在现实中也存在着一些典型的例外,例如在留下庞大累积赤字的同时被政府部门命令解体的日本国营铁路等众多国营/公营公共交通运输企业。甚至还存在部分铁路线路,当企业由于赤字问题放弃了其线路运营之后政府行政部门直接出面接管这部分线路并提供交通服务的例子。面对这类事例,不得不让我们产生这样的疑问:究竟能否称日本公共交通系统的运营基本原则为独立财政原则。但是,即便出现了交通系统的赤字问题,政府对于产生的赤字并没有采取相应的政策措施进行应对处理,而是用累计赤字的形式来进行处理(即,搁置)。从这样处理方式也可以看出,政府方面的政策判断依据确实是基于独立财政原则。另外,从政府长期以来所坚持采用的基于全成本定价(full-cost)原则建立起来的运费定价调控制度,也能够证明日本的公共交通管理模式中有着坚持独立财政原则的特征。

长期维持这样政策方针的结果是,日本的公共交通,例如民营铁路运输企业那样,即便在没有任何来自政府的辅助制度条件下,也能够维持其自身的财政状况,并且长期以来都能高效率地提供切合人们需求的地方旅客运输服务。这些以营利原则(commercial principle)为行动规范准则的民间企业,不仅在服务生产方面发挥着主导作用,在生产计划的规划方面也发挥着极其重要的作用。也就是说,坚持独立财政原则制定政策的结果酿就了日本不同于其他国家的独特公共交通经营模式。最终也就造成了日本的国家/地方政府在讨论研究公共交通的运营方针、生产计划、生产内容等方面,实质上都没有发挥太大的作用。

相比之下,欧美各国则是选择了第二种立场,即通过提供高额的外部财政补助来维持公共交通运输企业的运营,或是公共部门直接成为运输服务的供给主体来提供服务。实际上一般来说,即便是在公共交通运输企业的财政状况出现了问题,需要讨论的情况下,人们所关注的对象也不是企业提供服务的总成本,而是除去基础设施建设等成本之后的运营成本,甚至在讨论运营成本回收方案的时候,也仅仅停留在研究企业的运输收费收入能够回收百分之几的成本,是否有希望回收其运营成本的程度。

近几年,特别是在欧洲国家,服务供给体制的现实状况是,政府意识到所投入的公共资金并没能收获与之成比例的社会价值,并将"物有所值(value for money)"视为一个重大的政策课题。政府也开始探讨实施具有针对性的必要改革方案,来改变长期以来很大程度上依靠政府补助,且依靠公共部门作出所有的经营决策的公共交通服务供给体制。但是,这些政策措施并不意味着欧洲国家的政策思维转变成了日本式的独立财政制度的思维模式,其根本立场并未发生改变。

另一方面,近年来不仅在人口稀少的地区,在日本的大城市以往凭借收费收入来回收总成本的运营方式,也开始出现越来越难以维持的情况,甚至还不时出现收费收入不能回收运营成本的情况。在考虑如何解决这类问题的过程中,对以往制度体系进行调整的必要性开始得到越来越多人的认同。实际上,2009年2月福井铁路,同年3月得到政府认可的若樱铁路两个铁路企业重构项目,在沿线市町村等的支持下实施了网运分离等运营主体的制度结构改革。这两个事例虽然均为地方铁路企业的例子,却也能从中看出政府在公共交通运营方式上的改革意识。

本章针对上述情况中的公共交通,从分担成本的角度来展开分析。城市公共交通主要依靠公共汽车运输、城市轨道交通两种交通方式。大规模交通服务在日本大城市的经济活动中不可或缺,而在大规模运输方面发挥着最为重要作用的正是城市轨道交通运输,并且同时要维持这一运输手段的正常运转还需要花费大量资金。本章将以这样的城市轨道交通手段为对象❶,来展开具体分析。

12.2　日本城市轨道交通建设成本结构

在探讨城市轨道交通建设方面的成本分担结构之前,先对几个专业术语进行解释说明。首先把有关铁路运输成本的内容分解为"筹措资金(financing)"与"提供资金(funding)"两个部分来进行整理。以购买房屋为例来解释二者间的区别,那么,通常我们首先从银行等机构贷款来支付购买房屋的所需费用,但同时这部分贷款连同利息都需要我们用每月的收入来对银行等进行偿还。也就是说,最终我们还是要连本带息地支付购买房屋的全额价格。这种情况,关于买房的financing即"筹措资金"是通过银行得以实现,而实际上最终funding即"提供资金"的还是我们自身。

所以归根结底,为工程项目筹措到的资金,最终还是必须由某一主体来予以承担(提供资金)。仅考虑如何筹措(financing)项目所需资金的问题,而将最终究竟由谁来提供资金(funding)的问题置之脑后避而不谈的方式是不切实际的,最终人们还是不得不回头来面对这一问题。从这一点来看,在分析讨论 PFI(Private Finance Initiative)、PPP(Public Private Partnership)等提供公共服务的手段/方法时,政府方面应该承担的成本比例大小,公共交通运输企业的赤字问题最终应当由谁来承担(买单),这些问题才是值得关注的重点。

一般而言,对于得到国家认定的特定工程项目的部分建设成本,国家会提供相应的补助,在日本也存在着类似这一类型的多个补助制度。具有代表性的例子有:以公营地铁及东京地铁新线建设(以及大规模线路改良工程)为对象制定的地下高速铁路建设项目补助(简称为地铁补助),公营企业与准公营企业(第三类企业)的机场接驳与新城铁路线路为对象的建设成本补助,加强抗震的建设成本补助,以及以大规模改良工程成本为对象给予部分补助的机场接驳铁路等建设项目成本补助。从这之中补助比例最高的地下高速铁路建设项目补助来看,国家对补助对象项目的成本按照[(建设成本−总管理成本−车辆成本−建设利息)×1.02×80%×90%]结果35%以内(地方公共团体的补贴额范围内)的标准给予补助。地方公共团体也会支付同样的补助以及向企业出资(20%),对于余下的资金空缺,实施该项目的工程主体(公共部门)将通过贷款的方式来进行填补。

但是,在私营铁路企业主动独立建设线路时,即便所建设的铁路线路同样为地铁,也不符合该制度的适用条件,不能获得政府方面的补助❷。在大城市,对于由铁路运输机构(原日本铁路建设公团)负责建设的线路、复线/双复线,并且后来(有偿)分派给民营铁路运输企业的部分铁路线路设施,机构(或者原公团)会针对在线路建设过程中、筹措线路资金过程中的贷款等涉及的部分利息,为民营铁路运输企业提供补助,即存在所谓的(有偿)分派线路建设成本等利息补助制度。但是很明显,这一补助制度的力度不大,效果十分有限。

考虑到这样的实际问题,日本城市轨道交通成本分担结构的模式可以整理为图12-1。

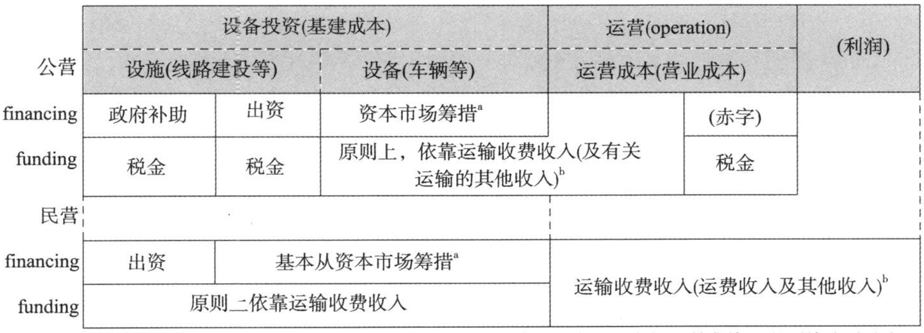

	设备投资(基建成本)			运营(operation)	(利润)
	设施(线路建设等)	设备(车辆等)		运营成本(营业成本)	
公营 financing	政府补助	出资	资本市场筹措ᵃ	(赤字)	
funding	税金	税金	原则上,依靠运输收费收入(及有关运输的其他收入)ᵇ	税金	
民营 financing	出资	基本从资本市场筹措ᵃ		运输收费收入(运费收入及其他收入)ᵇ	
funding	原则上,依靠运输收费收入				

注:a.以从政府金融机关筹集资金为首的融资方式,严格上讲,通常与从市场上筹集资金的融资方式之间存在着很大的性质上的差异。
　　b.与运输服务关联的各类收入也同样视为铁路轨道部门的收入。

图12-1　日本城市轨道交通成本分担的基本结构的模式

从图12-1中可以看出,独立财政原则理所当然地作为其基本原则,并且负责运营的主体体制不论是公共部门还是民间企业,通过运输收费收入来回收成本的比例都较高。另外,一般根据企业运营体制(经营形态)的不同,来决定其是否适用于补助制度,而这也会影响到分担成本的结构。结果是民营铁路企业的投资行为与普通民营企业之间不会存在什么差异。严格来讲,即便是民营铁路企业也能够获得政府性金融机关的融资等,从这一点来看,民营铁路企业与通常从资本市场筹措资金的民间企业之间存在着差异。但是,这与下文中将会谈到的欧美事例对比后能够发现,像这样细微的差异基本上可以说不会对分析造成任何影响。

承担新线建设部分成本的"出资",在完全按照其工程建设计划予以实施的情况下,会按照以运输收费收入为资金来源的分红形式对出资人实施阶段性返还。因此从这一点来看,承担新线建设成本的主体是日常利用这一线路铁路运输服务的普通乘客。实际上民间企业(民营铁路企业)由于需要向出资人提供分红,所以这部分支出的资金来源应该由运输收费收入来予以承担。与此相反,公营企业在线路投入使用的初期实现成本回收、黑字经营的可能性几乎为零(很难发生这样的情况)。因此,实际上可以将这样的运营方式视为是建立在地方自治体政府提供变相式补助(由税收来承担)基础上的铁路运营。前文中提到的在地铁补助中计算补助对象项目成本公式中的80%,是除去由出资资金承担的20%之外余下的部分。虽说地铁补助制度被解释成为,地铁建设成本的70%由国家与地方政府对半承担形式的补助制度,但实际上,确切地说该制度是政府承担补助对象工程70%建设成本的补助制度❸。

目前多数公共部门的企业都处于赤字经营的状况,并且经常性收支账户的赤字也处于年年累计的状态,仅仅依靠运输收费收入不能回收其所需的全部成本。当然,从长期的角度来看,这部分赤字最后应该通过某种收入来对其进行填补,但是就目前的情况而言,可以说要消除累计赤字还是十分困难的,最终有很大可能是在未来的某一时点政府以某种形式的补助对其赤字部分进行填补❹。虽然日本政府还不能说是已经建立起了一套填补赤字的补助制度,但是如图12-1所示,目前的补助基本采用在考虑到项目、企业的实际情况的基础上再予以兑现的形式。

多数地方自治体政府,对于自身交通局直接提供的公共交通服务,都实施了高龄老人免费(或者优惠)的乘车券制度,并都为此投入了公共性资金。针对此类社会政策性车票减价所造成的企业收入减少,实施相应的财政补助办法,在欧美国家通常是采取运费补偿(或者是公共资金填补)的方式,并且相关的政策制度都已经成熟。但这在日本还很难说是已经发展成熟,所以在图12-1中没有明确表示出这一点❺。

而民营铁路企业作为民间企业,其运输收费收入不仅仅要回收所有成本还有必要获得一定的利润,所以将这一点表现在了图12-1中。当然,这并不意味着民营企业需要获取的运输收费收入总金额数增加。正如前文PPP模式所述,即便是包含了利润的部分,由民间企业执行工程项目所需的必要收入(即回收成本的必要收入)也很有可能低于公共部门执行同一项目时所需的成本。

另外,根据铁路事业会计准则,日本铁路事业的运输服务收费收入中还包含了"运输服务杂项收入"。运输服务杂项收入是指铁路轨道部门收入中的旅客运输收入、货物运输收入、铁路线路使用收费收入以及铁路线路有偿租赁分配收入以外的收入,其中包含了广告收入、车站营业收入等内容❻。但是并不包括不动产、公共汽车等同时运营的其他行业收入。

12.3 欧美城市轨道交通建设成本结构

接下来看欧美各国成本分担结构的具体情况。图12-2所示为典型的欧洲类型城市公共交通建设的成本分担结构基本模式。

事例1	设备投资(基建成本)		运营(operation)		
	设施(线路建设等)	设备(车辆等)	运营成本(营业成本)		
financing	补贴	补贴	运输收费收入(票价收入)	政策性定价补偿(补助)	补贴
funding	税金	税金		税金	税金

图 12-2　欧洲类型城市公共交通建设的成本分担结构基本模式

注:增益回收(value capture)类型的特定目的税收(以及社会保险收费等)也包含在内。

正如前文所述,在城市公共交通方面,欧美国家通常都是优先考虑维持一定出行水平(mobility)以及社会公平性等内容,以此为依据作出政策判断,并为此投入了大量的公共资金。

特别是对于基建成本,几乎不存在通过运输收费收入来进行回收的例子。像是公共汽车运输业这类相对而言不需要花费太多基建成本的例子,虽然也存在通过运输收费收入回收部分基建成本(设备投资)的例子,但即便在这种情形下,其回收的比例也非常小。像这样城市公共交通通常是作为一个公共系统被建立起来的,是欧美国家的一般形式❼。

在此之上,运营成本即是与服务生产直接相关的成本部分,对于这部分成本也没能完全通过运输收费收入进行回收,而是投入了大量的政府补助。由于被判定为必不可少的公共服务,所以将在商业性判断中无法维持供给服务的维系义务交予公共交通运输企业,同时,作为回报,政府对这些企业给予相应补助(对赤字部分给予补偿)。这样的公共服务义务(Public Service Obligation)补助的思维,在欧美国家也属于一般性常识。

在图12-2中,分别表示了填补赤字以及基于公共服务义务的补贴部分,与根据政策判断的政策性定价补偿,即针对运输收费收入削减措施的补偿部分,将两部分不同意图的补助进行了区别。对于后者,在实际的会计计算中,虽然其处理方式随着城市(国家)以及时代的不同而各不相同,但是在这之中,应该对为实现含有特定目的的票价折扣而提供的成本补偿性补助,与所谓的填补赤字运营成本的补贴进行区别对待。另外,在讨论对地区内提供的低价公共交通服务予以补助时,以有必要保证公共交通与私家车交通间公正竞争为由,要求补助的意见也时常出现,所以,要完全将两类补助区分开来还存在一定困难。

由此可见,即便是在欧美国家,实际上也没有完全忽视公共交通运输企业独立财政的可能性。但是,由于欧美各国的政府管理部门全面负责铁路运输基础设施的建设,所以在讨论铁路企业独立财政的可能性时,一般都只是将与服务供给直接相关的成本(运营成本)作为讨论对象。因此,虽然欧美国家与日本一样,同样是使用"独立财政"这一词汇,但其中所包含的内容存在着很大差异。例如,欧美铁路企业在谈到"黑字"的时候,就有必要确认其中所指成本及收入的具体内容。

但是欧美国家的公共交通部门也并不是从一开始就是这样的状态。反倒是在公共旅客运输作为一个行业开始兴起的时候,以及在之后的一段期间内,通过运输收费收入来回收包含基建成本在内所有成本的全成本方式最为普遍。实际上,在很多国家都经历过民间资本建设铁路线路的繁盛时期,公共交通被视为能够获得高额收益的具有很大潜力的行业,在参与及提供交通服务方面,不论是民间企业还是政府公共部门的态度都十分积极。

这样的状况虽然没能一直延续,但直至20世纪60年代仍有很大一部分的成本是通过运输收费收入来予以回收的。表12-1整理的是欧洲各大都市公共交通的运营成本通过运

现代交通问题与政策

输收入实现回收的比例变化。如表所示,在 1971 年时,1/4 城市的回收比例超过 100%,一半以上的城市超过 80%。同样从 Allen 的报告中可以发现,即便是从包含了基建成本的总成本来看,1971 年有 30% 的城市公共交通政府补贴比例都保持在 20% 以下。

欧洲各大城市城市公共交通运营成本及运输收入回收率变化　　　　表 12-1

比例(%)	企业数目			
	1971 年	1975 年	1977 年	1979 年
100 ~	8	0	0	0
80 ~ 100	10	5	1	1
60 ~ 80	9	19	20	13
40 ~ 60	7	11	14	20
20 ~ 40	0	4	8	10
整体	34	39	43	44

出处:Allen,J. E. (1982) "Public Transport:Who Pays? ", in Young, T. and Cresswell, R. (eds), The Urban Transport Future, Construction Press p. 12。

但是这样的情形随着时间的推移急转直下,到 1975 年其回收率超过 80% 的城市仅有 5 个,到 1977 年时仅剩下 1 个,反过来,1979 年 40% 以上的城市公共交通政府补贴比例都超过了 20%。各大城市公共交通的运营状况开始不断恶化。从包含基建成本的总成本来看,到 1979 年几乎已经没有一座城市的补贴比例保持在 20% 以下,反之有 55% 城市的补贴比例都在 50% 以上。在这样的情况下,相较于选择独立财政制的经营方式,公共交通运输企业迅速将其经营模式转换成了政府所要求的、在包含多个所谓赤字线路的政策框架内,提供交通服务网、服务内容的形式。在当时的情况下,这也是符合情理且容易理解的转换。另外,与此同时,补贴对公共交通运输企业带来的负面影响问题也开始受到人们关注。

从这时起,通过外部的政府补助来维持运营,不要求运输企业(其中的多数都属于公共部门)采用独立财政制度的思维模式开始逐步形成,这也就是目前所谓的公共性优先方式的原型。

例如,1972 年伦敦当时的城市地区政府 GLC(Greater London Council),要求伦敦交通执行部门(London Transport Executive)在交通运营成本的清算方面要尽量实现收支平衡。并且从之后的一年开始,不仅对于所有新建设施设备(包括车辆)的投资,甚至是其所有折旧更新的成本,GLC 都全面承担❽。由于当时存在对政策性打折票价的补偿措施以及中央政府燃油税费的回馈制度,所以当时伦敦政府所谓"收支平衡"中的成本,与日本所考虑的成本范围之间存在着很大的差异。在之后的 1975 年,GLC 又明确提出了公共交通运输企业的目的应该是"在允许的资金来源条件下,努力实现乘客数×英里数的最大化"。

目前公共部门对于从计划到生产,专门从事城市公共交通服务的供给体制,虽然灵活引进了民间资本及民间企业参与改革,但其成本分担结构本身却没有发生任何实质性的改变❾。例如 1985 年在英国(除伦敦以外的地区)一般公交市场的进入与退出,关于票价标准的调控制度被全面废除,实施了大胆的制度改革,但这也并不意味着其运营思路的改变。仅限于以独立财政为基础的服务供给,一旦其所能提供的服务网络范围被判断为不充分、不足够,公共部门就能够通过计划,补充企业运营的地区线路,并灵活运用补贴与招标制度来实现这部分的运营。另外,配合各种政策性降低票价措施而进行的补偿,购买车辆的补助等各类公共支援性政策措施,能够同样适用于任何公共交通市场等。通过这样的方式实现的公共交通,即便制度框架中引进了市场原理的理念,但实际上公共部门在其中发挥的作用仍然很大。

那么,近年来引进的以积极运用民间资本为目的的 PFI(Private Finance Initiative) 以及 PPP(Public Private Partnership),又是一个什么情况呢? 在这种方式中,公共部门不仅规定对象工程项目的方针、目标等有关企业框架方面的内容,还多层面多角度地介入工程的具体设计、项目资金筹措、服务方式、服务内容的决定乃至生产过程的具体体制中,在决策方面比参与项目的民间企业更具影响力。其项目的最终目标是提供面向广大市民的公共服务。而这样的方式可以说是在提高公共服务供给效率方面的一种尝试。但是这样的成本分担结构结果如图 12-3 所示,资金提供层面的实际性变化并不明显。

	设备投资(基建成本)			运营(operation)		
	设施(线路建设等)	设备(车辆等)		设施(线路建设等)		
financing	基本依靠市场筹资	增益回收	基本依靠市场筹资	运输收费收入	政策性票价补偿(填补)	补贴
funding	税金	第三者/税金等	税金		税金	税金

图 12-3　城市轨道交通 PFI 项目的成本分担基本结构

注:增益回收(value capture)类型的特定目的税收(以及社会保险收费等)也包含在内。

在基建资金(成本)方面,由于民间部门一般通过项目融资等手段来进行筹集,所以在这一点上发生了一定变化。而这并不意味着要采用像日本式的通过运输收费收入来筹集(回收)资金。由于是以使用公共部门建成的基础设施与设备进行生产服务,进而购买服务的形式来实现成本的分担,所以归根结底基建部分的成本基本上都是由税金来承担的。另外在实际的建设过程中,很多情况下公共部门会直接承担起中间的部分成本❿。但是关于这一部分成本分担,一般情况下并非通过使用所谓的补贴定义来予以诠释,而是将其定义成为由该基础设施建设所带来的社会经济效应的一个回馈,将其视为通过增益回收而实现的资金筹措(financing)。

这里的增益回收,即开发收益的回馈问题,当在日本提及这一点时,有着将其限定为除铁路运输服务的利用者——乘客(即票价收入)以及公共部门(基于税金的补贴)之外第三方资金的倾向。与此相反,欧美国家一般情况下都不会过多追究其资金来源是否是来自第三方。并且作为典型的增益回收办法,建设成本可以通过沿线的不动产税收,以及增加区域范围内的消费税征收等办法来进行回收。著名的法国交通分担金(也被译作交通税收,但比起税收其收费性质更接近于社会保险费)也可以视为是这类办法中的一种。另外,在实际的工程建设中,也存在一些承建企业在建设新线时接受列车运营企业方面的出资,从而获得建设资金的情况⓫。

12.4　网运分离与成本分担结构

这样看来,欧美国家城市公共交通的成本结构,与日本的成本结构[以独立财政原则为基本原则,即从直接受益人(乘客)收取服务费获得的收入来实现成本的基本回收],之间存在很大的差异。虽然日本也存在公共性支援补助的制度,但基本上这也只是针对建设新的铁路线路项目立项的情况,将其基建成本中的线路建设成本(以及类似成本)作为补助对象,实施部分补助而建立起来的一个制度。并且不论补助对象线路的社会效益大小以及对该对象线路建设成本进行补助的比例大小,都以事前统一规定的补助比例上限为标准(所有线路补助比例上限的数值都相同)实施补助。因此可以说,日本的补助制度对于社会效益较大但收支状况不理想的线路如何维持实现其公共交通服务的问题,即所谓的社会效益为正实际运营收支为负问题[12]的处理上,基本没有发挥太大的作用。

并且,为了建立一套高效的服务供给体制,即便政府想要将线路的运营全权委托给民间企业,但由于政府在线路构造、技术风格以及企业的经营形态等方面都制定了十分严格且具体的条件规定,所以就造成了在实施项目的过程中容易出现承建企业难以获得公共资金的进退两难局面,以及企业向政府部门提交的基建成本金额过低所带来的投资选择扭曲问题。这些问题作为现行制度的不足,在以前就已被明确指出。

作为改善现状的思路之一,是在运营列车的企业之外重新设置一个负责建设所有基础设施部分(简言之即铁路轨道线路的部分)的企业,即采用所谓网运分离方式来重新建立公共交通的供给框架。如果沿着这一思路建设城市轨道交通运输网络,那么就有希望在坚持日本铁路运输部门长期以来独立财政原则的同时,实现以往制度体系下无法实现的将公共资金运用到公共交通项目的内容,就能够实际促进、增加公共资金的项目投入。网运分离的运营方式在日本可以说是政府公共部门扩大对城市交通市场介入、干预(提供补助)的一种尝试。

1968年开通的神户高速铁路,是日本运用网运分离方式实施铁路建设的一个先例。但是这项工程在当时,除去企业资本金的部分,并没有直接引进任何公共性资金。在原建设省负责管理的一个补助制度"单轨列车等建设项目",即所谓的基础设施补助制度中,虽然只是将城市单轨列车以及新交通系统(中量轨道运输手段)两项规定为补助对象[13],但也能够算是基于网运分离思路建立的一个制度。在这一制度中,将基础设施部分(原则上指高架构造建筑)规定为公路附属建筑。公共部门将这一部分设施作为公路建设的一个延伸,负责其修建工作,并将这部分设施交由运营系统的企业(公营或准公营的第三类企业)管理,要求其负责完成整个系统的运营。但是,这里需要引起注意的是,在这一制度当中,将基础设施部分的价值除以总建设成本所得出的结果规定为基础设施比例,并将其规定为一个定值。而政府则是基于这一定值来决定项目的补助额度[14]。

在2001年挑选通过的项目[2008年开业的京阪电车中之岛新线,以及2009年开业的阪神电车西大阪延伸线(难波线)两项工程]中,以往只适用于公营铁路企业的地铁补助,在第三类企业[15]通过实施与公营地铁相同的偿还型网运分离方式时,其建设的地铁项目也被视为补助对象。而这作为满足补助制度条件的民间铁路线路延伸项目具体事例,具有十分重要的意义。两个工程项目是在1989年5月的运输政策审议会议报告第10号中被明确提出的,并指出这两个项目应该在2005年之前开始着手施工。从这样的文件中可以看出,以往建设城市轨道交通运输网络的重要性作为社会共识,能够获得社会各界的理解与支持。但是,由于事例中线路的承建主体为民营铁路公司,因此政府方面就作出了"如果不对民营企业提供相应的补助制度,项目工程就难以付诸现实"的政策判断。

事例中的资本金分担结构可以整理为图12-4。为了简化图示,笔者将民间部门的所有出资均表示为源自运行该区间列车的电车企业资金,但实际上该线路在电车企业之外,还获得了来自其他与之存在利益关系主体(预见到在列车运营后能够获得收入增加的沿线相关企业主体等)的资金,所以可以说在项目工程中是引入了部分增益回收的融资方式。另外,还将民间资本出资部分的资金来源表示成为出资企业的留存收益。从图中可以看出,相较于民营铁路公司直接建设线路的情况,网运分离式铁路在资金方面,依靠运输收费收入的比例相对较低,且可以说是更接近公营地铁的资金结构。

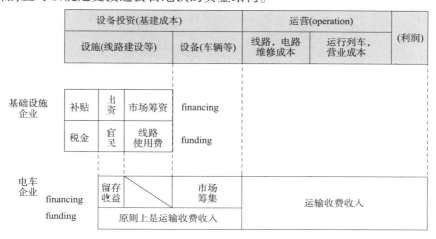

图12-4 偿还型网运分离式铁路运营的成本分担基本结构

长期以来,日本民营铁路企业是建立在随时都将市场放在首位,全面考虑与乘客、沿线居民间长期关系的基础上,策划其战略经营方针,并在高度重视服务效率的大环境下逐步成长起来的。在这一背景下,各企业一直坚持独立财政的运营原则(这也许是在长期以来的运营过程中形成的经验性智慧),即不依靠需要政治判断的公共资金,而是依靠顾客对服务的支付价格,依靠运输收费收入来维持其企业运营。这一点不容忽视。可以说日本目前所拥有的获得乘客高度信赖的,维持运营高度准确的高品质铁路运输服务网络,也正是不得不以乘客至上为准则,在既定条件下努力创收并削减成本的经营环境下应运而生的产物。这一点可以说是不可能在向民营铁路公司直接投入公共资金的制度结构中,政府方面费尽周折引进网运分离方式,成立基础设施企业,实施的这一系列制度设计,都是为了避免对民营铁路企业的运营效率(及其中立性)造成影响。

但这仅仅是针对修建新线而制定的一个支援措施而已,其补助比例是政府规定的一个固定值,实施补助的多少与项目工程社会效益的大小无关。例如在缓解了基础设施企业的累积赤字之后,应该如何处理补贴部分,另外对于将来必定会发生的铁路基础设施更新投资时,应该怎样筹措资金等,需要讨论的问题还有很多。公共部门负责修建作为城市活动基础设施的铁路线路,并将运营权交由最能实现线路高效运营的主体来提供实际的运输服务,要将城市公共交通的运营框架,转变成为这样的形式还有很长的一段路要走。

笔者认为完全可以将今后的新干线建设以及改良原有新干线线路(以及建设其他补充公共交通手段)等工程项目,视为能够应对今后相关交通问题的具有可替代性的政策手段之

现代交通问题与政策

一,仅仅针对新线建设增加补助项目的办法并不可取。但在另一方面,正如本章开篇提到的利用铁路运输事业重构过程废除赤字线路的事例,对于存在赤字问题且不得不退出市场运营的线路,为了维持其原有服务,政府与企业方面也正逐渐开始引进网运分离的思路⑩。建设新线、改良服务、维持赤字线路的运营,不论实施哪一项内容都需要投入大量的公共资金。但公共资金是有限的,政府作为政策的决策方在预算条件的制约下究竟应当优先考虑哪一项,要解决这样政策决策方面的问题,就需要建立一个能够进行综合判断的政策框架。即便是从这个意义上来看,根据项目内容的不同制定不同的制度标准,并让多重标准同时成立的办法,也不失为一个理想的解决方案。对于这一点,能够参考前文中整理的欧美国家实施的成本分担模式,即基建成本等大部分成本都由乘客以外的其他主体来予以承担的方式。我们能从中获得许多值得学习的成功经验。

在2014年10月发表的交通政策审议会交通体系分科会地方公共交通部会"综述性总结"的开篇文字中,明确指出了"地方公共交通,即便是在交通具体的单个领域,也是存在一个与人们生活有着密切关系的系统。在去年(2013年)12月公布实施的交通政策基本法中,作为国家应当实施的政策措施,首先提出了应当确保人们日常生活中必不可少的交通手段"。2014年5月公布的有关地方公共交通复苏与振兴的(部分)修订法案中,明确提出了今后需要脱离过去以民营企业为中心的公共交通运营模式框架,有必要对以担任地方综合行政的地方公共团体为中心,并将公共交通作为地方战略一部分来进行管理经营的新模式,形成一个基本认识。并基于这一基本认识,在修订法案的框架之中,力争实现以地方公共团体为中心的地方建设与地方合作,重新构建一个能够覆盖地方区域的公共交通网络。通过修订法案,日本国内对于公共交通服务的认识已经不再简单停留在原有的商业性服务印象上,它作为地方的一种基础设施性服务,其作用与意义都正在被逐渐更新。

在这一过程中,不仅仅是外部补助、政策性的票价补偿(折扣填补)增益回收等,欧美国家的成本分担模式中值得学习的具体办法还有很多。另一方面,我们同时也担心,以往将独立财政原则作为理所当然的基本原则的日本公共交通运输企业,在不断接受公共部门补贴的过程中,会不会不知不觉地变成了提供缺乏信赖与正确性公共交通服务的低效率公营性质企业?这样的结果是我们难以接受的。为了避免让日本的交通运输企业堕落成为追赶他国的运输服务落后企业,我们有必要不断学习摸索完善政策制度的具体办法。

对于类似城市轨道交通建设这样关系到地区社会基础设施建设的项目工程,直接承担起责任的主体应当是地方政府,这样的观点具有一定的说服力。有些地区期望有大规模的基础设施建设投资,也有些地区虽说现有的基础设施规模不大,但比起基建部分更希望能在实际运营方面投入资金。所以在资金投入方面也存在这样的不同选项。但是,如果这里将地方政府作为主体是否会有不妥之处?这有必要在回顾以往国有铁路系统等低效运营公共部门的失败,以及行政区域与人们的生活范围之间不一致性等的基础上,展开更进一步的研究。

然而,作为地方公共交通网络的规划方,政府是如何考虑的?日本目前所拥有的具有世界领先水平的高品质高效率铁路运输网络,是在众多民营企业的努力之下才得以实现并维持至今的,这样的事实不容否认。政府需要在清楚认识这一点的基础上,慎重讨论研究新制度的设计与构建。

注释

❶ 本稿是正司健一(2008)论文的一个延伸性论述。

❷ 关于利用网运分离方式的制度框架在第4节进行介绍。

❸ 公式中可以看出,从国家领取的补助额度为在该建设对象建设成本70%的一半(35%)基础上又进一步削减10%后的金额。另外,关于出资比例,以往是10%,其后又相继增加至15%、20%。不言而喻,出资比例的增加与补贴额的实质减少之间存在一定关系。

❹ 公共事业单位融资水平的成本分担结构最后可能会导致最终负担者不确定的不完全状态。

❺ 在没有保留交通局的自治体中,还存在民间企业可能利用优待乘车券制度的例子。还有,在欧美的运费补偿制度中,不仅有针对老年人、残疾人士的折扣,还有针对学生与儿童减免车票收费的例子。

❻ 另外,专用线使用费、车站的共同使用费、车辆使用费、土地及建筑物(属于铁路企业的固定资产部分)的租金、旅客运输列车的额外收入(车厢内服务收入)、货运列车的额外收入等这些与运输相关的收费收入,另外还有福利设施的收入、事故赔偿金等方面也能列为能够获得企业进账的项目。此外,在欧美同样也有这样类似的收入,例如广告收入作为营业外收入进行处理的例子等,处理的方法也是多种多样。

❼ 正如日本国内所使用的"建设成本补偿"用语表示的那样,日本对于新铁路线建设运营方面的补助中不包含车辆成本。但是欧美的很多国家都在车辆方面给予了补助。

❽ 在运营成本的计算中包含了折旧成本。

❾ 据 Hass-Klau C.、Crampton G. 和 Deutsch C.(2003)的研究,在对欧洲50个城市(因为只是针对拥有轻轨系统的城市进行了调查,所以与表12-1存在一定差异)进行调查后的结果显示,1986年34个城市的运营收入只能收回直接运营成本的60%以下,能够收回80%以上成本的城市只有3个(当然不是盈利的)。并且,即便是到了1996年,有35个城市只收回60%以下的成本,能回收30%以上成本的城市仍然只有3个(是与10年前相同的城市),也就是说没有发生太大的变化。

❿ 也有采用提供土地手法的例子。

⓫ "有关同步推进大都市住宅区开发与铁路建设的特别措施法"(1989年)中正是关注到这种开发利益,此法律作为力图同步推进铁路建设与沿线开发的重要法律意义重大。但是适用于这一法律的实例却只有2005年8月开始运营的首都圈新都市铁路(筑波快车)。关于该制度的详细内容可以参照盛山(2014)。

⓬ 关于同一问题,可参照中川大(2005)。

⓭ 是根据促进城市轻轨电车建设的法律(1972年)规定,于1974年创设的制度,此制度在1975年被扩充成为所谓的新交通系统补助对象。之后,2010年开始,此内容关联社会基础设施建设项目,有效促进项目合并形成了所谓的社会基础设施建设综合交付资金,至此,此制度对于基础设施以外的设施也能够提供资金补助。

⓮ 例如作为新交通系统第1号工程的神户新交通 Port Island line 建设阶段,由于基础设

施的成本突破了上限(当时为了谋求与地铁补助制度的政策统一性,被设定成为44.9%)1.6%,所以采取了将该超额部分交由神户市负责承担的办法。实际上,很多地方公共团体将"基础设施部分"都交由公共财政来予以承担,同时,还不得不在国家补助制度方面所规定基础设施比例的约束下来进行运营。也就是说采用所谓双重账簿来进行应对。关于这一点,如果从企业的角度来看即便不是源自国家的补助,从地方公共团体获得的补助也同样是属于公共资金,所以也可以将其解释(评价)成为对各地方、各地区的政策判断留下选择空间的制度设计。

⑮ 公共部门的出资比例存在50%以上的制约。

⑯ 被称为并行老铁路线的事例,与新干线延伸项目建设相关的事例可以视为一个例子。

参考文献

[1] Young,T.,Cresswell,R. The Urban Transport Future[M]. Construction Press,1982.

[2] Hass-Klau C.,Crampton G.,Deutsch C. Bus or Light Rail:Making the Right Choice[M]. Environmental and Transport Planning,2003.

[3] 国土交通省.关于充实地域公共交通的新制度框架及其活用的基本思路[R].交通政策审议会交通体系分科会地域公共交通部会总结报告,2014,http://www.mlit.go.jp/common/001050419.pdf.

[4] Mizutani,F.,K. Shoji. Rail Operation-Infrastructure Separation:The Case of Kobe Rapid Transit Railway[J]. Transport Policy,2004,11:251-263.

[5] 盛山正仁.铁路政策:有关铁路的政府干涉[M].东京:创英社,2014.

[6] 中川大.应对收益支出不平衡问题:改善阻碍收益支出平衡神话的公共交通[J].运输与经济,2005,65(1):40-41.

[7] 酒井弘树,正司健一.关于都市公共交通的运营形态思考[J].都市问题研究,2007,59(12):53-71.

[8] 正司健一.关于日本的城市轨道交通建设补助计划的考察[J].国民经济杂志,2004,190(6):33-51.

[9] 正司健一.关于都市公共交通建设策略的考察:成本分担结构的日欧对比[J].国民经济杂志,2008,198(2):21-38.

[10] van de Velde,D. M. Organisational Forms and Entrepreneurship in Public Transport[J]. Transport Policy,1999,6:147-157.

第 13 章　公交 IC 卡的功能与作用

　　交通系统的 IC 乘车卡(简称 IC 卡)作为一项新的服务项目被引入铁路运输行业,并不断得到发展。目前这一服务在日本全国范围内得到了一定程度的普及,正逐渐定型成为一项为乘客们所熟悉的重要基础服务项目。在购买车票方面,IC 卡能够让乘客省心省力,避免了许多繁杂的购票手续,提高了车站能够容纳的人流量。对于乘客而言,以往先排队购票,然后再通过检票口的一系列动作,降低了乘车的方便性(例如在东京等市内铁路运输网络发达的大城市,对于上下班高峰时段的乘客而言,这样的手续费时费力、十分不便)。另外,对于老年人乘客而言,要通过不太习惯的机器式检票口,既十分吃力又需要花费一定时间❶。所以引进非接触式 IC 卡,在为乘客提供乘车方便方面,可以说是一个跨越性的进步。

　　铁路运输企业的主要业务是铁路运输服务。如上所述,最初 IC 卡是为了使车站的运输服务更加合理有效而开发设计的解决办法。它能直接节约检票机器的维修成本、人工成本等,是以"现场改进、改良"为目的而引进的技术。但 2004 年 3 月配备有电子货币功能的 IC 卡成功发行之后,其实际的信用状况发生了很大的变化。站内的店铺在人流涌动的车站内销售商品时,电子货币在支付环节实现了包括自助结账在内的功能,在提高交易速度方面发挥了惊人的作用。东日本旅客铁路股份公司(JR 东日本)发行的 IC 卡"Suica",配备的电子货币功能实现了自动贩卖机的快速贩卖,而这一快速贩卖的服务也有效刺激了消费者的购买意愿,使得销售总量得到了提升❷。正因为有这样的成功实例,铁路运输企业开始关注 IC 卡的电子货币功能,并力图运用这一功能来实现其运营范围的战略性拓展。本章从公共交通网络的复苏与发展的角度,考察正在不断成熟的 IC 卡功能及其所能发挥的积极作用。

13.1　IC 卡市场与公共交通的无缝化

　　(1) IC 卡的市场经济功能

　　通过引入 IC 卡,以往仅仅作为支付乘车费用凭证的乘车券(车票),其特性发生了巨大改变。IC 卡能够高度安全地保存大量的信息,除去乘车券功能之外,还具备融合电子价值、ID 功能、信用卡功能等多项功能的能力。这些功能又引发了一批类似于能够灵活运用购物信息的电子货币的支付性商业服务、认证性商业服务、店铺积分服务等新的商业服务。IC 卡还能采取 JR 东日本的"便携式 Suica"那样与手机融为一体的方式,或者是安装配置到支付性钥匙链之类各种形状的物件上来实现其功能。通过引进 IC 卡,在售票机前排队买票的队伍明显减少,其结果是为现有车站节省出了一部分非常宝贵的空间,铁路运输企业又将这部分空间重新开发成为车站内的商业店铺。具备多项功能的 IC 卡,如今作为重要的商业工具,已经成为铁路运输服务中必不可少的一项服务,对于铁路运输企业而言,它也已经是不可或缺的存在❸。

从市场开发的角度来看,引入 IC 卡的意义,在于能够全面周到地满足顾客的各项要求,提供细致的服务。IC 卡与 POS(point of sale,销售终端)系统相比,能够大幅度提高市场开发的精度。在购买商品时,仅需要轻触一下就能瞬间识别顾客等级(购买信息、购买记录),同时还能在既定的服务选项中提供最适合该顾客的服务。这种有关市场开发的数据被汇集到公司总部的数据库中,基于这些数据就能开展一系列不会被其他企业追随超越独特且精准的市场开发。就铁路运输业而言,可以说已经不能再期待它能够像过去那样依靠传统模式实现其自身的拓展与成长。铁路运输企业在以铁路运输服务生产为核心的同时,其服务的内容与范围也开始从以往的专门从事铁路运输,逐步转变为"生活服务业"的形式,并选择将拓展服务领域作为企业的经营战略。在服务领域的拓展过程中,IC 卡正发挥着核心作用❹。

2013 年 5 月,JR 东日本的 IT·Suica 项目总部内,新设置了名为"商业信息中心"的部门。这一部门主要任务是解析 Suica 所拥有的庞大数据(即大数据),并且将这些信息灵活运用到 JR 东日本以及集团内各家公司所提供的商业服务之中。也就是说要实施企业信息的平台化、"可视化"("信息的资产化"),并实现企业内部、集团内部的信息共享。通过分析,灵活运用已有信息开创、发展新的服务项目。通过信息与服务的组合,对"工作内容""组织结构"进行改革,进而有效完成企业的"运营改革"。虽说能够帮助实现这一转变的方式方法有许多,但是首先还是要从信息的可视化着手,将一手数据转换成为具有商业价值的容易理解的信息内容。商业信息中心正是基于这样的思路,在这样的组织方针下,开展着面向市场开发、提议式(solution 式,即提供新的解决方案)商业服务的研究分析❺。

以往所谓的"个人战略"被视为铁路运输企业最不擅长的一个领域。如今在引进了 IC 卡技术之后,通过灵活使用 IC 卡数据,情况就大不相同了,铁路运输企业已经拥有了大量的个人数据信息。只要灵活运用 IC 卡系统服务器中累积存储的数据,市场开发比以往更有可能开拓出类似于大数据商业服务等新的商业机遇。这样一来,铁路运输公司在今后也就能够在顾及"环境"的同时,不断提供基于个人"信息数据"的"生活服务"❻。同时,在运用大数据方面还留存着保护个人隐私等问题。另一方面,数据毕竟仅仅作为数据而存在,应该如何运用它来进行商业创新,如何联系到实际的商业活动中,还需要在今后的研究分析中寻找答案。

(2)IC 卡与公共交通无缝化

实现无缝式交通体系是公共交通政策当中的一项重要目标。在实际的公共交通中,一直存在着节点换乘问题。从出发地到目的地的移动过程中,当出现多次交通手段间的换乘情况时,就有可能会产生各种各样事与愿违的情况或障碍,即所谓"移动的不连续性"。消除这一不连续性,提供一个安全、舒适、便利的移动环境及移动服务的行动,便是所谓的"实现交通无缝化""确保移动的连续性"❼。不论是什么性质的运输企业,都会被要求(且有必要)设计出一套不会使乘客实际感受到接驳缝隙的运输服务系统。不仅如此,还有必要建立一个自身不产生接驳缝隙的制度体系。在各个运输企业间以及各种运输模式间,如果能够提供一个通用的乘车券(乘车卡),那么公共交通的便利程度、舒适程度都能得到飞跃性的提高。

对于乘客而言,以往车站的检票口实际上就是移动障碍的一种。特别是对于高龄乘客而言,使用车票通过检票口这样的动作十分吃力,且需要时间。IC卡则为乘客省去了这样的麻烦,自动收费、自动充值的功能,以及坐过站需要精算的情况,都为乘客带来了便利。即便是乘车前没有规划好移动路线,只要IC卡里有足够的余额就能自由地乘车与下车。如今这样自由便利的出行模式已经常常能被看到❽。归根结底,以往的出入检票口收取/缴纳乘车费用的移动障碍问题,在引进IC卡技术之后已经得到了解决。

日本实施了IC卡的互用服务,并通过这样的服务,实现了IC卡功能及其便利性的飞跃性发展。2007年3月,JR东日本的Suica,民营铁路企业、地铁等的Passnet,与IC卡化的公共汽车通用卡"PASMO"开始实现互用。至此使用一张IC卡,东京首都圈公共交通网络中的所有交通工具都能够乘坐。之后,2013年3月,日本全国各个地区使用的10种IC卡又开始实现互用,其结果是形成了一个全球最大规模的由IC卡系统相互连接的交通网络。IC卡的互用,一方面缩短了换乘的时间,提高了移动的便利程度,促进了公共交通的利用,同时由于其协同效应,还带来了之后电子货币使用量的急剧增加❾。

目前,IC卡持有人能够在由多家企业形成的运输网络中自由移动,就如同是在同一家企业的运输网络中移动一般,感觉不到任何障碍。这在经济理论中意味着节省了以往在克服移动障碍时的物理成本、时间成本、心理成本等。从广义上讲,这意味着节省了参与交通服务的交易成本。这样一来,引进IC卡实现企业间的互用,实现了表13-1所示的交通节点内的物理连续性、经济连续性、时间连续性、心理连续性,为移动连续性、"交通无缝化"的实现作出了很大的贡献❿。

节点内连续性的4个侧面　　　　　　　　　　　　　　　　　　表13-1

侧　　面	说　　明	区　　分
物理连续性	节点内水平方向移动距离与垂直方向移动距离的问题	直接连续
经济连续性	节点内再次购买车票的手续问题; 企业间票价收费计算带来总票价较高的问题	直接连续
时间连续性	节点内候车时间带来的时间损失问题	直接连续
心理连续性	不经常乘坐的乘客的不安心理问题 (针对其他三个侧面中存在的问题提供相应的信息指南,从而可能在一定程度上予以缓解)	间接连续

出处:中村(2003)16页,表1。

交通无缝化的障碍,大致可以分为硬件与软件两个方面。铁路运输企业为了克服硬件方面的障碍,先后采取了设置车站中的升降电梯、上下扶梯、引导区域,拓宽车站周边的人行道,减少人们进入车站时的高度差(台阶),增加方向标识等措施。这些都是硬件方面的无障碍化措施,即移动的物理连续性正通过(交通)无障碍化法("有关促进高龄人士、残疾人等利用公共交通便利程度的法律")的实施而逐步得到实现。可是在关于提供移动路线信息、车费的收取、车费的核算与结算等软件方面所存在的障碍,还没能得到妥善解决。而此时,IC卡作为克服这类软件方面障碍的具体工具出现并被投入了使用,之后还实现了运输企业之间的互通互用功能。因此,通过引进IC卡,软件方面的障碍问题也都得到了妥善解决。

人们不使用或不方便使用公共交通的主要原因在于包括换乘在内的整个移动过程制度

的缺失,这个问题十分棘手。在实际的公共交通使用过程中,移动过程中的风险基本上都是遵从其责自负的原则,由使用者本人承担。乘客偏向于选择直达列车的情况也与这一点有关。直达列车的引导信息简明易懂,能比普通列车更快地到达目的地。但是能够提供这种运输服务的线路区间十分有限。从这个意义上来讲,如果能够建立起一套保障体系,提供整个移动过程的引导信息,同时还能提供与引导信息相吻合的运输服务,那么公共交通体系就有可能成为更加方便、更容易被人们选择使用的移动手段[11]。而 IC 卡则是促进这一理想实现的一个有效手段。

紧接着,IC 卡的互用得到了推进。和在日本国内发行的类似于交通系统内 IC 卡的 nanaco 卡、WAON 卡等商业系统中 IC 卡间互用一样,不同系统间 IC 卡的互用也在不断得到推广。类似航空里程积分系统之间的合作、积分的互换市场也相继出现。如此一来,IC 卡间的互用合作开始具有明确战略性合作意义,同时还引领了商业构造重组的新潮流。作为运输企业,首先是设计最符合公司利益的 IC 卡,然后将其与积分制度相结合,进而提高 IC 卡在市场开发中的工具性能[12]。

13.2 IC 卡的网络功能

对于使用者而言,IC 卡在其引进及实现互用的同时,还能形成"网络性资产",发挥一定作用[13]。所谓网络性资产,是指进行首次交易时所需的成本与进行第二次交易之后交易成本的"差"。IC 卡引进及互用的实现,大幅度削减了使用交通服务所需要的交易成本。而削减的这部分交易成本随即成为"资产"。因此,引进并实现 IC 卡互用之后,可以说比起企业方面所获得的利益,更多的是为使用方(乘客)方面带去了好处,乘客的受益程度更高、更直接。另一方面,发生在使用方的受益程度增加,对于企业而言,追求并提供这部分使用方"收益"(受益),实际上直接关系到是否能产生新的商机。因为它正是制造商机的源泉。通过引进 IC 卡,以往独立式、单机式的售票及检票装置,转变成为能够发挥类似于网络终端功能的工具。铁路运输企业正在企图最大限度地运用这类融入了 IC 卡系统的新"网络技术",力图提供更加方便民众的高质量服务[14]。

IC 卡系统的互用,还意味着网络间的互联与开放。这对于网络的使用者而言,还意味着仅凭一张 IC 卡就能够享受拥有多张卡的权益,也就是经济学中所说的能够带来网络外部效应。因为只要成为某特定企业的 IC 卡网络用户,就能够连接到其他公司的 IC 卡网络之中,享受其服务。存在这样的网络也就意味着即便是平常不怎么利用的服务,也能在想要利用的时候随时都能享受。即,实现了所谓的存在效益中所包含的服务"利用可能性(availability)"。

这样网络互通(网络间连接以及开放)的范围,正朝着企业间→业界内→业界间(日本国内)→国家间的方向不断扩大。伴随着这样的网络扩大,不同规格 IC 卡系统间的互通式使用数量也在不断增加。通过电子数据交换(Electronic Data Interchange,EDI),以往分工到各个行业、产业的业务与功能开始逐步融合。例如,交通与通信行业之间的融合。JR 东日本的携带性 Suica,是将 Suica 拥有的车票功能(运输业)、电子货币功能(商务流通行业)、信用卡功能、自动充值功能(金融业)等,与拥有通信播送功能的手机电话技术相结合而产生新的功能性质❺。另外,Suica 与 PASMO 开通互用服务的同时,还成立了"互用中心"。互用中心对于参加互用服务的企业而言,可以说意味着包含企业外资源在内的企业资源重组、业务融合,以及网络系统的重构。随着互通互用业务的不断深化,以往业界间、网络间的屏障(行业间、企业间的界限)将会被逐渐消除。仅在各业界内部成立的经济概念与商业习惯,也被迫面临改革❻。并且,这种伴随网络化技术革新的企业间、产业间重构,并不仅仅停留在削减交易成本这种静态的层面,同时还有着为以往的交易形态带去新的变革,甚至有可能进而改变整个产业结构动态的一面❼。

另一方面,IC 卡由于包含了多样功能与作用,所以对其日常运营安全性与稳定性的要求,就比一般电子识别卡要高出许多。在系统稳定性这一点上,IC 卡的可使用范围越大就越难加以保证。特别是在开通多个 IC 卡系统的互用服务时,发生系统故障等风险的概率就会成倍增长。在构建这样的 IC 卡基础设施/系统时,有必要从以下的 4 个方面来进行研究讨论:安全等级(security level,防止篡改信息与违规使用),保护等级(防止个人信息泄露造成的隐私侵犯),有用性等级(多功能,使用简单方便),以及成本等级(构建及运营系统的所需成本)❽。

图 13-1 表示了有用性等级(U 轴)与数据及个人信息的保护等级(P 轴)之间的取舍关系。方便性的提高与信息的灵活使用,应建立在保护个人信息与确保信息安全的前提之上。也就说需要建立一个既能保证较高的便利程度,同时又能保护个人信息,确保信息安全的框架结构。当然,如果要提高保护数据及个人信息安全两方面的等级,构建系统的成本就会增加。而企业在生产服务的过程中所产生的成本,最终会由使用该企业服务的使用者(乘客)来承担。我们几乎不可能要求每家企业个体都分别承担起这部分成本,并且这样分担方式的效率也将十分低。另外,决不能允许企业间或地区间存在信息安全等级上的差异。而 IC 卡所包含的超越企业界限的通用化意义也正显现于此。这是通过连接多个主体之间的网络而衍生出的经济性,即可以将它称为"联合的经济性"❾。以信息与技术为核心的经济主体、经营主体之间的结合,能够创造出协同效应(synergy)。通过表 13-2,笔者对上述 IC 卡的功能与作用进行了重新整理。

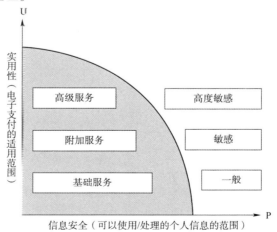

图 13-1　U 坐标(有用性)与 P 坐标(数据及个人信息安全的保护等级)的取舍关系
出处:冈田(2007)28 页,图 1(作者部分修改)。

现代交通问题与政策

IC 卡的功能与作用　　　　　　　　　　　　　　　　　表 13-2

功　能	作　用	备　注
乘车票功能	检票口业务的改善,收费障碍的缓解	公共交通部门便利程度的提高
自动精算功能	省去了结算不足车费的手续,提高了上下车效率	提高了公共交通的便利性与舒适度
自动充值功能	省去了充值的手续,提高了上下车效率	提高了公共交通的便利性与舒适度
电子货币功能	快速购买,零现金化	站内商业服务的拓展
信用卡功能	结算服务,积分服务	结算商务系统,积分系统
ID 功能	学生证,职员证,社会保障卡	认证系统商务的发展
市场开发功能	市场开发工具	提议型商务的发展

出处:作者整理。

13.3　IC 卡与公共交通的复苏与发展

　　在日本出生率下降,通勤与通学乘客不断减少的同时,另一方面,高龄人士去医院以及外出购物时乘坐公共交通工具的需求正在不断增加。迎来老龄化社会的日本,为了提高公共交通的便利程度,就要求企业在公共交通的无缝化方面做出更进一步的努力。为了应对这样的需求,公共交通网络的高性能化,不仅对于大型城市,即便是对相对偏远的地方城市也具有十分重要的意义。日本大城市内,相对于个人交通(私家车等),公共交通已经占据了相当大的优势。在这基础上,通过引进 IC 卡,老龄化、人口下降趋势明显的地方城市地区,(替代个人交通的)公共交通也有可能发挥其特有的优越性。这里介绍一例发生在日本四国地区的事例[20]。

　　香川县高松市有条名为高松琴平的电气铁路线(简称琴电),这条铁路于 2005 年 2 月发行了名为"IruCa"的 IC 卡。它也是四国交通系统首次发行的 IC 卡。IruCa 能够在市内商店街的主要店铺,车站内外的自动贩卖机,栗林公园、玉藻公园、市立美术馆等观光地,以及文化设施与停车场使用,能够使用的场所多种多样。不仅如此,IruCa 上还包含了香川大学学生证、高松市市役所(市民政局)的职员证等个人信息。能够缴纳发行住民票(居民卡)的手续费以及市民医院的就诊费用,还能在县厅(省政府)的职工食堂与小卖部等处使用。今后还有可能附加上退休金记录册、健康保险证等信息,实现"社会保障卡"的功能。从表面上来看,这样地方 IC 卡的多功能化发展,与大城市中使用的 IC 卡似乎是一样的,但实际上在 IC 卡所发挥的功能作用方面,两者间存在着很大的差异。

　　作为地方城市,地方特色、地方魅力是吸引人流的主要原因。如果失去了地方特色,今后地方公共交通的复苏与发展也无从谈起。由于高松市商店街(购物一条街)的流动人口变化与地方铁路运输量的减少趋势一致,所以当地运输部门作出了"没有市中心商店街的振兴,就没有公共交通复苏"的判断,并就此决定开始摸索通过运用电子货币来促进公共交通与商店街的协同发展。同时,如果地方城市失去了公共交通手段,城市也会失去其应有的活力。所以,在地方城市建设方面,人们所追求的不是单一依靠私家车移动的社会,而是一个拥有大城市所没有的,充满人情味的精神富足的社会。从这个意义上来讲,作为地方公共交通手段的"琴电",它所肩负的使命是创建大城市所不能实现的地方城市特色。实际上,"琴电"在"大海、城市、故乡—心心相连"的理念下,与当地的商店、企业、居民以及地方政府,一同努力实现了IruCa的多项功能,并力图通过灵活运用IruCa,来刺激地方经济的发展。当然,引进IC卡的初衷是为了实现无缝化的公共交通网络,而实际上IruCa却是作为"地方卡"发挥着更大的作用。

另外一个例子是关于承担松山市中心铁路线、城市公共汽车运营的伊予铁路公司(简称伊予铁)。这家公司所提供的运输服务作为地方居民的主要移动手段,一直以来都发挥着重要的作用。但自1960年其运输旅客总量达到峰值之后,铁路、公共汽车的运输人数开始大量减少。面对难以扭转的乘客数目下降的趋势,伊予铁路公司开始产生了"维系运输事业的强烈危机感",公司就如何复苏地方公共交通开始采取行动。在这之中,伊予铁与行政部门、广大市民一同参与了以削减二氧化碳排放量为主题的"松山市Omnibus Town计划"(2005—2009年)。在参与计划的过程中,作为具体措施之一的"推进交通的IT化",即通过引进IC卡来复苏公共交通的办法得到了人们的关注。

伊予铁虽然在这之前也发行过铁路与公共汽车通用的预付型电磁卡,但在2005年8月又新发行了"IC好~卡"。"IC好~卡"在开始发行时就配置了电子货币功能,松山市内的各类店铺、娱乐设施、自动贩卖机等都能使用。另外,2009年4月还将其可利用范围扩到了以松山港为基准点的中岛航线。这样一来,陆地运输(铁路、公共汽车、出租车)与海洋运输(渡船)之间换乘的无缝化已得到了初步实现。

另外,位于日本四国地区高知县的土佐电气铁路(现在的土佐电交通股份公司)也发行了附带环保积分功能的IC卡"Desuka"。四国地区IC卡特色在于系统环境的独立性。各地方运输企业独自开发各自的IC卡系统,并独立完成其系统运营。这样就能通过利用最新的IT技术,提供贴近地方需求的运输服务。在四国地区,(由于IC卡规格不一)IC卡的互通互用还没有形成,但是"IruCa""IC好~卡""Desuka"这三种IC卡都附加了各自独特的服务功能。如能成功推进这些功能互补,实现四国地区IC卡的通用,或许还会出现新的不一样的发展。

维系地方城市的关键在于如何将偏远地区的地理劣势,转化成为不同于其他地区优越性的战略手段。"IruCa""IC好~卡""Desuka"的成功,在于各企业最初就将IC卡定位成为"地方卡",(P.科特勒提倡的)在活化地方经济的同时,还能够促进当地居民生活水平提高,促进地方营销与地方市场的开发。通过融合公共交通与市中心的商店街的利益,不仅能够盘活地方经济,还能提升地方运输企业的社会价值,提升企业存在的意义。

通过引进IC卡实现无缝化的公共交通网络,在促进将老龄化、高龄化社会,转变成为精神富足且能实现高品质生活的成熟型社会方面,也正发挥着重要作用。但是这中间也还存在着一个实施成本的问题。目前,日本(地方的)运输企业的经营状况本身已经十分严峻,公司企业即便能够认识并理解IC卡的有用性与方便性,但是还存在缺乏足够资金来建立这一系统的问题。另外,与大城市不同,如何在各个特色各异的地方城市普及IC卡也是一个问题。但是,为了引进能够活化公共交通、有利于城市建设的IC卡,为了实现地区内IC卡的互通互用,即便是采取投入部分公共资金等政策措施,相信也是能够得到国民的理解与支持的。

13.4 本章小结

随着IC卡的引进及其互通互用的实现、使用范围的扩大,交通的无缝化方面也收获了很大的进步。今后的城市交通需要追求的是服务品质,需要将努力方向从以往的基础设施建设转换成为充实软件的内容。为了实现这一转变,实现公共交通的无缝化就必不可少[20]。交通在其运输网络系统发挥网络功能时,才能实现自身价值。服务的便利程度越高就越容易得到普及,公共交通服务也是一样,便利程度越高,乘客就越满意。在不断提高乘客、使用者方便程度的过程中,作为社会基础设施的一部分,公共交通系统的未来也开始变得逐渐清晰。

提供公共交通服务的企业方,与享受服务的使用者,在相互呼应对方需求的条件下,能够逐步提高相互间自主判断、自主决定的价值。今后,通过建立健全能够运用到各个领域、使用范围广泛的IC卡系统,并且同时构建一个所有运输企业、部门都能参与其中的广域收取乘车费用的系统,就有可能在软件与硬件两个方面同时实现无缝化的交通社会。

除去电子货币功能、ID功能、信用卡功能等,能够搭载多项功能的IC卡,不仅改变了交通服务的使用形态,还在很大程度上影响了消费者的生活方式。例如,早晨从家里出发到傍晚返回家的这段时间,只需要持有一张IC卡就能解决所有问题。而从企业的角度来看,收取乘车费用的业务得到了合理化,车站内的拥堵情况得到了缓解,同时利用公共交通手段的乘客增加,能够带来的收入增加等效果都值得期待。另外,如果能灵活运用公司服务器中所存储的数据,开展市场开发与市场营销,还有可能开创出大数据商业服务等新的行业,带来新的商机。从更高的层次来看,利用IC卡系统实现公共交通网络的无缝化,是为实现日本今后的集约型城市、大都市的活性化、地方城市的复苏与城市建设奠定基础,它作为社会基础设施的一部分,在实现高品质的成熟型社会的过程当中也将会发挥着重要的作用。

注释

❶参照地田信也,市场一好(2003)27-28页。

❷参照宫本悖夫(2008)194-199页,椎桥章夫(2008)200-206页,椎桥章夫(2013)145-151页,粟原宣彦(2013)60页。IC卡成为交通系统的牵引车取得了显著的发展。值得留意的是伴随着这种普及同时也具备了搭载了电子金融的可能。IC卡也会构成电子金融的推进力。用IC卡能够购物的店铺也正在从"车站内"向"街道内"扩充。

❸参照椎桥章夫(2013)23-24页。

❹参照松行彬子(2007)38-47页,冈田仁志(2008)57-61页、94页,椎桥章夫(2008)200-206页,椎桥章夫(2013)17-20页,23-24页,145-151页。

❺参照椎桥章夫(2013)209-211页。

❻参照荻原俊夫,齐藤健,椎桥章夫,须藤修(2007)12页。

❼参照太田胜敏(2008)2-3页。

❽参照椎桥章夫(2013)17-22页。
❾参照椎桥章夫(2013)193-197页。
❿关于交通结节点连续性,参照中村文彦(2003)15-21页。
⓫参照荻野隆彦(2007)43-45页。
⓬参照冈田仁志(2008)56-67页。
⓭参照南部鹤彦,伊藤成康,木全纪元(1994)21页。
⓮参照椎桥(2013)211页。将Suica推广到整个铁路网络成为JR东日本的经营方针之一。实际上,Suica的适用范围正从"车站内"向"街道内",进而往"家庭"扩大。参照大川润一郎(2013)20-21页。
⓯参照南部鹤彦,伊藤成康,木全纪元(1994)143-144页,椎桥章夫(2013)152-160页。
⓰参照南部鹤彦,伊藤成康,木全纪元(1994)137-144页,椎桥章夫(2013)第9章171-197页。
⓱参照林纮一郎(1993)27-31页。
⓲参照冈田仁志(2007)27-34页,冈田仁志(2008)43页。
⓳参照林纮一郎(1998)24-27页。
⓴本节参考了以下的文献:伊予铁路株式会社(2010)20-26页,冈内清弘(2009)12-16页,土井健司(2009)4-7页,堀雅通(2013)8-9页。
㉑在硬件方面,近年正快速普及的铁路公司间列车互通连接工作对公共交通的无缝衔接化有着较大贡献。

 参考文献

[1] 地田信也,市场一好.作为交通结点的车站——欧洲的事例调查及日本的课题[J].运输与经济,2003,63(10):22-29.
[2] 土井健司.交通IC卡带来地区经济,国家经济效益[J].民铁,2009,32:4-7.
[3] 林纮一郎.网络信息社会的经济学[M].东京:NTT出版,1998.
[4] 堀雅通.交通IC卡事业的现状与课题[J].运输与经济,2013,73(10):4-12.
[5] 伊予铁路株式会社.寻求公共交通的再生之路[J].四国运输研究,2010,28:20-26.
[6] 栗原宣彦.车站商务考考[J].JR gazette,2013,61:60-63.
[7] 真锅康彦."KOTODEN列车"的再生与"IruCa"引发的城市建设[J].民铁,2009,32:8-11.
[8] 松行彬子.交通类IC卡Suica的战略展开与创造多元价值的经营[J].运输与经济,2007,67(6):8-47.
[9] 宫本惇夫.快速发展的JR东日本零售网"车站内的零售业"[M].东京:交通新闻社,2008.
[10] 中村文彦.交通结节点的连续性现状与课题[J].运输与经济,2003,63(10):15-21.
[11] 南部鹤彦,伊藤成康,木全纪元.网络产业的展望[M].东京:日本评论社,1994.

[12] 荻野隆彦.交通事业今后的IC卡战略的可能性[J].运输与经济,2007,67(1):18-20.
[13] 荻原俊夫,齐藤健,椎桥章夫,等.座谈会:首都圈的IC卡的展开—卡通用化的效果与今后的课题[J].运输与经济,2007,67(1):4-15.
[14] 冈田仁志.交通IC卡的使用范围的扩大与交通行为信息的有效利用[J].运输与经济,2007,67(1):27-34.
[15] 冈田仁志.浅析电子货币[M].东京:日本经济新闻出版社,2008.
[16] 冈内清弘.从交通类IC卡向地域卡进化的IruCa[J].日本铁道协会,2009,32:12-16.
[17] 大川润一郎.Suica的发展历程与今后的发展方向[J].运输与经济,2013,73(10):13-21.
[18] 太田胜敏.新时代的"无缝交通"[J].运输与经济,2008,68(10):2-3.
[19] 椎桥章夫.改变世界的Suica,JR东日本带来的生活革命[M].东京:东京新闻出版局,2008.
[20] 椎桥章夫.企鹅飞上蓝天的日子,IC乘车卡Suica带来的生活新模式[M].东京:交通新闻社,2013.

第 14 章 地方铁路的现状与未来展望

14.1 概述

本章围绕日本地方铁路的现状与问题展开分析。分析的对象是运营区域在首都圈、中京圈以及阪神圈三大都市圈之外,承担地方旅客运输的民营铁路公司。截至目前,分析讨论日本地方民营铁路公司的主要文献有香川(2000)、浅井(2004)等发表的文章。本章是在整理近年经营状况日趋严峻的民营地方铁路公司现实状况的基础上展开的分析。

本章的第 2 节概述日本地方铁路的现状;第 3 节从需求与供给两个方面来分析导致目前不理想状况的原因;第 4 节讨论作为维持地方铁路运营的补贴制度等,整理在资金方面的应对措施;第 5 节分析有关创造新需求的企业行为;第 6 节分析铁路对地方社会的重大影响,并提出笔者的几点看法。

14.2 日本地方铁路现状

就日本国内地方铁路运营的整体情况来看,据铁路统计年报显示,地方旅客铁路运输总人数自 1995 年起就开始呈现出下降态势(表 14-1)。对比 1995 年与 2010 年的地方旅客铁路运输人数可以发现,实际运输总人数下降了 8.5%,与大城市高速铁路的运输状况相比,其下滑幅度要大出许多。

旅客运输量的变迁(单位:100 万人次)　　　　表 14-1

类　　别	1985 年	1990 年	1995 年	2000 年	2005 年	2010 年
全国	12048	13672	13726	13051	13358	13905
大都市高速铁路	11483	13423	13764	13021	12799	13354
地方旅客铁路	303	357	371	337	340	340

注:表中数据由于包含了重复的部分,日本全国合计的统计数据与按功能分别统计得出的数据叠加结果并不一致。
出处:《铁路统计年报》。

这里,笔者将分析对象规定为:其企业运营区域范围在三大都市圈之外的,并且除去专门从事货物运输的企业、不直接参与铁路运输(只负责铁路轨道部分)的第三方经营铁路企业主体[或称为Ⅲ型铁路企业,详见后文 14.4(2),政府委托经营,译者注],以及除去主要从事以观光为目的的铁路、轨道、单轨电车、新型交通系统等特殊企业之后,余下的所有民营铁路公司。对这部分企业进行细致的分析。依照此条件,将表 14-2 所示的 77 家企业作为分析对象。这之中有 41 家企业是由地方政府等出资建立的第三方经营铁路运输企业(这类企

现代交通问题与政策

业是直接参与铁路运输的主体,不同于前文中的第三方经营铁路企业主体),36 家为民间资本建立的民营铁路公司(简称民铁)。在第三方经营铁路运输企业中又有 32 家为原日本国有铁路特定地方运输线的转型企业,又或者是继承了在日本国有铁路改革时期内中断建设的铁路线路的企业。另外,有 4 家是新干线开业后承担老铁路线运营的企业,有 3 家是以承接经营状况恶化的民营铁路企业原有线路铁路运输生产为目的而新成立的第三方经营铁路运输企业。单从铁路企业的数量来看,已经能够观察到地方政府在维系地方铁路运营方面发挥着重要的作用。

各公司状况(2005、2010 年度)　　　　表 14-2

企业类别	2010年度营业盈亏	企业名	2010年度铁路线路总长(单位:km)	2005年度 平均运输量(单位:人·km/日)	2005年度 营业盈亏(单位:千日元)	2010年度 平均运输量(单位:人·km/日)	2010年度 营业盈亏(单位:千日元)	备 注
第三方经营铁路运输企业	赤字	阿武隈急行	54.9	1926	−72134	1783	−142491	
		三陆	107.6	470	−141402	403	−186518	
		会津	57.4	947	−224325	756	−306498	
		秋田内陆纵贯	94.2	352	−293286	344	−256478	
		由利高原	23.0	649	−82165	492	−90584	
		山形	30.5	748	−82668	688	−127805	
		IGR 岩手银河	82.0	3348	−124737	3025	−168057	
		青色森林	121.9	1144	−1233	1439	−137458	
		仙台机场	7.1	—	—	4796	−692621	2007年3月18日开业
		能登	33.1	921	−189415	822	−200897	
		富山轻轨	7.6	—	—	3151	−56156	2006年4月29日开业
		夷隅	26.8	568	−149727	516	−147683	
		鹿岛临海	53.0	2185	−15112	2030	−166544	
		野岩	30.7	885	−137498	708	−197159	
		日立中海滨	14.3	1152	−8751	1316	−19056	2008年4月1日由茨城交通接管
		真冈	41.9	1420	−32582	1284	−94725	
		渡良濑溪谷	44.1	876	−190360	492	−107233	
		天龙浜名湖	67.7	857	−202686	779	−193550	
		长良川	72.1	539	−213775	386	−217255	
		明知	25.1	632	−58452	595	−105802	
		伊势	22.3	2868	−14380	3387	−13059	
		樽见	34.5	695	−116391	584	−93046	
		越前	53.0	1622	−314574	1748	−295766	

续上表

企业类别	2010年度营业盈亏	企业名	2010年度铁路线路总长（单位:km）	2005年度		2010年度		备注
				平均运输量（单位:人·km/日）	营业盈亏（单位:千日元）	平均运输量（单位:人·km/日）	营业盈亏（单位:千日元）	
第三方经营铁路运输企业	赤字	伊贺	16.6	—	—	3101	−319966	2007年6月1日开业
		北条	13.6	692	−36320	685	−42238	
		信乐高原	14.7	1192	−48282	1077	−56141	
		北近畿丹后	114.0	948	−621448	898	−743704	
		锦川	32.7	518	−37471	399	−57588	
		若樱	19.2	669	−54731	548	−5945	
		井原	41.7	1090	−120352	833	−154286	
		土佐黑潮	109.3	1042	−134138	1005	−194031	
		阿佐海岸	8.5	175	−74386	89	−71888	
		甘木	13.7	1600	−1504	1781	−18355	
		松浦	93.8	1026	−27421	884	−42010	
		熊川	24.8	1429	−50878	1181	−78819	
		平成筑丰	51.3	994	−50102	908	−212733	
		肥萨Orange	116.9	922	−134723	834	−380698	
	黑字	北越急行	59.5	7299	899031	8029	1024248	
		信浓	65.1	7472	191947	6732	119763	
		爱知环状	45.3	15453	474919	9601	75644	
		智头急行	56.1	2900	620215	2474	431565	
地方民营铁路企业	赤字	十和田观光	14.7	1159	−43771	983	−23308	
		津轻	20.7	526	−32601	455	−17995	
		长野	57.6	3759	−29351	3615	−140583	
		上田	11.6	1560	−33037	1541	−24435	
		黑部峡谷	20.1	5135	−96149	4787	−51674	
		富山地区	100.5	1859	33085	1825	−22133	
		北陆	20.6	2130	−36036	2168	−91176	
		关东	55.6	4369	41773	3434	−18778	
		上信	33.7	2591	−51407	2452	−21319	
		上毛电气	25.4	2049	−164196	1867	−155945	
		秩父	71.7	4889	29360	4801	−105619	
		铫子电铁	6.4	1000	−39397	1029	−75422	
		岳南	9.2	841	−26136	877	−62637	

续上表

企业类别	2010年度营业盈亏	企业名	2010年度铁路线路总长（单位：km）	2005年度 平均运输量（单位：人·km/日）	2005年度 营业盈亏（单位：千日元）	2010年度 平均运输量（单位：人·km/日）	2010年度 营业盈亏（单位：千日元）	备 注
地方民营铁路企业	赤字	静冈	11.0	15089	110090	13365	−305218	
		丰桥	23.4	6312	219836	6461	−41925	
		福井	21.4	2234	−79455	2289	−205739	
		近江	59.5	1509	−154375	1880	−225793	
		纪州	2.7	197	−22413	242	−43711	
		和歌山	14.3	2971	—	3264	−124303	2006年4月1日南海电铁转让出运营权
		一畑	42.2	1530	−297775	1491	−201829	
		水岛临海	10.4	2742	−31926	2724	−44364	
		筑丰电气	16.0	6009	−61582	5003	−39662	
		岛原	43.2	1098	−144957	1309	−116098	
		熊本电铁	13.1	1454	−5670	1703	−3739	
	黑字	弘南	30.7	2193	−9809	1778	16834	
		福岛	9.2	4355	96577	3886	69643	
		松本电气	14.4	1979	−23575	20611	48923	
		小凑	39.1	1403	14611	1211	4487	
		富士急行	26.6	3340	47357	3586	41890	
		伊豆箱根	20.1	13192	259069	11908	25977	
		伊豆急行	45.7	7178	665586	6598	191242	
		大井川	65.0	841	−169865	717	25094	
		远州	17.8	13878	282024	10753	275172	
		广岛	35.1	15863	467047	15243	26526	
		高松琴平	60.0	5174	5901	4938	105457	
		伊予	43.5	5211	27508	5310	61148	
	平均		40.4	2903.3	−15444.6	2970.0	−78107.0	
第三方经营铁路运输企业平均			48.8	1848.0	−48784.1	1770.3	−115688.4	
中小民营铁路企业平均			30.9	4017.2	20752.6	4336.2	−35305.9	

续上表

企业类别	2010年度营业盈亏	企业名	2010年度铁路线路总长（单位：km）	2005年度		2010年度		备注
				平均运输量（单位：人·km/日）	营业盈亏（单位：千日元）	平均运输量（单位：人·km/日）	营业盈亏（单位：千日元）	
第三方经营铁路运输企业	营业收益为负		48.0	1091.2	-118820.8	1236.4	172822.8	
	营业收益为正		56.5	8281.0	546528.0	6709.0	412805.0	
中小民营铁路企业	营业收益为负		29.4	3042.2	-39830.0	2898.5	-90141.9	
	营业收益为正		33.9	5967.3	136869.3	7211.6	74366.1	

出处：《铁路统计年报》。

观察2010年的统计数据可以发现，各铁路企业所运营的铁路线路平均里程为40.4km，平均旅客运输密度为2970.0人·km/日。第三方经营铁路运输企业与民营铁路企业对比可以发现，第三方经营铁路运输企业的平均运营里程为48.8km，比民营铁路的30.9km多出约18km。而从平均旅客运输密度来看，第三方经营铁路运输企业为1770.3人·km/日，而民营铁路企业为4336.2人·km/日，民营铁路的运输密度约为第三方经营铁路运输企业的2.4倍。另外从整体来看，多数企业2010年的平均旅客运输密度都低于2005年的水平。

就2010年的数据来看，77家企业总体的经营状况是，有4家第三方经营铁路运输企业和12家地方民营铁路企业，其铁路运输项目运营收益为正值（黑字状态）。此外的61家企业（第三方经营铁路运输企业37家，地方民营企业24家）均为赤字状态。这之中特别是第三方经营铁路运输企业，除去具有干线分流功能的JR特急列车所行驶的北越特急、智头急行，地处中京都市圈外延地区的爱知环状铁路，继承了与北陆新干线（长野方向）并行的信越本线线路的信浓铁路等企业，其余的企业均为亏损状态。存在运营亏损的第三方经营铁路运输企业旅客运输密度的均值为1236.4人·km/日，与此相比较，中小型民营铁路企业的均值为2898.5人·km/日，黑字运营的第三方经营铁路运输企业的均值为6709.1人·km/日，中小型民营铁路企业为7211.6人·km/日。旅客运输密度对于企业赤字与黑字的运营状况，出现了5%的显著性差异，铁路能否发挥其作为大量运输手段的功能作用，可以说主要还是取决于企业的运营状况，这是一个关键性因素。当企业运营状况十分糟糕时，还会出现企业废弃铁路线路的现象。仅就2003年之后10年之间的情况来看，企业共废弃铁路线路425km，中间有8家企业废弃了其名下的所有线路，共计273.1km。

14.3 地方铁路的运营要素

接下来，通过整理已有的研究成果，来对有关地方铁路运营的主要因素进行整体把握。首先从需求方面来进行整理。如上一节中所提到的，黑字企业与赤字企业之间主要是在运输旅客人数方面存在差异。铁路作为大规模运输的手段，其特长要得以发挥，最关键的条件性因素就是运输/出行需求要达到一定规模。原日本国营铁路关于特定地方运输线路的分类规定，铁路运输手段要发挥其运输特性所需的最低旅客运输密度为4000人/（km·日）（当时所采用的数值判断标准）。

如果根据青木、须田、早川(2006a)2000 年的交叉数据,分析增加运输人数的主要原因,就会发现地方铁路企业(第三方经营铁路运输企业 37 家、地方民营铁路企业 39 家,共计 76 家)每天的运输人数能够通过票价、特急列车加收费用的有无、运行次数、沿线人口数、车站数目,进行回归处理(如式 14-1),处理的结果见表 14-3。

$$\ln Q = a_0 + (a_1 + a_2 Dp)\ln p + a_3 \ln fq + (a_4 + a_5 Dpop)\ln pop + a_6 \ln y + a_7 \ln st \quad (14-1)$$

式中:Q——每天的运输人数;

p——票价;

Dp——特急票价虚变量;

fq——运行次数;

pop——沿线人口;

$Dpop$——沿线人口虚变量;

st——车站数目。

推算结果($R^2 = 0.929305$) 表 14-3

变 量	系 数	t 值	备 注
截距	-2.02199199	-0.685334954	—
票价	0.3281066	-2.122140747	*
特急列车票价虚变量	0.14378579	3.218119607	**
运行次数	0.65654474	6.921417676	**
沿线人口	0.32335509	2.691210761	**
沿线人口虚变量	-0.0530229	-2.50672585	**
车站数	0.74432482	5.097799266	**

注:* = 5%,** = 1%水平上显著。

运行次数、车站数目是与运输需求紧密相关的变量;另外,增加车次、新修车站等会增加成本的支出。由于特急列车运行与否取决于该线路的地理位置,所以不能为了增加运输需求而在所有铁路线路上都引进特急列车,有些线路并不适合实施这样的措施。归根结底,沿线人口总量的大小是直接决定运输人数多寡的重要原因,具有很大的影响力。

另一方面,日本自 1995 年之后,三大都市圈之外的地区人口持续下降(表 14-4)。同时,除去三大都市圈与札幌、仙台、福冈等主要城市,全国其他地区的人口都在下降。这些地区的人口减少,是使得铁路运输总量不断减少,进而导致铁路企业运营状况恶化的主要原因之一。根据国立社会保障人口问题研究所发表的《日本的未来人口估算》(2012 年 1 月值)中预测,日本 2010 年 1 亿 2806 万人的总人口,2020 年将会减少到 1 亿 2410 万人,2030 年将减为 1 亿 1662 万人,特别是地方人口将会大幅下降。人口的减少直接会造成未来使用铁路运输的乘客数量进一步减少,这也就意味着铁路运输行业将会面临更加严峻的经营环境。

人口的变迁(单位:万人) 表 14-4

地 区	1985 年	1990 年	1995 年	2000 年	2005 年	2010 年	2020 年	2030 年
全国	12105	12361	12557	12693	12777	12806	12410	11662
三大都市圈 (首都圈,中京圈,大阪圈)	5819	6046	6085	6287	6419	6544	6485	6193

续上表

地 区	1985年	1990年	1995年	2000年	2005年	2010年	2020年	2030年
三大都市圈以外的地区	6285	6315	6472	6406	6358	6262	5925	5469
三大都市圈与札幌市、仙台市、福冈市以外的地区	5945	5932	6071	5989	5927	5820	5485	5042

注：所谓三大都市圈具体是指：首都圈（东京都、神奈川县、埼玉县、千叶县），中京圈（爱知县、三重县、岐阜县），阪神圈（大阪府、京都府、兵库县、奈良县）。

出处：1985—2010年的数据基于日本国势调查结果。2020年、2030年数据基于《日本未来人口推算》。

其次，从成本的角度来分析地方铁路运输会发现，在考虑铁路运营时，企业经营、线路运营方面是否有效率，也是一个非常重要的原因。中山（2004）使用1988—1992年之间的数据，采用包络分析法（DEA）对第三方经营铁路运输企业的运营效率展开了分析，运用VRS（variable returns to scale）模型进行DEA分析，样本数据得出行业整体的技术效率性为72%左右（0.716），第三方经营铁路运输企业的技术效率为68%（0.680），中小民营铁路运输企业的技术效率为75%左右（0.753），可以确认有效差异在5%范围内，第三方经营铁路运输企业与中小民营铁路运输企业的技术效率性分布是一致的，从而也就得出了"以第三方经营铁路运输企业以及中小民营铁路运输企业由经营方式方法所引起的低效率问题并不存在"的结论。另外，大井（2007年）根据1985年、1990年、1995年、2000年的数据，对地方铁路运输企业的成本构造进行了分析，由于表示所有形态差异的第三方经营运输企业的虚拟参数估计结果不具备显著性，所以得出了"第三方经营运输企业与地方民营铁路运输企业之间在成本构造方面没能观察到明显差异"的结论。

并非日本所有的地方铁路企业都运营效率低下，造成企业经营状况恶化的主要原因是沿线人口的减少带来出行需求过小，企业的运营状况受到这一点的影响相对较大。考虑到日本人口减少的大趋势，今后地方铁路企业艰难的经营状况很有可能会持续下去，这也就意味着，要落实有关改善企业经营状况的政策措施会具有一定难度。

14.4　地方铁路的补贴制度

本节针对经营艰难的地方铁路如何维持其运转，讨论填补亏损的补贴制度，以及如何引入网运分离运营方式等。

（1）赤字补贴等补贴制度

国家制定的以地方铁路线路为对象的补贴制度，具体而言只有在维持并改善地方公共交通项目中，以提高安全性为目的，对基础设施设备的部分成本等给予补贴。但是，到目前为止，对经营状况不好的铁路运输企业直接进行赤字补贴的国库补贴金还并不存在❶。另一方面，以原日本国有铁路运营的特定地方运输线路部分转变成立的第三方经营铁路运输企业为中心，各地方政府自行建立补贴制度，或是建立基金的事例却很多。在特定地方运输线路的转变过程中，国家为企业提供了每营业里程最高约为3000万日元额度的专项拨款（即对于第三方经营铁路运输企业接管的，当时日本铁路建设公团正在修建过程中的地方铁路线路，在最终实现了线路通车运营的情况下，企业能够获得每营业里程1000万日元的专项拨款）。多数第三方经营铁路运输企业,从一开始就预料到运输旅客量较少、经营困难的问题,所以就将部分国家拨款(或者是地方政府在国家拨款的基础上增加的地方政府拨款),以基金的形式累积起来,以备解决将来会发生的企业赤字问题❷。从青木、须田、早川(2006b)的研究结果可以看到,2005年日本有17家铁路企业通过基金或者是地方政府建立的补贴制度,建立起了各自应对企业亏损的补贴制度。另外有4家铁路企业实施了积累基金等方法取得了同样的效果。此外,还能观察到部分针对设备投资等实施地方特殊补贴的事例(表14-5)。近年来,接替经营状况恶化地方私营铁路的第三方经营地方铁路运输企业,也在依靠地方政府的特别补贴制度以及成立基金等方法来维持运营。实际上,第三方经营铁路运输企业已经走到了,一旦失去了地方政府的财政支持便难以为继的程度。

第三类运输企业——地方政府针对各铁路公司的补贴制度(2005年度)　　表14-5

主要原因		对应企业名
有损失补贴	开业时,以及5年后运营补贴中止时,发放的相应补贴	由利高原、秋田内陆、夷隅、阿佐海岸
	基金的枯竭或减少	会津、能登、真冈、渡良濑溪谷、樽见[a]、明知[a]、长良川[a]、信乐高原、北近畿丹后、三木[a]、井原、平成筑丰[a]
	其他	野岩(设立当初没有建立基金)
有相当于损失补贴的制度		北条[a](为了维持基金余额的维修成本补贴)
没有损失补贴	黑字路线	北越急行、鹿岛临海、爱知环状、伊势、智头急行
	废除路线	智北高原、神冈
	其他	三陆、阿武隈急行、锦川、若樱、土佐黑潮、甘木、松浦、南阿苏、熊川
	经营安定基金的累积	山形、天龙滨名湖、高千穗
面向设备投资的特有补贴(除去伴随国家近代化的地方政府协调性补贴)		山形、阿武隈急行[b]、会津[b]、真冈、能登[b]、渡良濑溪谷、夷隅、樽见[b]、明知[b]、长良川[b]、神冈[b]、信乐高原、三木[b]、土佐黑潮[b]、甘木、平成筑丰、松浦[b]

注:a.市町村单独实施的补贴。其余部分都是由都道府县与市町村共同实施的补贴。
　　b.对于低于下限的小额度投资等,地方政府将部分国家近代化补贴对象外的项目纳入地方补贴范围,扩大范围制定了各地方的补贴制度。
出处:青木,须田,早川(2006b),笔者修改整理。

(2)网运分离的实践

作为对地方铁路企业的支援性政策,能够设想到(最简单)的方法是实施网运分离的措施,即将固定成本比例较大的基础设施部分成本,交由地方政府承担。日本的铁路事业法第2条中将铁路企业主体区分为3类:企业自己铺设轨道线路,并负责其线路运营的属于Ⅰ型铁路运输企业;使用其他企业铺设的轨道线路提供运输服务的为Ⅱ型铁路运输企业;仅铺设轨道线路并不承担线路运营的企业为Ⅲ型铁路企业。

作为减轻铁路运输事业负担的政策之一,以地方政府为中心,成立拥有铁路基础设施所有权的Ⅲ型铁路企业。而作为提供铁路运输服务的Ⅰ/Ⅱ型企业,则从这类Ⅲ型企业手中购买设施使用权(缴纳租金),进而实现其服务的供给,即所谓的网运分离政策。这样一来,由于运营铁路线路的企业没有基础设施的所有权,所以来自基础设施的建设成本及维护管理成本方面的压力也能相对得到缓解,并且由于负债总额因此能够得到削减,所以企业需要支付的贷款利息也会相对减少。就 2005 年决算结果来看,地方铁路企业成本结构的基本情况是在拥有基础设施所有权的情况下所花费的成本,即维护管理成本、折旧和摊销成本等占到了企业总成本的 46%❸。由此可见,通过实施网运分离的政策措施(运营方式),企业的经营状况就能够得到一定程度的改善。

东北新干线的八户段铁路线路开通时(2002 年 12 月),接管了青森县内原铁路线的青森铁路公司是专门负责列车运行的 Ⅱ 型铁路运输企业,铁路线路设施的所有权在设立了 Ⅲ 型铁路企业的青森县政府方面。另外,虽然没有严格依照铁路事业法中规定的方式来实施,但接管原国有铁路的特定地方线路,多数是第三方经营铁路运输企业,都是通过利用让国有铁路精算事业团持有轨道线路等基础设施的所有权,并从事业团手中无偿地租用这部分铁路设施的制度来实现其运营的。这实际上就是采用了网运分离式的铁路运营方式。2008 年,政府修订了《有关地方公共交通的活性化与再生的法律》,沿线市町村政府接管铁路基础设施部分,并将设施无偿出租给第三方经营铁路运输企业,从而使得铁路运输企业能够采用公有民营化的方式来承担地方运输。三陆铁路、若樱铁路、井原铁路等,都是利用这种方式来实现了网运分离式的铁路运营。接管南海电铁贵志川线路运营的和歌山电铁公司,其企业资产的一部分也是由当地地方政府所有,并且企业能够无偿地使用该部分资产。

另外,还有以达到上述效果为目的其他政策措施。例如除由国库负担的部分国家近代化设备补贴之外,其余部分由地方政府承担。还有地方政府负责承担近代化补贴对象外的设备投资等多项成本的群马县方式(上信电铁、上毛电气铁路)等,在铁路线路开通时的初期投资成本、设备投资成本都由县政府(相当于中国的省政府)承担的越前铁路等事例。另外还有通过利用资产减值会计对企业资产进行重新估算的信浓铁路事例❹。

但是,引进网运分离方式的多数铁路企业都处于赤字经营的状态,从这一现实状况可以看出,仅仅是承担基础设施部分的成本,并不能从根本上解决地方铁路运营困难的问题。另外,从经济理论上来看可以将这一现象解释为在存在固定成本的短时期内,盈亏转折点(平均成本)与停运点(平均可变成本)之间存在一定差距,所以赤字企业选择在这段时间差间继续维持其运营。通过运用边际成本定价原理的观点,政府承担部分固定成本的政策措施也能从理论中找到相关依据。但是从长期来看,并不存在所谓固定成本、盈亏转折点与停运点的基本重叠(一致)。从接管已经连续运营了 20 年以上的原国有铁路特定地方线路的第三方经营铁路运输企业角度来看,基础设施的大规模更新已经到了不得不考虑的阶段,目前迫切需要对维持铁路线路运营的必要性展开再一次的探讨。

14.5 刺激地方出行需求的举措

到目前为止有关铁路等运输需求的研究,主要还是将其作为典型的派生性需求来进行分析。但是近年来,运行以吸引观光游客为目的的娱乐型列车和 SL 列车,引进独立策划的乘车券,设计列车、车站专用的卡通形象等品牌战略等,铁路企业开始从各个方面采取措施,意图让乘客的最终消费目的,转移到享受乘坐列车的过程上来。津轻铁路的火炉列车、大井川铁路的 SL 列车等被视为地方旅游资源,在日本国内具有一定知名度,这样的事例比比皆是。例如佐藤提议将津轻铁路作为范例,通过采取吸收观光需求的方法来维系地方铁路线路运营❺。增加运输单价相对较高的观光旅游需求,能够弥补通勤通学乘客的减少,有可能帮助实现该线路的可持续性运营。对于这类各地方铁路企业的先进事例,2004 年国土交通省整理发行了《活化铁路线路的先进事例(最佳实践集)》等。这类成功事例的共享,对于地方铁路运输需求的增加、企业运营状况的改善,具有一定的积极作用。但是另一方面,通过问卷调查发现,这些事例中实际能够借鉴的内容十分有限❻。这是因为各地方铁路运输企业的票价、列车时刻表、车辆管理等方面都各不相同,各企业所需要面对的制约因素也各不相同。

在私家车普及的地区,单纯提高运输服务水平是否能带来乘客数的增加,存在着很大的不确定性。要让服务水平的改善直接与实际的乘客利用总数(的增长)挂钩,在公共交通领域也有必要树立品牌意识❼。所谓品牌,是指为了区别于其他商家的产品、所有物而设计的记号、商标。关于品牌,其功能有:①具有保证产品及服务具有一定品质属性的证据性功能;②作为区别其他产品服务的标志,具有能够体现产品差别化的功能。另外还有人指出品牌具有③当涉及某一产品服务类别时,能在这一特定的产品领域内让人联想起品牌名称的记忆功能。名称、商标等品牌让消费者在联想起某一特定印象的同时,降低消费者探索商品的时间、劳力、心力等成本,能够让消费者即便在价格相对较高的情况下也会决定购买,产生溢价效应,或者是能够产生让消费者多次购买同一商品的客户忠诚效应。树立品牌就意味着要让消费者、使用者转换消费认识,这中间隐藏着促进公共交通的利用,促使人们从私家车出行转换为利用公共交通出行的可能性。

作为通过树立品牌来促进公共交通利用的事例,在海外有法国南特的"Busway"等。目前在日本国内也有通过创设广告宣传语、卡通形象等手段来尝试构建铁路线路、列车、车站品牌的例子。截至 2012 年末,日本国内I型铁路运输企业共有 130 家。这中间除去部分规模较大的私营铁路企业,在公司主页上公开了广告宣传语、专用卡通形象的公司共有 42 家。42 家公司中能够确认其乘客总数出现变化的有 39 家。笔者就这 39 家企业 2005 年的乘客总数与其 2010 年的乘客总数进行了对比,发现即便是地方民营铁路企业,也有像近江铁路(增长了 18%)、熊本电铁(增长了 15.5%)、和歌山电铁(增长了 13%)、越前铁路(增长了 12.8%)等,多家拥有地方城市地区线路的铁路企业,都能明显观察到运输乘客总数的增加。这中间的和歌山电铁与越前铁路的铁路沿线人口都略有下降,由此可以看出运输乘客总数的增加,不能简单通过沿线人口的增减来进行判断、解释。这两条铁路线路分别是从原南海电铁贵志川线(和歌山电铁)、原京福电铁越前铁路接管的铁路线路,都在提供各自的铁路运输服务。从民间企业放弃运营这两段铁路线路的决定中可以看出,当时的线路运营市场条件并不乐观。通过地方政府与沿线居民共同商议,最终决定通过成立新的线路运营组织来维持其线路运营。在商议过程中,人们对于地方铁路线路必要性的认识以及以往对于线路的印象都得到了彻底的改变。可以推测上述情况的叠加是地方铁路企业运输乘客增加的基本原因。而如果将这一系列的努力视为树立铁路线路品牌的活动,那么这一活动就可以作为促进公共交通服务需求增长的一个有效应对措施。

14.6 地方社会与铁路的发展

虽说日本地方铁路的经营环境日益艰难,但铁路线路的存在究竟对于地区社会而言意味着什么,有着什么样的意义与作用,还值得作出更进一步的分析。铁路运输的特征在于能够实现大量运输,而原国有铁路企业在转变为地方铁路线路时,设定判定铁路线路是否应该继续运营的标准是旅客运输密度是否达到了4000人·km/日。如表14-2所示,就旅客运输密度在这一标准之上的多数第三方经营铁路运输企业及地方私营铁路企业的情况来看,其企业运营的地理条件,一般都是在具有一定规模的大城市。对于旅客运输密度没有达到4000人·km/日水平的铁路线路,因地理条件的制约,以及是否存在平行的公路等具体环境条件的不同,其出现的实际运营状况也会出现不同的结果。也有一部分线路能够在早晚运输高峰时段确保一定量的乘客,发挥其铁路运输的(大量运输的)特征。

另外,相对于公共汽车运输,铁路运输服务在速度方面具有优势,不会遇到交通拥堵,一般也不会受到交通事故的影响,所以在确保出发及到达目的地时刻方面具有一定优势。通过计算存在与不存在铁路运输手段情况下的移动时间差,就能够定量把握铁路运输能够带来的实际效果(确认其存在价值)。

在日本,作为针对铁路运输行业的评价手法,有国土交通省铁路监修(2012)公布的成本效益分析手册。通过使用手册中所规定的计算公式就能对铁路运输行业的成本与效益进行定量把握。针对乘客方的效益,具体从总移动时间的节省、出行成本的降低、换乘方便程度的提高、车内拥堵情况得到缓解等方面,通过计算铁路运输服务有(with)无(without)之间的差异、变化来进行具体的线路定量评价。针对供给方的效益、生活环境改善的效益(削减CO_2、NO_x的排放量,改善噪声污染等)、存在效益等方面也同样进行了定量评价,并在这些评价的基础上,得出其最终总的效益成本的分析结果(见表14-6)。

成本效益分析对象的效果比较　　　　　　　　　　　表14-6

效 益 类 别	主要效果内容	
使用者的受益	缩短移动时间	◎
	运输成本下降	◎
	换乘便利性增加	○
	车内拥挤程度得到缓解	○
使用者的受益	车辆运行频次增加	○
	乘客进出站的时间缩短	○
	运送障碍导致列车晚点的情况减少	○
供给方的效益	铁路运输企业的效益改善	◎
	竞争或互补的铁路线路效益的改善	○
环境改善等受益	地球环境的改善(CO_2排放的减少)	○
	局部环境的改善(NO_x的排放,公路铁路噪声污染的改善)	○
	道路交通事故的减少	○
	道路交通拥堵得到缓解	○
存在效果	铁路运输手段的存在给当地民众带来的安心与满足	△

注:◎表示应该纳入计算范围;○表示根据各地方运输行业的运营环境特征,在有需求的情况下可以纳入计算范围;△表示根据各地方运输行业的运营环境特征,虽然在有需求的情况下可以纳入计算范围,但是在计算时还需要谨慎处理。
出处:根据《铁路建设项目的评价手册》整理而成。

为分析如何维系地方铁路运输而实施成本效益分析的主要事例可以整理为表14-7。实际上,每个事例中计算的前提条件各不相同,例如福井县以ETIZENN铁路为对象计算成本效益时,假设铁路运输被公共汽车取代(without)的情况进行分析,得出原铁路运输系统实际上在缩短移动时间方面能够获得127.41亿日元的效益,在缓解道路拥堵等改善地方环境方面的效益为77.23亿日元,20年合计能够产生约204.63亿日元的效益。而为了维系该铁路运输手段所需要的成本为108.72亿日元,二者为1.88:1。另外,2012年实施的有关天龙滨名湖铁路的调查结果显示,其铁路运输系统能够在缩短移动时间方面获得6.4亿日元的效益。并且在此之上,还将以维护列车及其配套的老旧铁路运输设施为目的,将其铁路运输手段能够维持运营的这一状态本身视为地方宣传的卖点,认为这样能够吸引远方游客前来参观旅游。并将这部分有可能吸引观光旅游方面的效果估算成为每年19.9亿日元的效益,从而得出该铁路线路每年直接效益为26.3亿日元的结果。与此相对,2012年该企业铁路运输事业的经营损失为1亿8182.6万日元,经常性损失为1亿8555.9万日元。

地方铁路的成本效益分析的事例　　　　表14-7

序号	企业（发布年份）	总效益（亿日元）	具体内容（亿日元）				总成本（亿日元）	备注
			使用者受益	供给方效益	环境改善等受益	存在效果		
①	上田交通别所线(2004)	117.0	44.5	-6.2	68.8	9.9	8.0	期限30年,维持铁路运营的情况
		87.7	44.3	-7.0	45.5	4.9	4.4	期限30年,维持铁路被公共汽车替代的情况
②	秋田内陆纵贯线(2004)	164.2	215.2	-81.9	23.3	7.6	25.5	期限30年,维持铁路运营的情况
		-11.6	36.8	-57.9	7.3	2.2	20.1	期限30年,维持铁路被公共汽车替代的情况
③	南海电铁贵志川线(2005)	124.39	133.67	-12.92	3.65	—	17.76	停运后,按46%替换成为公共汽车运输的比例来计算。期限10年
④	夷隅铁路(2006)	79.6	75.6	-21.0	15.6	9.4	14.7	期限30年,维持铁路运营的情况
		0	16.4	-23.7	5.6	1.8	10.8	期限30年,维持铁路被公共汽车替代的情况
⑤	茨城交通凑线(2007)	45.9	-29.98	-24.32	89.06	11.14	10.94	2005年起的17年间,维持铁路运营的情况

续上表

序号	企业（发布年份）	总效益（亿日元）	具体内容（亿日元）				总成本（亿日元）	备注
			使用者受益	供给方效益	环境改善等受益	存在效果		
⑤	茨城交通湊线（2007）	34.34	−18.73	−31.41	79.18	5.3	5.92	2005年起的17年间，维持铁路被公共汽车替代的情况
⑥	一畑电铁（2011）	31.98	20.14	−7.61	19.45	—	12.22	2006—2010年，维持铁路运营的情况
⑦	越前铁路（2012）	204.63	127.41	—	77.23		108.72	2002—2021年，维持铁路被公共汽车替代的情况
⑧	天龙滨名湖铁路（2012）	26.3	—	—	—	—	—	2011年1年，当地旅客运输（节省移动时间）6.4亿，观光旅客运输19.9亿

出处：①②竹田，赤仓，今城，高木（2005）；③辻本（2005）；④Isumi铁路成本效益分析调查结果概要（https://www.pref.chiba.lg.jp/koukei/shingikai/isumi/documents/isumisankou18.pdf）；⑤关于湊线的调查及成本效益分析结果概要；⑥一畑电车沿线对策协议会（2011）；⑦福井市、胜山市、Awara市、坂井市、永平寺町（2012）；⑧天龙滨名湖铁路的经营分析及未来展望的工程项目小组（2012）。

对于成本效益分析，研究者们经常会怀疑效益的重复计算，怀疑将源自铁路线路的所有社会效益都用金钱方式来进行衡量的换算手法合理性，以及对与铁路运输相关的所有效益及成本是否罗列完全，成本及效益的分配是否公平公正等问题提出质疑。并且围绕这类问题存在很多批判性的意见。在《铁路建设项目评价手册》中，对于应该评估计算的效益也只提到了"总移动时间的节省""出行成本的降低""运输企业的效益改善"3项。对于其他相关项目，还存在着例如在必要时能够纳入效益计算范围的"存在效益"，这一类在计算时是需要特别注意、谨慎处理的项目。但是对于铁路运输手段所具备的缩短移动时间、改善周边环境等方面的效果及效益，手册中认为明确计算并定量表示出这方面的效益，在对地区社会作出切实贡献的铁路运输给出正确评价方面，以及在必要时需要对其实施合理财政补贴的情况下，都能发挥积极的作用。也就是说，这方面的定量化计算能够为铁路运输的政策判断提供一个相对客观的参考依据。

14.7　未来的地方经济社会与铁路

最后，来谈谈未来日本地方经济社会与铁路运输的发展趋势。日本地方铁路运输当前所面临的是较高的私家车普及率、不断完善的公路网、不断下降的地方人口这样严峻的经营环境。今后，地方铁路运输企业需要面对的这些外部因素不会发生太大的变化，企业仍旧会继续面对这样困难的经营条件。为了维系地方铁路运输，多数情况下都需要依靠企业自身的努力来创造新的出行需求，与此同时，地方政府等还有必要在财政方面给予相应的支持。为了获得持续性的公共援助（政府财政方面的支持），除了需要企业的自身努力，同时还需要

现代交通问题与政策

通过进行成本效益分析来对铁路运输的作用与必要性进行客观说明,并且需要努力让当地居民认识并理解到这部分信息。建立起一个铁路运输企业、地方政府、当地居民之间良好的合作关系,使其发挥实际作用,才是维系地方铁路运输、活化地方经济的关键所在。

注释

❶国家在1997年废除了以地方铁路为对象的亏损补贴。

❷就开业5年的情况而言,作为特定地方公共交通线转变而成的铁路等的运营费补贴制度,亏损额的5/10由国家支付,类似的,地方铁路新线的4/10由国家支付。

❸根据国土交通省的资料。另外,为提供运输服务而产生的直接必要经费(运输成本等)为45%,其他经费(一般管理成本等)为9%。

❹相关具体事例参照堀雅通(2004)、伊藤雅(2007)等。

❺与太宰治的家乡金木町斜阳馆等一样,在冬季停运的津轻铁路Sudoubu列车被视为旅游资源。津轻铁路从2007年开始实施了300日元的"Sudoubu票",从2011年12月到次年3月发行的车票数已经达到了29550张。可以说,提供观光运输服务等具有附加价值的服务,能够对维系地区人民生活的公共交通系统起到积极的作用。关于津轻铁路,参照有关维系地方区域公共交通的增进运输需求策略的有效性,研究项目编辑(2015)的"2章 关于津轻铁路的经营现状"。

❻参照杉田幸弘(2008)。

❼有关维系地方区域公共交通的增进运输需求策略的有效性,参照研究项目编辑(2015)的"4章 维系与活化地区交通与品牌化的作用"。关于法国南特的公共汽车线路,参照青木亮,涌口清隆(2014)。

参考文献

[1] 青木亮,须田昌弥,早川伸二.从需求侧看的第三方经营铁路运输企业与地方民营铁路企业的分析[J].交通学研究,2006a,(49):161-170.

[2] 青木亮,须田昌弥,早川伸二.第三方经营铁路运输企业的补贴制度的现状与课题[J].公益事业研究,2006b,58(2):91-98.

[3] 青木亮,涌口清隆.有关法国南特实施的最近公共交通政策[J].运输与经济,2014,74(6):76-86.

[4] 浅井康次.地方铁路运输有明天吗?[M].东京:交通新闻社,2004.

[5] 福井市,胜山市,AWARA市,等.活化越前铁路公共交通的综合合作计划[R].2012.

[6] 堀雅通.放宽调控后的铁路建设方法——以网运分离的功能与作用为中心[J].IATSS Review,2004,29(1):27-34.

[7] 一畑电车沿线地域对策协议会.一畑电铁支援计划[R].2011.

[8] 伊藤雅.地域住民与交通:和歌山电车的诞生与附近地区的发展潜力[J].城市住宅学,2007,58:22-27.
[9] 香川正俊.第三方经营铁路运输企业[M].东京:成山堂书店,2000.
[10] 国土交通省铁路局.铁路统计年报[R].电气列车研究会,各年版.
[11] 国土交通省铁路局.铁路工程评价方法手册2012年改订版[M].东京:运输政策研究机构,2012.
[12] 以维系地方区域公共交通为目的的运输需求扩大策略有效性论证研究项目小组.以维系地方公共交通为目的的运输需求扩大策略有效性论证的研究会报告书(日交研系列A615)[M].东京:日本交通政策研究会.
[13] 中山德良.第三方经营铁路运输企业的技术效率性——考察"第三方经营铁路运输企业"的经营形态[J].地域学研究,2004,34(1):57-69.
[14] 大井尚司.关于第三方经营地方铁路运输企业成本结构的计量分析[J].交通学研究,2007,50:99-108.
[15] 杉田幸弘.关于地方铁路经营改善的研究——成功事例共享[D].东京:东京大学,2008.
[16] 竹田敏昭,赤仓史明,今城光英,等.有关公共汽车替代铁路运输的评价考察[R].第31届土木计划学研究发表会讲演集,2005:1-4.
[17] 天龙滨名湖铁路的经营分析与将来展望项目小组.天龙滨名湖铁路社会价值与效益分析的结果报告书[R].八千代工程设计,2012.
[18] 辻本胜久.维系贵志川线的市民报告书:对成本效益分析与再生计划[R].WCAN贵志川线分科会,2005.
[19] 运输政策研究机构编.地域交通年报[R].运输政策研究机构,各年版.

现代交通问题与政策

第 15 章 放宽管控后道路客运市场

15.1 概述

　　本章将对 2002 年实施的放宽管控政策以及政策实施后 13 年间,放宽调控政策对公交车,包括包租客车(2000 年实施的放宽管控政策)在内的道路客运市场所带来的影响,进行全面的概括分析。发达国家之中,日本虽然在中央权力下放(地方分权)方面相对比较落后,但在道路客运政策方面却较早地展开了实验性的分权运动,但这一政策趋势在实施过程中又发生了一些微妙的变化。因此,这里有必要对涉及道路客运政策财政方面的分权化经过,以及实施过程中出现的问题进行整理。特别是有必要从国家、都道府县、市町村这三级政府组织之间的关系出发,对维持地方道路客运的补贴政策进行评价。从互补性原则的角度出发观察这三级政府间的关系时,会发现中间存在的一些问题,本章也将会具体对这些问题进行分析。

　　在公交车的服务市场中虽然也存在一些新发展起来的服务,但近来最受人们关注的还是发生了政策变化的两个服务领域。其一,是 2006 年之后在道路客运的许可制度中有一部分公交车被视为确保地方居民出行的公共交通最后手段,这部分公交车被归类为需求响应型运输(Demand Responsive Transport,DRT,也被称为需求运输)的服务领域。其二,是高速公路旅游客车,特别是在许可制度中属于包租客车类别的高速公路团体旅游客车的服务领域。本章将着重对这两个服务领域进行分析。这之中,对于高速公路团体旅游客车,在 2012 年日本国内发生的大型交通事故之后,相关的调控措施开始加强。另外,本章还会涉及 2013 年实施的新高速公路旅游客车管控概要,和目前仍在进行的对最低车辆数实施强化管控措施等经济类调控政策,以及在这类政策实施之前被人们所提及的恢复以往社会类调控政策等相关内容。

15.2 放宽管控后的道路客运市场

　　(1) 日本的客车市场概况

　　如表 15-1 所示,1970 年日本的公交车年运输乘客数达到峰值的 101 亿人次,其后就开始逐步减少,而等到 2011 年,其运输的乘客数已经下降到峰值时期的 40% 左右,仅为 41 亿人次。但是在 2000 年左右,下降的趋势也曾一度变缓。日本三大都市圈的运输人数基本维持在峰值时期的 60%,即约为 26 亿人次。这一数值也许是反映了当时日本老龄化人口增加所导致的自驾车出行比例下降的情况。而近几年,这一数值又出现了微增的倾向。除去三大都市圈之外的其他地方城市地区运行的公交车,其每年的乘客数也出现了类似的变化趋势。但是这一好转的现象在 2011 年时又出现了变化,运输乘客数竟下降到了峰值时期的

1/4 左右，约 14 亿人次。

客车运输乘客数的历史变迁（亿人）　　　　　　　表 15-1

年度（年）	（全国）	公 交 车		高速公路客车		包 租 客 车
		三大都市圈	三大都市圈以外	高速公路旅游客车	高速公路团体旅游客车	
1960	60.4	25.2	35.3	n.a.	n.a.	1.34
1965	98.6	41.0	57.6	0.03[a]	n.a.	1.67
1970	100.7	44.1	56.6	n.a.	n.a.	1.81
1975	91.2	42.9	48.3	0.11[a]	n.a.	1.75
1980	81.0	38.8	42.2	n.a.	n.a.	2.04
1985	70.0	35.8	34.2	0.29	n.a.	2.31
1990	65.0	36.1	29.0	0.51	n.a.	2.56
1995	57.6	33.4	24.2	0.54	n.a.	2.49
2000	48.0	28.4	19.6	0.67	n.a.	2.55
2005	42.4	26.2	16.3	0.84	0.002	3.02
2010	41.2	26.6	15.2	1.04	0.06	3.00
2011	41.2	26.6	14.6	1.04	0.08	2.96

注：a. 前一年值。
出处：日本客车协会（2013），国土交通省汽车局（2014）。笔者整理。

如表 15-2 所示，公交车的行驶公里数，自 1970 年起到现在为止都没有发生太大的变化。一方面，是一般公交车停运区间的里程数与高速公路旅游客车增加运行的里程数相互抵消的结果。同时，相对于乘客数量下降的速度，公交车停止运营的速度较为缓慢。可以说，在停运这一点上，比起实际的运营状况变化，公交企业进行的经营判断以及政府所实施应对措施的两个方面行动都相对滞后。

公交车企业的供给、成本与票价　　　　　　　表 15-2

年度（年）	企业数（辆）		行驶里程（百万 km）		公交车行驶每公里的成本（日元）		公交车的收费比率（日元/km）
	公交车	包租客车	公交车	包租客车	民营	公营	
1960	347	442	1681	265	n.a.	n.a.	3.5
1965	362	529	2636	512	84.8	109.1	5.2
1970	359	559	2935	739	131.0	167.2	7.2
1975	364	661	2879	744	243.7	375.1	16.4
1980	355	755	2910	980	313.4	497.4	24.3
1985	350	904	2880	1235	360.6	577.0	30.4
1990	377	1205	3038	1571	n.a.	n.a.	34.1
1995	404	1537	2956	1575	408.3	751.8	38.8

续上表

年度（年）	企业数（辆）		行驶里程（百万 km）		公交车行驶每公里的成本（日元）		公交车的收费比率（日元/km）
	公交车	包租客车	公交车	包租客车	民营	公营	
2000	444	2864	2897	1629	359.6	753.6	39.3
2005	513	3923	3015	1729	317.9	653.8	39.3
2010	1640ª	4492	3034	1652	314.7	625.2	39.7
2012	1991	4537	3027	1605	315.3ᵇ	634.5ᵇ	39.7

注：a. 行业区分发生了变更。
　　b. 前一年值。
出处：日本公交车协会(2013)，笔者整理。

（2）放宽管控政策的影响

与其他交通手段相同，在日本的客车市场中，1996年底政府公布实施放宽管控政策，并且先后于2000年与2002年对包租客车、公交车实施了放宽政策。公交车与包租客车企业的准入标准从原来的发牌制度更改为许可证制度，企业只要能满足政府公示的安全标准就能够提供运输服务。

公交车在实施上述市场准入放宽管控的同时，对于以往受到调控的更改公交车路线等运营计划的企业行为，转变为认可制。而对于运营时刻表，为了防止公交车企业之间出现重复运营的情况，又重新制定了运营计划变更命令的制度。且这项制度被视为防止企业采取减小运营规模策略的政策措施。但到目前为止，尚未出现一例被政府命令更改企业运营计划的例子。

在开始实施放宽管控政策的初期阶段，公交车行业出现了数十家新兴企业❶参与市场。这些新加入市场的企业，大多数都是作为社区公交车，在接受市町村地方政府的委托后开始提供服务。在多数的社区公交车委托契约书中都包含了涉及赤字补贴的相关规定。在这样的合同的保障下，企业可以不用承担比起运营成本更加难以预测的运营收入变动风险。也就是说，即便是不进行任何市场调查、市场营销，公交车企业也能放心参与市场，不用担心发生收支失衡的情况。

但是在埼玉县三乡市、东京都的足立区等地区，以东京圈东部为中心，仍存在着一些不具备赤字补贴的社区公交车，在这些地区也出现了新兴企业❷。这些企业在进行乘客需求预测以及公交车站点设置的过程中，受到来自地方政府的切实意见与建议，所以这些企业即便是没有赤字方面的补贴，也参与到了公交车服务行业中。但是，随着放宽管控政策实施年数的增长，公交车企业在实际的运营过程中逐渐发现即便是采取仅维持原路线网络中部分区域运营的办法，施行起来也很困难。随后，几乎就没有出现任何新的企业愿意加入到公交车领域中来。

由于对不动产业、观光旅游业等运输服务之外的其他副业投资力度过大，而这部分事业与放宽管控政策的关联性不大，很多在地方上运营的公交车企业在放宽管控政策实施以后出现了破产的情况。每当出现这类情况时，企业所运营的公交路线不是通过企业重建的方式，就是由其他企业直接出面接管，从总体上来看都基本上维持了原有的运输服务水平。也有通过利用所谓的投资基金来成立专门公司，接管多个破产公交企业运营路线的事例。但是，也有发生在鹿儿岛县奄美大岛以及宫崎县这样的例子，在企业重建或者是其他企业接管运营路线的过程中,公交车运行的路线数及运行车次数都被削减到了原来的一半左右。

一辆车每公里的运行成本(包含营业外成本),从名目上来看,民营公交车的峰值发生在1995年。之后,行业经历了放宽管控政策,其运营成本金额一直到2005年都维持着下降的趋势。隶属地方政府的公营公交车成本变化趋势也与此类似,但运营区域以城市地区为主的公营公交车方面还存在着行驶环境不佳、效率不高等问题。所以比起民营公交车,公营公交车的运营成本相对较高,目前公营公交车行驶每公里的成本大约是民营公交车的2倍左右。

另外,在放宽管控政策实施前存在着这样一个趋势,即对于高成本的公营公交企业,部分地方政府已经开始不愿再继续通过财政支出来承担其成本。于是,以2003年札幌市为首,地方政府将公营公交企业转交给民营企业来进行运营的事例也开始相继出现。此外,作为委托管理的条件,原则上要求民间承运主体至少要保证实现原公营状态下所提供服务总量的一半左右。而以这一条件为基准的运营委托数也逐渐增加。其运营方式的转型具体采用的是总成本方式,也就是说受托方不承担来自运营收入方面的任何风险。受托企业基本上是私营铁路运输类公司、JR类、第三类铁路运输企业运营的公交公司类企业(子公司)。但这与前文中提到的社区公交相比,其委托规模要大出很多,所以委托及招标过程中很难出现企业之间相互竞争的局面。

民营与公营公交企业在1995—2000年间经历的成本下降,也是由于当时政府声称要实施放宽管控政策而带来的实际效果。也有人主张采取节省占据总成本相当大部分的人工成本(在比例最高时期,民营企业可达70%,公营企业则在70%以上)的办法来提高公交企业的生产效率。但是,有关公交车成本的定量分析又显示出,放宽管控政策的实施或者是公布其政策实施时,成本方面并未出现明显变化❸。

另一方面,票价收入比率(按每公里平均的普通票价来计算)在20世纪70年代里迎来了急速提升。以往按照供给方的总成本原则来实施的票价定价调控措施(放宽管控政策实施后改为票价上限调控措施)也是促使这一现象发生的原因之一。这是因为在乘客数量减少的情况下维持其运营公里数就意味着平均成本的上升,遵照总成本原则的定价方式,公交车票价也就自然会出现上升。但由于日本国内的物价水平趋于平稳,以及放宽管控政策实施前后总成本得到了一定控制,因此,1995年前后表现出来的额定票价没有发生什么大的变动。

关于包租客车,在2000年(1999年度)的放宽管控政策实施前后,有相当一部分的企业进入了这一市场❹。乘客数、行驶里程数这两个数值都在2005年达到了峰值。同时也有人指出,正是从这时起,需求方面的低迷引发了(后文中将会提到的)包租客车的安全问题。

15.3 补贴政策与终结运输服务的程序

(1)公交车的停运问题

对比于2002年(2001年度)的公交车市场放宽管控政策实施前后,1997—2001年的5年间,日本全国公交车运行路线的停运里程,年均为9234km。在放宽管控政策实施后的5年间(2002—2006年)年均停运里程数下降到8759km,而反之在随后的5年间(2007—2011年)年均停运里程又增至12736km。因此在日本国内不时也会看到关于放宽管控政策实施后公交车停运里程数反而增加的报道或相关意见。由于停运里程数随着时间(年度)的推移增减幅度在不断变大,所以很难准确把握其未来的动向。但即便单从停运公交车路线的里程数来看,也会发现这中间的影响因素众多,具体情况十分复杂,不能简单地一概而论。

当时的大致情况是:在即将实施放宽管控政策的时候,由于相关企业担心政策实施后申请停运的手续会变得更加烦琐,部分企业将乘客数量下降趋势还未到达停运程度的区间提前申请并实施了停运。这也是在调控政策实施之后的一段时间里,停运里程数得到控制的重要原因之一。并且,前文所述的,伴随公交车企业破产的运营路线整合处理也集中发生在政策实施前后,可以说这也对停运里程数的变化造成了一定影响。

在放宽管控政策实施后,日本政府相关部门将公交车停运路线提升成为社会问题的直接原因,与其说是由于公交车停运速度发生了变化,还不如说是因为后文中将会提到的,地方协议会、地方公共交通会议讨论决定的结果,即会议决定将以往每年从人烟稀少的偏远路线区间开始逐步停运的惯例性措施更改为,停运运营网络中某一区间范围(整体停运)的新惯例措施。

在 2000 年前,维持地方公交车成本补贴制度中,根据公交车每趟运载乘客数,即所谓平均乘车密度的实际数据来规定能够接受补贴的范围。即:15 人以上的公交车道路客运路线不能接受补贴;5~15 人的公交车道路客运路线如果出现赤字情况可以作为第二类居民生活路线接受来自国家、道府县、市町村这三方的协调补贴;不到 5 人的公交车道路客运路线作为第三类居民生活路线,同样可以接受来自上述三方的协调补贴,但市町村的负担比例相对较大并且附加了 3 年的补贴期限。

但是,这种形式的调补贴的问题在于,会导致维持公交车道路客运服务的责任究竟应该归于哪一方(企业?国家?道府县?市町村?)的问题变得更加暧昧。另一方面,国家维持地方公交车的成本补贴制度,由于其补贴对象排除了在城市内运营的公交车路线,及所谓自主运营的新增服务项目,所以造成依靠市町村单独补贴的服务开始增多。

一般说来,完全依靠市町村单独补贴开展的公交车服务,以及在部分市町村开展的,能够接受赤字补贴之外援助的公交车服务,通常都被称为社区公交车服务。在地方交付税(特别交付税)的计算上,防止对新开设区间路线造成负面影响的相关措施实施,也助长了社区公交车的增加。而这类新增的社区公交车并不能完全弥补原公交车停运所带来的运输空白。

2001 年起,为了准备实施放宽管控政策,政府对维持地方公交车道路客运的成本补贴制度框架进行了大幅调整。之后,根据跨越行政区域运营路线的具体情况以及路线里程数的多少,国家与自治体政府间的责任分担发生了变化。即市町村内的支线类公交车路线由市町村政府负责扶持,跨市町村的准干线类公交车路线由都道府县政府负责扶持,跨市町村的干线类公交车路线(广域干线)则通过国家与都道府县政府的协调补贴来予以扶持。

但是,在这种补贴的制度框架下,由公交车企业自主运营的路线网络中的部分干线类路线,开始受到来自国家政府方面的干预。实际上,部分公交车企业,以能够长期享受国库补贴为目的,根据国家广域干线的定义,开始强行调整其原有的运营路线。结果导致当地居民期望运行的途经高校、医院的迂回性公交路线需求得不到满足。因此,自 2011 年起,国家及都道府县又将有关广域干线的支线服务[包括后文中的需求响应型运输服务(DRT)]也视为协调补贴的对象,目前正在对相关的具体政策措施进行调整。

(2)公交车补贴与权力下放

日本政府 2012 年支付给公交车[除去公营公交车以及原第 80 条款所规定/定义的公交

车(即没有采取地方公营企业方式,由市町村政府直接运营的公交车)]的赤字补贴高达609亿日元。这中间有70%是市町村政府支付给支线路线的补贴,19%是都道府县政府支付给干线及准干线路线的补贴,12%是国家政府支付给干线类路线(包括其关联支线服务)的补贴。都道府县政府的支付金额中有近2/3的资金是作为支撑国家补贴的实际负担资金。其余部分是作为基于道府县政府自行决定的纲要规定,以道府县政府单独实施补贴的名义来进行的。除道府县政府单独补贴以外,其余的补贴项目都出现了增加的趋势(表15-3),其补贴总额也在逐年递增。

人均各项损失补贴(2012年)　　　　　　表15-3

地方 (运输局管辖地区)		维持生活交通路线的成本补贴		道府县单独补贴 [日元/年(%)]	市町村单独补贴 [日元/年(%)]	合计 [日元/年(%)]
		国库 [日元/年(%)]	都道府县 [日元/年(%)]			
其他地区	北海道	196.9(26)	196.9(26)	17.8(2)	347.9(46)	759.5(100)
	东北	100.6(13)	100.6(13)	37.0(5)	542.3(70)	780.5(100)
	北陆信越	74.2(12)	74.2(12)	90.3(14)	407.1(63)	645.8(100)
	中国	113.2(13)	113.2(13)	114.1(13)	548.6(62)	885.1(100)
	四国	133.0(21)	133.0(21)	77.4(12)	302.9(47)	646.3(100)
	九州	83.6(18)	83.6(18)	31.1(7)	269.4(58)	467.7(100)
	冲绳	27.8(21)	27.8(21)	27.9(21)	48.4(37)	131.9(100)
大都市圈	关东	10.1(4)	10.1(4)	2.8(1)	234.2(91)	257.2(100)
	中部	74.5(10)	74.5(10)	54.6(7)	567.2(74)	770.8(100)
	近畿	28.8(10)	28.8(10)	18.6(6)	223.6(75)	298.6(100)
全国		56.7(12)	56.7(12)	31.6(7)	332.2(70)	477.2(100)

出处:日本公交车协会(2013)等,笔者整理。

公交车对于各类赤字补贴的依赖程度随着地区(各地方运输局的管辖区域)的不同而大不相同。例如,北海道地区的公交车企业在拥有大范围偏远地区的同时,进行长距离运输的干线路线部分很容易获得国家补贴,其企业赤字补贴的1/4以上都为国家补贴,并且相同额度的补贴负担资金都是由道政府方面予以承担(2012年)。同时,市町村政府对于北海道公交车的补贴负担比例,基本能够控制在实际补贴金额的一半以下。与此相反,关东地区,被视为国家补贴对象的路线少之又少。这一地区的公交车赤字补贴总额中,国家所承担的比例仅为4%。即便是将负担资金与单独补贴金额加在一块,(东京都)都及各县政府所承担的比例也仅为5%,其余90%以上的补贴都是由市町村政府承担。

单从被视为能够反映纳税方实际情况的数据,即人均公交车的年补贴额来看,各地区从高到低依次为:中国地区885日元/人,东北地区781日元/人,中部地区771日元/人,北海道地区759日元/人,四国地区646日元/人,北陆信越地区646日元/人。除两大都市圈以及九州、冲绳地区外,其余地区间的补贴金额相差不大。从这一点来看,似乎国家、都道府县、市町村这三个等级的政府在确保各地区居民的移动手段方面还是在分担着各自应尽的责任,但是实际上,仍可能存在违背(各级政府间的)互补性原则的情况。也就是说,某个级别的政府部门即便是有意将某地区的公交车道路客运网络塑造成为某种形态,并且对其服务提供相应的财政扶持,但也有可能会不得不面对其他级别的政府部门(或上或下)对这一公交车道路客运网络实施反方向诱导性政策措施的情况。

这类问题发生较为明显的是都道府县政府方面的补贴。都道府县政府在对国家补贴进行支撑的部分投入了大部分补贴资金,同时日本全国47个都道府县中有36个道府县都制定了与国家政府补贴相平行的单独补贴制度。但是,能够支撑这类单独补贴的金额原本就不多,并且正呈现出不断缩小的趋势。每个道府县政府独立施政的能力也十分有限,所以在2001年后国家制度发生变更时,仅针对被取消补贴资格的路线实施附加年限条件的扶持性补贴办法,即被称为"缓和改革冲击型"的补贴类型例子开始增多。

日本的公交车路线,计算上往返路线等公交车的运行系统数有接近4万左右的总量。目前,约有1/3的,近14000运行系统都或多或少正接受着某一类型赤字补贴。这其中,基于地方公交车补贴制度享受分别来自国家与都道府县政府(各半的)补贴的干线路线有1500以上的公交客运系统,另外,享受道府县政府单独进行的针对准干线路线实施补贴的有近2000的公交客运系统。市町村政府实施补贴的市町村区域内的支线路线(社区公交车)有10000以上的公交客运系统(2010年)。对于路线长度较短,乘客数量较少的1/4支线路线,政府投入了2/3的补贴金。这一补贴现状,从低估干线网络社会作用的角度来看,也许并不能称之为是一个实现了平衡的良好状态。

通常,人们在实际的移动过程中都不会太在意是否跨越了各级政府的行政区域。所以,公交车服务所带来的社会效益也就成了一个跨越行政区域的存在,即会出现溢出效应,对于集中在市町村区域范围内的路线补贴,市町村政府在进行政策决断时不会考虑其路线可能会带来的溢出效应,即便公交车的运营路线在市町村行政管辖范围的交界处被截断也没有关系。而都道府县政府及国家政府对于这种状态,目前根本没能做到完全且及时的弥补。所以,这中间明显存在问题。

(3) 公交车补贴与停运对策的全貌

除去上述赤字补贴,日本政府对于公交车企业还实施有各类车辆补贴,针对高龄人士福利乘车证(老年乘车优待证)的补贴,自治体对公营公交车单位的常规补贴,柴油交易税补贴金等补贴。从金额上来看,针对高龄人士福利乘车证的补贴金额较大。这是由于日本70岁以上的对象居民人数较多,在这方面的补贴金额基本与全国公交车整体的赤字补贴金额之和持平,约为500亿日元。这类补贴是由各自治体政府通过一般财政拨款的形式予以承担,并且通常都是支付给公营运输企业。但是由于自治体财政状况的恶化,出现了部分自治体下调补贴比例的情况❺。今后,如若这一补贴进一步地被削减,那么老年人群的实际负担金额肯定就会增加,而作为完全依存于这项补贴的公交车运营网络也会受到很大的影响。

如果计算上所有的补贴项目,每年至少有2000亿日元左右的政府补贴被投放到日本的公交车网络系统中。在日本公交车领域,约有80%(大于或等于)的成本是通过公司自身的运营收入来进行回收。但在日本公交车企业的收支比例计算中,包含了国家免除企业的燃油税等相关优惠政策影响,所以很难从收支比例这一项来进行国际对比、评价。在目前能够推算的范围内,可以说日本公交车企业回收成本的比例虽不及芬兰(90%),但与英国地方城市地区的水平(80%)相近❻。所以,从这里可以看出,在日本国内时常被提及的"日本的公交车企业在成本回收比例这一点上具有绝对优势,是其他先进国家所难以企及的",这样的观点是错误的。

2002年的调控政策实施以前,有关申请公交路线停运的相关手续问题都处于一个不太明确的状态。为了解决这一问题,自2001年起,在都道府县政府召开的地区协议会议上,就是否允许公交路线停运以及后续应对措施的问题展开讨论,希望通过协议会能够作出相关的决定。但这样的地区协议会由于其与会人数过多,如果将政策决策的权利交由协议会,就会导致决策主体规模过于庞大难以驾驭,并最终失去效力的结果。因此,日本同时还设置了以市町村政府为中心的地区公共交通会议制度,而目前,几乎所有有关公交停运的应对措施都是由该会议组织通过决定的。另外,一旦通过了该会议的决议,公交运输服务运营开始与终止的既定条件就能得到一定程度的放宽,就能够不受票价调控,从而就有希望让100日元统一乘车票价等低价格的票价设定成为可能,或者即便是存在违背竞争中立性标准的可能,但只要当地居民需要,对特定的公交企业实施财政补贴也变成了可能。

另外,2007年的制度改革中,政府决定成立一类具有第三方性格(中立),且具有法律约束能力的法定协议会❼。在这一决定下,制订地方公共交通综合合作计划,以及在制订了计划的情况下,能够相对自由地使用一次性交付金形式的财政补贴。几乎全国1/4的市町村地区都采用了该制度。另外,在2013年制定的交通政策基本法落实过程中这一制度得到了进一步的发展与完善,2014年起该制度作为地区公共交通网络的建设计划,日本全国自治体的公共交通规划都由其设计制订。

但不论是地方公共运输会议,还是在法定协议会与地方公共交通综合合作计划的制度框架下,市町村间合作建立广域公共交通体系的工作都还未真正落到实处。几乎所有社区公交的运营网络、运行路线都在市町村的交界处被截断。为了防止这样的情况继续发生,在一些市町村政府比较务实的地区,已经通过采取将决定权交由中心城市的方式来打开其广域合作的僵局。并且,作为由日本总务省制定的定住自立圈制度内容之一,政府通过实施(在原地方交付税基础上的)新增补贴资金的政策措施,建立起了一个激励广域合作的新机制。特别是在2010年前后,定住自立圈制度的运作过程中,通过公共交通政策实现广域合作的方式得到了很好的发展❽。

作为一个比较极端的例子,滋贺县彦根市及其周边城市地区的公交越境运营较为困难,在定住自立圈制度下,政府决定将该地区的广域交通服务,特别是将满足定期前往地方大型医院接受定期诊疗的移动需求的运输服务任务交由需求响应型运输(DRT)来实现(表15-4)。但事实上,日本全国类似于这样的例子少之又少,自治体之间的合作并未能得到实际推广。

各地需求响应型公共运输的事例　　　　　　　　　　　　　　　　　　　表15-4

名　　称	饭田市爱乘出租车	日向市地区社区公交车	彦根市交流关爱出租车
开始(年)	2008(06~盈利运营)	2009(06~公司协同运营)	2008
国家补贴	活化复苏地方公共交通法补贴+定住自立圈特别交付税		
运营形态	完全或一半是按需发车(始发地点、时间固定,且原则上山村间的行驶过程中不再载客)	有一半是按需发车(始发地点、时间固定),实质上是在运送患者及下山购物的地点停车,上下乘客	规定时间路线,连接地方大医院的移动方式(最初为申请登记制)

续上表

名　称	饭田市爱乘出租车	日向市地区社区公交车	彦根市交流关爱出租车
同其他公共交通的协调	中等需求量路线上的高中上学路线公交车仍维持运行	没有（2012年起，作为连接换乘干线公交车）	在没有公交车运行的区域，实施公交车的跨市町运行
预约的期限	至少提前1h	至少提前1h，或者是在预约医院诊病时自动预约	至少提前1h
定价	300~850 日元	200 日元	400,800 日元（最初为 500~1500 日元）
乘客数[a]	1.2~3.1（龙东线）人/趟，每年7630人	平均 4.7（最多路线 7.2）人/趟，每年 4272 人	1.2~1.6 人/趟（2012 年票价下调后乘客人数迅速上升）
收支率[a]	32%（龙东线）	23%（除去车辆成本）	20%~25%
平均每位乘客的补贴[a]	974 日元（同上）	637 日元（同上）	n. a.

注：a. 饭田市 2011 年，日向市 2010 年，彦根市 2009 年。
出处：寺田，寺田（2014）。

15.4 需求响应型运输（DRT）服务

自 2000 年起，针对地方及大城市外缘地区等，公共交通服务的需求量较小、人口居住分散的地区，开通的需求响应型运输（DRT）又或者是被称为需求交通的运输服务开始快速增加。DRT 是一种可以被定位为出租车与公交车之间的交通服务。比较接近于出租车运输服务内容的 DRT 被称为全需求型服务，接近于公交车服务的 DRT 被称为半需求型服务。但是，尽管利用这项运输服务的乘客人数一直较低，且收支状况不佳，却没有人对此项服务能够对地方居民带来多少利益，以及带来的利益与自治体政府为此所承担的财政负担之间的关系进行考察分析。甚至还有很多人都相信，DRT 的运输服务水平远高于原有公交车，并且在没有乘客的时候能够任意地暂停运营，是一个能够提供高质量服务且价格低廉的服务系统。

日本全国多数 DRT 的收支比例都为 20% 左右[9]。而自治体对此的态度大致可以分为两类，即要求 DRT 的票价能够在一定程度上反映成本，或者是持与之相反的意见。在这之中，正如表 15-4 所示的长野县饭田市与彦根市的例子，以出租车收费的 1/3 左右票价为基准，并根据实际情况给予一定折扣的定价方式，在维持财政的可持续性方面具有一定的意义。或是像日向市的例子中，预约方式、运行形态都根据当地的实际情况来进行实际调整的办法也值得学习。

不同于在车辆运行时间、乘车下车地点等方面规定了一定限制条件的半需求服务型运输的事例，实施全需求服务型以及考虑采纳近似于全需求服务型（部分满足其服务要素）的地方运输服务，其收支比例等各项指标情况都相对要差一些。在这类例子当中，问题在于相关负责部门没有意识到，运输服务的便捷程度与运营收支比例之间存在着权衡关系（trade-off 关系）。

15.5 高速公路客运新制度与事故对策

2012年4月发生在日本关越道的高速公路观光客车交通事故造成了7名乘客死亡。对于事故本身,包括涉及公路构造在内的多方面因素都还留有疑点,值得深究。但是,作为交通事故当事人的道路客运企业,是在2000年包租客车市场放宽管控之后参与市场的新企业。该企业从车辆数来看也是一家成长为拥有19辆客车的中小型企业。所以,一时间就引发了人们对新参与市场的道路客运企业、中小道路客运企业的社会批判。

所谓高速公路观光客车,是指旅行公司将原本必须要签订购买一整辆客车所有座位的合同才能实现包租的客车座位,分别出售给有需求散客的客运车辆。并且,通过此方法,企业可以在无道路客运许可(及其运营规划认可)的情况下合法进行定期运输服务。另外,在2006年也发生了一起导致一名乘务人员在大阪府死亡的客车交通事故,此客车为夜间运行的滑雪乘客专用客车。虽然名称不同,但这一客车在分售包租客车座位这一点上与高速公路观光客车极为相似。由于导致人员伤亡的交通事故连续发生,以及相关新闻报道的连续播放,在关越道交通事故后,对于高速公路观光客车这一运营形态的批判开始变得日益激烈。

为了控制局面,2012年7月,国土交通省在道路客运管理方面采取了紧急应对措施,并在同年秋天明确提出了有关强化安全调控的政策方针。虽然原本已经决定将高速公路观光客车转型为新的高速公路旅游客车,并将其与正规的高速公路旅游客车进行一体化管理,但由于政策计划实施的日程被提前,该政策最终在2013年8月得到实施。对于高速公路观光客车,在以往的政策要求中提及的乘客乘车的便捷程度方面增加了相关调控,对运输合同及运输责任等进行了明确规定,并在确保运输安全方面新增了相关的调控办法❶。

如前文表15-1所示,高速公路观光客车运输服务总量的急速增长发生在2005年前后。在这一增长的背后,有着在2000年放宽管控政策实施前后,新进入客车市场的企业在包租客车领域寻找到新运输市场的一个市场背景,这是源自供给方面的最主要原因。

而原高速公路观光客车与2013年8月后规定的新高速公路旅游客车之间,最大区别之一在于委托运营的范围。在原高速公路观光客车的商业模式中,不具有客车资产所有权的旅行企划公司可以将其向旅客承诺的所有运输服务100%委托给包租客车企业。而在新的高速公路旅游客车的规定中,其能够委托的范围被限定在50%以内。这一措施的实施,使得原运营高速公路观光客车的包租客车企业不得不作出是被大型旅行企划公司收购成为旗下的运输部门,还是自行争取获得管理受托许可资格,转型成为新高速公路旅游客车企业的选择。如果这两条路都没能成功,那么企业只能选择彻底退出高速公路旅游客车市场。

国土交通省针对没有转型为新高速公路旅游客车的原高速公路观光客车企业进行了调查,结果显示在政策制度变更后,尽管这些企业没有削减其持有的客车车辆数,但是以客车数量在21~30辆间的中型规模企业为主的客车企业,都出现了削减企业员工的情况。并且,企业的主要业务也大都转变为包租观光客车与校园专用的道路客运服务。

高速公路观光客车与新高速公路旅游客车间的另外一个不同点,是新高速公路旅游客车有着设置停靠站点的义务。这一要求使得各家新高速公路旅游客车企业,都为如何在大城市确保其各自的站点而费尽心力。例如,东京新宿西口是多数原高速公路观光客车的起始/终站点,新政实施后,新高速公路旅游客车企业在这一区域周边相当广的范围内新设置了10处(出发用)站点。这一结果还有可能导致乘客乘车的便捷程度大幅下降。向企业强行实施设置停靠站点的这一政策,对于减少行驶事故方面并没有起到什么直接的作用。笔者认为,至少对于停车时间较短的客车终点站(相较于始发站点)的设置条件方面,政府应该考虑放宽要求。

国土交通省为了考虑预防客车事故的对策,组织召开了一系列会议,在这些会议中虽然与会者们的意见出现了一定分歧。但主要的争议点还是在于,为了确保安全是否应该重新启动以市场准入管控(以及包租客车领域中的部分价格管控)为中心的经济调控;并且对于相关社会调控措施中的安全管制,是否应该将其从事后管制,更改为之前的事前管制,从而加大对市场准入调控措施的实施力度❶。

在这之中,特别对于提高新参与市场企业的最低持有车辆数要求,对这一措施选项的争议最大。对于车辆数的最低限制,即便是在实施放宽管控政策时也没有放松过,客车企业为6辆,包租客车企业为5辆。有人提出可以将这一基准提高,例如说是提高到15辆,那么就有可能将目前具有重大事故隐患的企业剔除掉,从而能够降低全社会的事故风险。

但实际上,是否是所有的小规模客车企业都没有重视运输的安全性呢,笔者对此表示怀疑。从实际的企业规模与事故发生率的数据来看,如表15-5 整理所示,持有车辆数在10辆以下的包租客车企业导致的交通事故件数并不多。从整体来看,企业规模与事故率之间的关系是极为复杂的,如将最低持有车辆数的管制,作为运输安全对策来看待,那么只能说其措施效果十分可疑。甚至在某些情况下还有可能会带来相反的效果。

道路客运企业规模大小与事故发生率(包租客车,每千辆,2011年)　　　　表15-5

车辆数(辆)	10以下	11~20	21~30	31~50	51以上
重大交通事故件数(件)	1.67	2.63	2.61	1.75	2.81

出处:国土交通省"客车企业管理办法研讨会(新)资料"。

15.6　本章小结

目前,日本的公交车年运输旅客人数已经下降到峰值时期的40%左右。但是从2000年起,其下降的速度开始变慢。在日本三大都市圈内,最近还出现了略微增加的倾向。日本公交运输产业中实施的放宽管控政策,分别是在2000年针对包租客车,2002年针对公交车领域实施的政策。虽说在政策实施后,公交车领域内出现了数十家新参与市场的企业,但整体的产业构造并未发生太大的变化。在包租客车领域,放宽管控政策实施前后的10年时间内相继有部分企业参与市场。

放宽管控政策是否导致了公交车停运区间增加的问题还不十分明确。尽管如此,放宽管控前后出现的公交路线停运问题,被上升成为社会问题的直接原因,可以说是公交停运,从以往的逐步停运边缘路线更改成了划片区停运的方式所造成的。

从国家、都道府县、市町村这三个阶梯形政府部门对公交车实施补贴的这一措施中能够看出,日本的各级政府在为了确保国民的出行权利方面,进行了责任分工。但在实际的事例中,三者间的关系也有可能出现违背其互补的基本原则。市町村政府无视公交运输路线网络的溢出效应,将补贴金集中投放到了(其行政管辖范围内的)公交运行路线较短、乘客数较少的 1/4 支线部分。这又导致了全国范围赤字补贴金的 2/3 都被投放到了公交网络中的一小部分支线路线。这样的补贴金分配结果，很难称其为均衡合理。

在这之上，很多市町村改府都过分相信 DRT，认为它不但能够提供比一般公交更高的运输服务质量，还能够避免车辆的低效率运行，是一个高品质低价格的运输系统。而事实上，全需求型及其类似运输服务的收支比例等效率指标，从整体上看都要低于在乘车时间及上下车地点方面都附加了限制条件的半需求型运输服务。

对于在界定公交车与包租客车时导致的复杂的运营许可手续问题，以及对于直接涉及该问题的高速公路旅游客车来讲，2013 年实施的正规高速公路旅游客车与包租客车的许可制度，可以说是实现了高速公路观光客车的统一管理。同时还将新高速公路旅游客车，定义成了公交车领域中的一部分，从而强化了对高速公路观光客车的管控。

注释

❶ 如表 15-2 所示，放宽管控后虽然公交车企业数量在增加，但中间大部分是由于 2006 年的企业类型划分规则更改，使得运营出租车与社区公交车的出租车和包租客车企业申请了公交车道路客运许可而引起的结果。另外，增加的企业当中，还包含了部分运输企业子公司、分公司的独立运营而形成的新生企业等。

❷ 有关以埼玉县三乡市、东京都足立区与葛饰区为中心的无亏损补贴地区的公交车实际状态，参照寺田一薰(2013a)。

❸ 大井尚司(2009)。

❹ 放宽管控前的企业数量增加比例比放宽后大。

❺ 参照寺田英子(2007)。

❻ 芬兰、英国的客车政策与日本的有很多共同点。关于比较制度分析，参照寺田一薰(2002)。

❼ 关于地区协议会、地区公共交通会、法定协议会的功能对比，参照青木亮(2012)。

❽ 参照日本总务省(2010)、(2011)，寺田一薰(2013a)。

❾ 国土交通省综合政策局(2009)。有关被人们视为具有相似点的日本、英国 DRT 对比分析，参照寺田一薰、寺田英子(2014)。

❿ 关于包括高速公路旅游客车在内的包租客车安全性问题的实际情况，参照寺田一薰(2013b)。关于相关理论分析，参照寺田一薰(2014)。

⓫ 有关通常的事前管制与事后管制的对比分析，参照横仓尚(1997)。

参考文献

[1] 青木亮.客车所涉及的生活路线的维系与协议会所发挥的作用[J].IATSS Review,2012,37(1):58-66.

[2] 国土交通省综合政策局.关于地区公共交通的新技术与系统引进的调查业务报告书"第1编 交通需求"[M].东京:国土交通省综合政策局,2009.

[3] 国土交通省汽车局.数字看汽车[M].东京:日本汽车会议所,2014.

[4] 日本客车协会.日本的客车事业[M].东京:日本客车协会,2013.

[5] 大井尚司.有关放宽管控对公交车企业影响的定量考察:成本方面的分析[J].交通学研究,2009:161-170.

[6] 总务省.推进住宅区自立圈构想的调查报告书[R].2010,2011.

[7] 寺田英子.关于地方自治体的福利性折扣制度与确保安全、健康、高效、舒适的市民最低生活水平的考察:日本中国地区的公营客车的案例研究[J].交通学研究,2007:109-118.

[8] 寺田一薰.客车产业的放宽管控[M].东京:日本评论社,2002.

[9] 寺田一薰,村彰宏.通信与交通的基本服务[M].东京:劲草书房,2013.

[10] 寺田一薰.高速公路旅游客车调控与预防包租客车疲劳驾驶[J].IATSS Review,2013,38(1):41-48.

[11] 寺田一薰.控制交通部门整体安全性的难度:高速公路旅游客车的事故预防[J].经济论坛,2014,681:41-46.

[12] 寺田一薰,寺田英子.对英国的利用需求响应型运输(DRT)确保地域间通达程度的考察:与日本地方实例的对比[J].公益事业研究,2014,66(1):19-29.

[13] 植草益.社会调控经济学[M].东京:NTT出版,1997.

第16章 出租车行业调控政策的课题❶

16.1 概述

本章结合日本出租车行业调控政策的合理性问题,从经济学角度出发展开分析。随着2002年2月日本"道路运输法及出租车行业业务规范化临时措施法的部分修订"的实施,以及出租车市场调整供求关系的调控政策废除等,自由化浪潮开始冲击日本的这一运输市场。

在政府放宽调控之后,出租车市场中出现了候车时间缩短、能够选择出租车公司的可能性变大等现象,还出现了供残疾人士乘坐的出租车、面向观光游客的出租车等新型服务项目。与此相应,也开始出现多样化的收费标准。出租车行业的服务水平也随之得到了整体的改善与提高❷。

但在另一方面,以城市地区为中心持续出现出租车车辆供给过剩的情况。以往按载客数来发放出租车驾驶员工资的制度,在一定程度上加剧了这一状况。专家们指出,随着出租车驾驶员实际收入的减少,驾驶员们试图通过延长工作时间来维持收入水平,而这又进一步加剧了城市出租车市场的供给过剩,并且同时还导致了长时间劳动带来的服务水平下降等问题。

此后,2014年1月"有关特定地区一般轿车旅客运输企业的规范化及活性化的特别措施法修订案"得以实施。依据此修订版法案,地方政府可以在一定期间内对出租车行业实施收费调控与供给能力调控。

由此可见,日本针对出租车市场的调控政策还处于不断摸索、尚未定型的阶段。因此,本章从经济学的角度出发,就日本出租车行业中管理政策的合理性以及今后的课题展开分析。

16.2 出租车市场的调控政策

(1) 日本出租车市场经济调控政策的变迁

第二次世界大战后日本的出租车市场,自1951年实施道路运输法,到2002年实施修订版的道路运输法,其间先后经历了诸如①作为准入调控、资格审查与供求关系调整功能的行业许可制度(从业许可制);②与行业许可制度密不可分的收费/票价标准认可制度;③作为其制度延伸的同一地区统一收费标准制度等经济调控政策的约束。这里,着重对近几年日本出租车行业施行的经济调控制度变迁进行整理。

第一,就出租车市场的准入调控政策而言,道路运输法修订版实施以前的基本情况是每个运营区域都有其各自的许可制度,在所谓的供求关系调整调控政策约束下,要参与出租车市场的难度相当大。即便是已经处于该行业内的出租车公司,要想增加运营车辆的数量都比较困难。但是,自1997起,在标准车辆数量的基础上增加一定比例车辆,以及车辆数量最低限度的约束相应放宽,由此降低了企业参与出租车市场的难度。等到道路运输法修订版实施之后,其准入调控仅剩下针对每家要参与出租车市场的公司施行行业许可制度一项❸。

第二,就收费标准调控而言,长期以来日本采用的都是基于总成本方式(累加各项成本的方式)来实施收费标准认可制度。最初采用的是同一地区统一收费的标准,这一制度于1993年被废除。1997年又引进实施了区域收费制度,以及减少基础收费的乘车距离收费标准等。之后,随着2002年道路运输法修订版的实施,之前的认可制度维持不变,按区域收费的制度变更为限制收费上限的制度。针对日本出租车行业实施的放宽调控政策,山内(2010)认为,从乘客的角度来看其实际效果,主要表现为在路边等待出租车的时间变短,选择乘坐的出租车(公司)可选性变大等,出租车整体服务水平得以提高。另外,在放宽调控之后,出租车公司新开展了残疾/老年人乘坐的出租车,观光游客乘坐的出租车等服务项目,实现了服务内容的多样化,并且引进实施了多种类型的乘车收费标准。

但是在另一方面,专家们也指出,目前以城市地区为主的出租车车辆过剩的状况一直持续,并且出租车驾驶员的工资制度体系也一定程度加剧了这一问题。同时随着出租车驾驶员工资的下降,加时营业及服务水平下降的问题也开始凸现出来。

因此,2009年10月政府制定了"有关特定地区一般轿车旅客运输企业的规范化及活性化的特别措施法(简称'特别措施法')"。根据此法律,实际上在被指定为特定地区的区域里,新兴企业无法参与出租车市场,并且要求现有出租车公司削减其公司运营的车辆数量。

这样,对于日本出租车行业实施的调控政策、措施,直至今日学者间仍是各持己见、看法不一。正如山内(1983)指出的,造成意见不统一的原因在于"针对出租车市场的逻辑分析、实证分析",到目前为止都还处于屈指可数的状态。也就是说,在日本国内,针对这一领域的理论分析还未到位。

(2)日本出租车行业的现状

图16-1表示的是1995—2011年间出租车法人公司的经营状况。从此图可以看出,日本国内出租车运输人数呈现出逐年减少的趋势,2011年为15.6359亿人次。作为废除调整供求关系调控政策的理由之一是对于总需求量减少的产业,应该通过鼓励市场竞争来促进新型服务商品的产生,或是鼓励公司采用机动性的定价方式来创造出新的需求❹。但实际上,这一政策并未能阻止乘客数量的持续下降。而这一结果显示出了,对出租车行业的调控政策、办法进行再次斟酌、深入研究的必要性。

(3)世界各国针对出租车行业的调控政策

日本以外,世界各国对于出租车行业的调控政策也进行了诸多尝试。这里笔者对各国出租车行业调控政策的变迁进行整理,希望能从中总结出对日本调控政策的制定有所启发、帮助的政策经验。

瑞典是对出租车行业实行放宽调控政策力度最大的国家之一❺。瑞典的出租车市场自1990年就开始实施放宽调控政策。具体内容有以下5点:①撤销准入调控;②撤销价格调控;③废除加盟车辆调度中心的义务;④撤销营业区域划分;⑤终止以往严格的营业时间管制。特别在收费价格调控方面,瑞典被称为是唯一一个整体实施出租车价格自由化的国家。

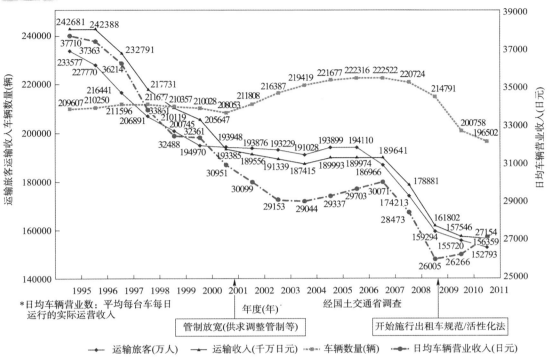

图 16-1　日本出租车法人公司经营状况的变迁

出处：国土交通省资料。

其放宽调控后的实际效果是，在收费水平下降、候车时间缩短等方面得到了一定改善，同时服务内容的多样化也得到了实现。但是，大都市与地方城市之间的政策效果存在着一定差异。另外，还有必要认识到，瑞典政府针对出租车驾驶员整体素质的下降，在出租车安全方面加强了管制。

与瑞典的事例类似，新西兰也从①撤销准入调控、②撤销价格调控两个方面，对出租车市场实施了放宽调控政策。其效果与存在的问题与瑞典的情况相近。

另一方面，也有部分国家对不同地区的出租车市场，实施了不同的调控政策。福山（2010）对美国出租车行业的准入调控政策进行了分类整理，见表 16-1。

美国出租车市场准入调控的区分（例）　　　　　表 16-1

许可类型	无（出租车）总量调控	有（出租车）总量调控
针对个人出租车发放的许可	类型 A：能够自由参与市场	类型 C：采用标识牌等区分
	例如华盛顿哥伦比亚特区、印第安纳波利斯、凤凰城等地区	例如纽约、芝加哥、西雅图等地区
针对企业法人发放的许可	类型 B：企业法人能够自由参与市场	类型 D：特许经营／许可制
	例如奥兰治郡（加利福尼亚州）、圣何塞等地区	例如洛杉矶、克拉克郡（拉斯维加斯）、亚特兰大等地区

出处：福山（2010），69 页。

表 16-1 中，被归为类型 C 的西雅图市，1979 年实行了出租车市场开放，个人／企业能够

自由参与市场的同时,票价收费标准制定的自由化也得到了实现。之后在 1997 年,为了确保出租车服务的品质,政府又再次实施了各种调控措施。采取了①强化车辆管制;②实施出租车驾驶员资格考试;③出租车驾驶员有义务加盟到车辆数量在 15 辆以上的出租车团体组织等措施。

在美国实施的再次加强调控政策背后,还有着当时的出租车企业规模缩小、"小作坊式"企业增多的市场背景。原本从经济学理论来看,多个企业间的竞争能够提高资源配置效率的可能性很大。但是,当时在西雅图负责管理 217 家出租车企业的执法人员(行政管理官员)仅有 1 人,对于企业的违法行为政府方面根本无法一一应对处理,所以也就无法保证并促进该市场的有效竞争。

另外,被归类为表 16-1 中类型 A 的印第安纳波利斯地区,1994 年实施参与自由化等大幅度的放宽调控政策。其结果是到 1998 年,出租车企业数量急速增加,并且同时取得了收费价格下降、候车时间缩短等好的收效。但是越来越多的出租车企业以及私人出租车驾驶员开始出现不欢迎短距离、低费用乘客乘车现象,从而导致驾驶员们更加倾向于选择在机场、宾馆等有可能获得更高收入的地点等候乘客。这最终造成了印第安纳波利斯市内 60% 左右希望乘坐出租车的乘客,实际上都无法搭乘到出租车的严重后果。

政府在了解到这样一个状况之后,自 2002 年起,在申请出租车运营许可时增设了授课项目,驾驶员有义务参加学习;另外对于企业的服务内容,以及禁止驾驶员在没有合理理由的情况下拒载等,在驾驶员的服务态度等方面增加了相关管制措施。

通过上述对世界各国出租车行业事例的整理,反观日本出租车行业调控的实施办法,笔者认为可以得出以下结论。

①有必要放宽或完全废除市场的准入调控,同时有必要加强对服务品质方面的监督管理。
②需要监督确保出租车驾驶员的劳动环境、劳动条件。
③需要加强出租车行业监管部门的组织体系。
④有必要对调控改革进行长期性的调查分析。

第一,放宽及废除市场的准入调控,与加强服务品质管理的必要性。通过观察可以发现,针对出租车市场实施放宽调控的国家几乎都废除了所谓的准入调控。但是,针对巡游出租车与电话预约服务这样的出租车市场结构特征不同,有时政府也会对准入调控进行修改调整。另一方面,一旦放宽了准入调控,导致出租车服务品质下降的事例不在少数。当发生这种情况时,各国政府大多会采取加强品质管制的政策措施来予以约束。

第二,监督确保出租车驾驶员劳动环境与劳动条件的必要性。从成本结构来看,相较于其他运输行业,出租车行业的人力成本占总成本的比例较高,其服务产业类型为劳动密集型。并且大部分人力成本都是在按劳分配原则下生成的,这也是出租车行业的特点之一。

第三,加强出租车行业监管部门组织体系的必要性。正如前文的事例中所提到的那样,假如出租车驾驶员或是出租车公司进行了违规操作,而调控当局又没有足够的能力对其进行惩治、控制的话,要促进出租车市场的有效竞争,也就变得十分困难。因此,可以说如果政府要实施放宽调控的政策措施,调控部门就必须同时加强取缔违规行为的力度。

最后,对于调控改革,有必要持续开展改革效果的调查分析。从各国针对出租车行业实施调控政策的事例中可以看出,一旦发现调控政策没能发挥实际作用时,就有必要进行调查

第三部分／第16章　出租车行业调控政策的课题

和长期性的研究讨论，积累经验，进而分析并构建一套更符合时代特征的调控制度体系。日本的出租车市场也先后经历了以 2002 年道路运输法修订版实施为标志的放宽调控政策，以及以 2009 年出租车行业规范化、活性化法实施为标志的强化调控两次政策变迁。今后，对出租车市场实施更加具有灵活性、柔韧度的调控政策，还需要运用定量且客观的手段来展开分析，提供更加科学的判断根据。

16.3　出租车行业调控政策的经济学分析

接下来，从传统微观经济学的视角出发，对出租车行业中实施的调控政策合理性进行分析。在判断是否应当对出租车行业实施调控措施时，首先必须对出租车行业生存的市场是否存在诱发市场失败的因素作出判断、评价。

出租车行业发生市场失败的原因之一，是市场交易信息的不完整，特别是有关乘车费用信息欠缺的问题。当出租车市场中的大多数出租车都属于巡游出租车的情况下，关于乘车收费方面的信息，主要由出租车驾驶员这一方掌控。这时，由于想要乘坐出租车的乘客没有办法对行驶在大街小巷中的出租车进行对比，选择符合自己需求的车辆，所以（从保护消费者权益的角度出发）政府对出租车行业实施价格调控政策也就变得合情合理。同时，实施要求出租车驾驶员按照公正的计价表收取费用的制度，也是顺理成章。

但是，即便是在以巡游出租车为主的出租车市场，如果能将供给方划分成为几个组，或者是如果能够将候车时间的长短反映到收费价格的高低中，就有可能形成想要乘坐出租车的乘客周边区域内（短距离范围内）存在多辆出租车的状态，这样也就有可能促进出租车间的价格竞争❻。另外，在通过利用无线电话或智能手机预约出租车为主的出租车市场上，自由定价带来出租车间合理竞争的可能性相对较大。这样，在考虑如何实施价格调控的时候，对出租车市场的实际情况进行分析整理就十分有必要。

另一方面，从经济学的观点来看，价格调控问题，往往都是结合市场的准入调控问题来展开分析讨论。一般情况下，某一物品如果具有自然独占的性质，就有必要实施准入调控，这在理论上是符合逻辑的。但在日本出租车行业中，正如日常生活中经常能够在街头观察到的情况一样，私人出租车也能自立门户单独营业，也就是说很明显出租车行业不具备所谓自然独占的特质。所以，以自然独占为根据的市场准入调控政策的合理性，很可能不适用于出租车行业。

通过整理先行研究也能发现相近的结论。例如 Beesley（1973）、DeVany（1975）的研究中指出，在收费调控下，调控当局在决定行业收费水平时，参考进出出租车市场的企业动态十分重要，并且通过赋予企业进出市场的自由，能够实现更为高效的资源配置。另外，土井、坂下（2002）指出，准入调控虽然在防止发生过度的市场竞争方面，确实能发挥一定的作用，但当调控标准过于严格，就会反过来造成社会经济的损失。

这样看来，至少从经济学的角度来看，对出租车行业施加准入调控的根据是不充分的。另外，特别是在社会经济不景气的情况下，通过取消出租车市场的准入调控，可以预见到就业吸纳能力较强的出租车行业，将会出现很多新参与到这一市场中的劳动力。此时，取消准入调控就会引发市场竞争，一旦开始价格竞争（降价），出租车公司恐怕就会首先开始从人力成本以及安全管理成本方面削减支出。在此基础上,根据青木(2015)的观点,将生产理论中的盈亏平衡点与终止运营点的理论分析,应用到出租车行业当中可以发现,出租车行业也是一个一旦参与就很难退出的行业。

出租车市场中的劳动条件,以及确保车辆运营的安全性等问题,的确十分重要。但是,山内(1992)指出,对于安全性及劳动条件的改善问题,应该是通过社会性调控措施来进行应对。其理由是施加市场准入调控的政策措施,并不一定能在改善劳动条件、提高安全性方面取得成效。另外,正如16.1(2)的事例研究中提到的那样,笔者认为要解决出租车行业内的劳动条件问题、安全性问题,除了要建立社会性调控政策措施体系,同时还有必要对调控当局的监管体制进行强化与完善。

另外,正如前文所述,在以巡游出租车为主的出租车市场上,虽说出租车驾驶员与乘客之间的交易信息不对称问题,经常被提出来,但这中间,有关出租车服务质量方面也有可能出现二者间信息不对称的情况。

在这种情况下,乘客由于没有掌握有关出租车服务质量方面的信息,所以在以巡游出租车为主的出租车市场中,乘客无法通过对比出租车间的服务质量,来作出合理的消费选择。因此市场本身也就没有能力督促提供劣质服务的企业退出市场,从而很有可能会导致出租车市场被不良企业掌控。

所以,在巡游出租车为主的出租车市场,正如在各国事例当中看到的一样,今后有必要通过实施一些具体措施建立完善社会调控的制度体系,例如采取在申请许可证时必须接受短期培训等类似的办法,提高出租车驾驶员的素质,进而保证出租车行业的整体服务水平。

16.4 本章小结

本章从经济学的角度出发,着眼巡游出租车与电话及无线预约派车之间出租车服务的不同,对今后日本出租车行业内的调控政策进行了分析研究。作为本章的分析结果,对于今后日本出租车行业调控政策的具体办法,可以总结为以下5点。

①在分析讨论出租车行业的调控政策时,首先有必要根据服务特征的不同,对出租车行业进行类型划分。

②在以巡游出租车为主的出租车市场中,与在经济学中具有一定理论依据的票价调控办法不同,实施市场准入调控的理论依据并不充分。

③在以无线电话及智能手机预约出租车为主的出租车市场,引进实施经济调控政策的办法,缺乏经济学方面的理论支持。

④对于出租车企业是否遵守了法律制度,在日本,还需要加强负责监管部门的组织建设,监管力度还需要加强。

⑤对于确保出租车行业从业人员(特别是驾驶员)的劳动条件及劳动安全,以及确保巡游出租车为主的出租车市场中服务质量方面的问题,应该通过社会调控的政策办法来进行应对。

这样,从巡游出租车与预约出租车服务内容的不同出发来思考调控政策,才能够制定出一套符合出租车企业特定特征的调控政策体系。即便从理论上看现实社会中的市场并不完美,确实存在一定的局限与不足,然而市场机制一旦发挥其有效性,就很有可能为我们带来新的或是更加多样的出租车服务。

因此,正如世界各国例子所看到的那样,关于如何建立起一个能够有效发挥市场功能的出租车市场的问题,今后日本政府、特别是地方公共团体在中间需要发挥怎样的作用,还有待展开更进一步地深入研究。

注释

❶本章是在后藤孝夫(2011)的基础上进行了部分修改。另外,本章还参考了出租车政策研究会编(2013)及(2014)中所收录的论文。
❷参考山内弘隆(2010)。
❸参考安部诚治(1994)133页。
❹参考山内弘隆(2010)102页。
❺参考青木亮(1995a)及(1995b)。
❻参考土井正幸、坂下升(2002)149页。

参考文献

[1] 安部诚治.出租车行业与政府调控[J].公益行业研究,1994,46(1):133-147.
[2] 青木亮.在出租车行业导入放宽调控政策的可能性——参考瑞典、英国事例[J].高速公路与汽车,1995a,38(6):27-33.
[3] 青木亮.瑞典的交通公益行业改革——在出租车行业、邮政行业、国内航空行业的放宽调控政策(前编)[J].运输与经济,1995b,55(8):60-68.
[4] 青木亮.出租车行业的放宽调控与经济学[J].经济论坛,2015,681:35-40.
[5] Beesley, M. E. Regulation of Taxis[J]. Economic Journal,1973,83(329):150-172.
[6] DeVany, A. Capacity Utilization under Alternative Regulatory Constraint: An Analysis of Taxi Markets[J]. Journal of Political Economy,1975,83(1):83-94.
[7] 土井正幸,坂下升.交通经济学[M].东京:东洋经济新报社,2002.
[8] 福山润三.国外出租车调控改革[J].文献参考,2010,711:59-79.
[9] 后藤孝夫.分析出租车市场的调控政策[J].商经学丛,2011,57(3):863-873.
[10] 金本良嗣,山内弘隆.讲座政府调控与产业4 交通[M].东京:NTT出版,1995.
[11] 出租车政策研究会.出租车政策研究[J].创刊号.
[12] 出租车政策研究会.出租车政策研究[J].第2号.
[13] 山内弘隆.出租车调控的思考[J].运输与经济,1983,43(4):16-22.
[14] 藤井弥太郎,中条潮.现代交通政策[M].东京:东京大学出版,1992.
[15] 杉山武彦,竹内健藏,根本敏则,等.交通市场与社会资本的经济学[M].东京:有斐阁,2010.

第17章 日本物流的现状与课题

17.1 概述

我们在日常生活中使用的大多数物品,并不单是国内生产的,还有一部分是从海外进口的,这些物品都需要依靠物流来实现其最终价值。物流是支撑日本经济的重要骨架,在运输、保管、货物装卸、包装等物流的具体环节,以及物流创新方面,都会直接影响到日本的国民生活与经济发展。在本章中,将基于既有的研究成果,对物流的基本知识、基本结构进行整理、分析,进而思考当今日本物流所面临的课题。

17.2 物流的组织框架

社会经济是由生产与消费两大部分所构成。在生产系统方面,企业作为调配资源、原材料、零配件的主体,实现着商品的生产与贩卖;而在我们消费者的日常消费活动中,主要是购买并使用对我们有用的必要物品,并废弃那些对我们无用的物品。在这样的生产与消费系统中,管理物品流动的工作我们称之为物品的流通,即物流。物流(Physical Distribution)的范围可以根据流通的阶段划分为采购物流、生产物流、贩卖物流、回收物流四类(图17-1)。

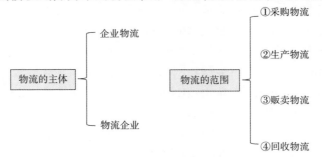

图17-1 物流的结构

在实际的物流当中有将保管与运输业务外包(outsourcing)给专门的物流企业来进行承担,也有在企业内部自行完成的两种情况。所谓外包,是指以削减成本、提供高质量服务、强化企业核心竞争力等为目的,采取的战略经营方法的一种,意味着将企业的部分运营功能,承包给外部的组织团体及其他企业。制造商将自己企业的物流部分,外包给货运公司或仓库公司的情况属于前者,而托运人公司本身持有仓库或货车,自行完成物流业务的情况则属于后者。

在选择采用物流外包的情况下,包括货运卡车、JR货物列车、仓库、国际海运、国内海运、航空货运、港湾运送、货运卡车集散站点等在内,从铁路到航空方面的相关物流业务全部都交由货运处理公司来完成。物流本是与物品流通过程相关的一系列经济活动,如图17-2

所示,其中包括了运输、保管、确认库存、订购、流通加工、包装、货物装卸、信息管理在内的八项业务。

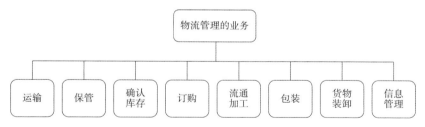

图 17-2　物流的业务

同时,物流这一概念的范围,还随着时代的变迁而不断地被扩大。在 20 世纪 60 年代,首先是将市场营销的销售部分中保管与运输的工作内容,统称为"物流"。并且以降低成本为目的,在制造企业旗下成立了许多专门从事物流管理工作的物流子公司。之后到了 20 世纪 80 年代,效仿军队后勤管理的军事物流概念,即将单独一个企业从其原材料的采购到产品回收的所有物品流动进行战略化管理的"战略物流"思想得到了推广。而进入 20 世纪 90 年代后,物流的概念扩大到了通过供应商、制造商、仓库企业、运输企业、贩卖企业等企业间的合作来实现供应链管理(Supply Chain Management,SCM)。SCM 这一新概念的出现受到了人们的普遍关注。所谓 SCM,是指把从采购到回收的整个商品供应链都串联起来,实施统筹管理,并通过实施信息共享实现物流整体的最优化,在削减成本的同时提高顾客的满意程度的一种经营手法。

表 17-1 表示了物流概念的变迁过程。从物流作为市场营销活动一个环节的时代出发,到将物流区别于市场营销,同时将其限定成为贩卖物流的时代,再到将物流内容扩大为从采购到回收的战略物流时代,然后到目前的超越商品生产的企业间合作的 SCM 时代。SCM 中的重要因素有:①生产条件(零部件及产品品质标准的制定、产量的平均化、流水作业、发现次品时工作人员能瞬间判断中断作业,压缩库存);②运输条件[配送时间带的设定、装车、小批量、混载运输、交叉对接、MilkRuns(循环收集货物)、缩短前置时间];③交易条件(通过建立企业间合作来建立关系网,以及网络中的信息共享)。这三点是成功实现 SCM 的必要条件。

物流概念的发展(从物流到 SCM)　　　　　　　　　　　　　表 17-1

类别	保管、库存、运输等各阶段	贩卖物流	战略物流	SCM
时代	20 世纪 50 年代前	至 20 世纪 80 年代中期	20 世纪 80 年代中期起	20 世纪 90 年代中期起
物流的对象	物流的各个环节	贩卖物流	从企业的采购部门到回收部门	企业间
方法	手工作业,老式物流器械	物流机械化	POS、VAN,企业内部信息系统	EDI,网络化
物流的目标	各个环节的效率最大化	贩卖物流的最优化	企业内部的物流最优化	企业间的整体最优化

现代交通问题与政策

17.3 物流的现状课题

目前物流所面临的社会环境并不太乐观。1990年12月,在日本施行了40年的货物机动车运输企业法律得到修订并立即实施。至此,货车运输企业的从业资格,也从资格审批制度更改为许可制度;运费价格的制定,也从认可制度变为提前申请制度(2003年4月之后又改为事后申请制度,管制政策得到了更进一步地放宽)。

实施管制放宽政策的结果是货车运输企业的数量从1990年的40795家增长为2012年的62910家,货运市场成了一个竞争激烈的市场。目前,日本物流方面存在的具体问题主要有削减CO_2排放、促进反向物流、配送的大批量化、确保回程货物、联合处理货物集散、转变成为自营业企业、事故应对、信息化、IC标记的导入、统一物流、3PL(第三方物流)化、全球化、燃油价格上涨、货车驾驶员不足等多方面的问题。这之中特别值得我们重视的主要课题是全球化、环境问题、灾害应对问题。

(1)全球化与物流问题

东亚地区是仅次于欧盟、北美自由贸易区的第三个受到人们关注的地区,其存在意义正在不断得到提升。正如赤松要教授大雁形态论中所谈到的,引领东亚经济发展的主要有:日本、NISE(Newly Industrializing Economies,新兴工业经济地区)这些先发展起来的亚洲国家和地区,之后是中国,今后会是越南、柬埔寨、缅甸、老挝等即将发展起来的亚洲国家。

①中国经济成长与物流。

2001年加盟WTO(世界贸易组织)后,中国成为世界的工厂与市场,世界知名企业进驻中国市场的速度也开始加速。截至2013年底,有48420家日本企业(合同数目)进驻中国。中国开始使用物流这一词汇的时间是在决定走改革开放路线的中国共产党十一届三中全会召开后的第二年,也就是1979年前后。虽说物流这一概念在中国已经不再新鲜,但就中国目前的物流状况来看,其落实情况还有待改善。从物流成本占国内生产总值的比例来看,美国的比例为8.5%(2012年),日本的比例为9.2%(2012年),而中国的比例为18.0%(2013年)。从物流的高成本构造来看,中国物流系统的效率方面还有待提高。

日本物流企业最初进驻中国市场是在1981年,即日新公司在中国开设了北京事务所。之后1985年鸿池运输公司在北京开设了有常驻员工的事务所,另外,丸全昭和运输公司在天津建立了合资企业,之后1986年山九公司也在天津成立了其合资企业。到2013年为止,在中国共有日系合资企业154家,当地法人数88家,中日综合物流企业3家,CEPA(进驻香港的日系物流企业)26家,合资海运企业14家等,共计285家。

这些日系物流企业在中国的物流业务主要有零部件及成品的运输、仓库保管、转发货物、产品验收、海关清关手续等。进驻中国市场的276家日系物流企业,目前的业务伙伴主要是在中国的48420家日企。这一市场已经逐渐走向饱和状态,日系物流企业迟早要面临与中国国内的大约36000家大型物流企业进行市场竞争的局面。到那时,日系物流企业究竟能以一个什么样的价位提供什么样的服务,其在中国的真正价值将会得到检验。

在对中国投资的第一个高峰1995年时,在华日系物流企业对于现状的不满主要是中国政府的法律变更、对税制的理解、海关清关手续、审查认可的时间较长、省际运输手续繁杂、与中国本土业务分包企业之间的关系等方面的内容。而目前关于物流的主要问题,是关于基础设施,特别是内陆地区高速公路网络与物流网络的形成,最新物流机械的引进、使用以及相关技术人员的教育培训、国际物流与国内物流的衔接与合作,包含运输、保管、流通加工在内物流业务的统一管理,建立与当地物流企业间的合作关系,有关物流方面的政府信息透明化以及许可认可等行政手续快捷化等方面的内容。

近年来,随着中国经济的快速发展,人力成本与土地价格都在飞速上涨,同时环境问题、地区间的收入差距等风险因素也开始相继出现。要预测在华日系物流企业今后将会发生什么样的变化,就需要密切关注中国的政策以及与社会、经济等相关的课题。

②引人瞩目的越南经济与物流。

越南是自1986年起开始采纳了DoiMoi(经济革新)政策,选择了走社会主义市场经济的道路,之后2006年11月成功加入了WTO。日系企业进驻越南市场主要是由于越南相对于中国人力成本较低,并且越南的地理位置又处在中国、老挝、柬埔寨之间,在操作国际物流方面十分有利。基于上述考虑,日系企业作出了进驻越南的决定。截至2012年,驻越日系企业发展到了1542家,其中物流企业有35家(图17-3)。

图17-3　在越日本通运

注:位于胡志明市郊的"SONTAN战略物流中心"(2011年7月建成),总建筑面积为13243m^2。

日系企业在进驻越南之后,目前面临的主要问题有企业中间管理层明显不足的人力资源方面问题,以及在当地很难采购到所需的原材料及零配件,并且采购成本上升等物流方面的问题。例如,在越日系服装企业的具体情况是原丝与原棉、布料等原材料的采购主要集中在中国、韩国、泰国、日本,其原材料采购的前置时间(lead-time)不仅由于物流渠道长度的拉长而变长,而且还由于越南物流基础设施建设的滞后而使其变得更加漫长。

就越南的物流基础设施而言,在硬件方面有由于地域之间存在差距而导致的经营管理不统一,铁路、港口等基础设施不断老化,江河码头限制了大型船只的驶入等具体问题;在软件方面,还存在着海关清关手续通常需要半天至2天的时间成本问题,可以说是问题重重。目前正在进行的越南基础设施投资中,有着东西、南部、中越回廊三个引人注目的大型工程项目,其实际效果十分值得期待。但同时在工程规划、土地的收用、工程建设、建成设施的交接等环节出现了滞后,并且还存在技术传授不到位、安全管理不完全、工程验

现代交通问题与政策

收方面不完整、收受贿赂等诸多问题有待克服,要顺利实现越南的基础设施建设并不容易。

越南本土的物流企业数量约为1000家,其中有大约80%的企业为民营,这之中的大部分都属于中小型企业。不仅仅是在物流基础设施建设方面,要与日系物流企业建立合作关系的越南本土物流企业的改革,今后还有必要继续下去。作为在"中国+1"理念中受到关注的越南,今后在加快物流基础设施建设的同时,实现零配件制造企业的当地化,培养企业中间管理层的努力还有必要持续下去。

仅次于越南,在亚洲地区政治情况不太稳定的环境下,作为"泰国+1"而备受日系企业关注的国家是柬埔寨与缅甸。进驻柬埔寨的日系企业有122家(2014年2月数据),进驻缅甸的日系企业有105家(2013年6月数据)。但目前存在的主要问题与越南相同,是在于原材料及零配件的采购方面,柬埔寨的当地采购比例为10.7%(2013年),亚洲区域内的采购比例也仅为36.6%。

"全球化与物流"方面所存在的主要课题有以下方面。在宏观方面需要实现:①改善物流基础设施(高速公路、港口的开发建设,海关清关的电子化,发行原产地证明书手续的简化、一站式清关、货车车底架的互通、越境联运等);②有关物流的政府行政许可认可手续的快速化、信息的透明化。从企业角度来看,在微观方面需要实现:①IT化(开发使用运输配送管理系统,货物越境信息的可视化等);②物流、物流网络的重构(强化与新市场的运输连接,扩大国际SCM规模);③与当地有实力的企业主体建立合作关系,雇用优秀人才;④综合物流(承包整套系统,实现运输模式之间运输、保管、流通加工的统一管理)等。

(2)环境问题与物流

环境问题的焦点随着时代的变化而改变。20世纪60至70年代间,在日本成为重要社会问题的公害主要集中在四大公害诉讼案件中。即以熊本县水俣病、新潟县水俣病、神通川骨痛病、四日市大气污染为代表,以地区为单位的公害问题为主的案件。进入20世纪90年代后,作为容易导致肺癌的物质之一的浮游粒子状物质(SPM)与臭氧层破损、全球变暖等全球规模环境问题成为人们关心的主要环境问题。导致全球变暖的主要排放物有,二氧化碳(CO_2),甲烷(CH_4),二氧化氮(N_2O),氯氟烃(CFCs),这中间94.8%为CO_2。2012年全世界的CO_2排放量约为317亿t,日本是世界第五多的CO_2排放国家。

众所周知,日本在1997年京都议定书中提出了"2008—2012年5年平均的温室效应气体排放量要较1990年排放量削减6%"的国际公约。为了实现这一公约,日本在2006年修订了节省能源法,法律中指定年使用原油量(作为能源消耗的标准)在1500kL以上的发货企业865家,以及货物/旅客运输企业643家,有义务向政府提交削减CO_2排放的规划与落实报告书,以及落实每年削减1%能源消耗的目标。物流部门CO_2排放量(2012年为2亿2600万t)的90%左右都是由机动车所造成。20世纪90年代机动车的CO_2排放量主要是随着私家车数量及行驶距离的增加、车辆的大型化而不断增加的。而在2001年以后,车辆的燃油效率得到了改善,机动车的绿色税制、绿色行车、货车运输转为自营业方式等各方努力使得机动车的排放量得到了一定控制。

图17-4为笔者隶属的日本战略物流协会所设置的绿色物流研究会,从2008—2014年间

主导物流企业创新的相关内容。

- 绿色行车与削减CO_2
- 使用 LED 照明
- 灵活运用绿色积点来促进绿色物流
- 运配送系统的高效化
- 实践 MFCA(物流成本会计)
- 服装物流的最优全球运输路径选择
- 食用废油的资源化
- 排放量交易
- 打印机墨盒的回收项目
- 标注碳素排放量
- 扩大再生机器,再生轮胎的生产规模
- 货车货物匹配系统
- 商品、货物的简装(减少垃圾)
- 联合配送
- 再生利用的良性循环
- 运输模式转换
- 灵活运用 RFID 的循环系统
- 铁路集装箱运输中的统筹管理系统
- 导入薄板托盘来降低货运造成的环境负荷
- 2030 年超级绿色环保商店
- 电动汽车的商品化
- 无限制再生循环系统
- 无人驾驶货车的列队行驶

图 17-4　日本战略物流协会的绿色物流研究会上提出的部分管理措施

在 2006 年的节省能源法修订法案得到实施后,每年为了削减 1% 的能源消耗量,各家企业实际在多个方面作出了各自的努力。这里可以列举的有将运输方式从货车转向 CO_2 排放量较少的铁路及船舶运输方式的"运输模式转换"运动,将商品生产过程中所排放的 CO_2 量明确标示出来的"标注碳素排放量"运动,在车辆上安装电子转速表与行驶记录仪,安装带有 GPS 的 EMS 车载仪器防止车辆的急停、急起与减少车辆的怠速空转,彻底落实安全驾驶等措施。另外,还在努力实现运输配送过程可视化的同时,努力建立一个通过网络连接配送站点与店铺间运输管理系统的"运输配送系统",使其能够实现配送车辆的快速调度,选择最优运输路径,预测并告知到达店铺的准确时间等功能,以提高能源的使用效率。同时,还建立起了"排放量交易制度",让未能完成排放量削减目标的企业,能够从已完成目标的企业手中购买排放权,形成一个以削减温室效应气体排放量为目标的供求市场。

通过这一系列的努力,充满疑虑的京都议定书最终使得日本通过灵活运用森林吸收量与清洁开发制度(将日本帮助发展中国家削减 CO_2 排放量的部分视为日本削减 CO_2 排放量部分的制度),成功地削减了 8.4%(与 1990 年相比),远高出了原目标值的 2.2%。虽然,算是基本完成了京都议定书中的目标,但还存在着 2013 年之后应该如何继续进行下去的问题。

在 2012 年召开的联合国气候变动框架条约(COP17,南非德班大会)上,各国间的交涉进展缓慢,最终得出了"到 2015 年前制定一套适用于所有国家的法律框架,从 2020 年起开始实施"的向后顺延的结论。日本拥有世界上相对先进的环境技术,这也促进了日本企业的品牌化与产品的差异化。2013—2020 年间约束 CO_2 排放量的管制办法,不具有国际上的法律约束效力。另外,目前在日本还存在用火力发电来取代核能发电的趋势,火力发电正在不断增加。日本企业的 CO_2 对策开始明显出现退化,其国际立场与位置也开始变得模糊。在 2015 年召开的 COP21 巴黎大会上,日本虽然提出了"到 2030 年,CO_2 排放量要比 2013 年下降 26%"的目标,但是要改变目前的趋势,2030 年的电力构成比例应该如何分配,削减 CO_2 排放量的目标应该以什么为标准来进行制定,这些问题还需要重新加以讨论。

(3) 东日本大地震与物流

2011年3月11日下午2时46分发生的东日本大地震,是过去100年内世界上发生过的第五大规模的地震(表17-2),死亡人数达15884人(海啸造成的死亡人数占92.5%),失踪人数为2633人,海啸浪高最高达40.5m(宫古市重茂姐吉),摧毁房屋109741栋(户),半毁房屋125373栋(户),造成了巨大的经济与人员损失。

100年间的世界四大地震 表17-2

序 号	时间(日本时间)	发生地点	震 级
1	1960年5月23日	智利	9.5
2	1964年3月28日	阿拉斯加湾	9.2
3	2004年12月26日	苏门答腊北部西海岸	9.1
4	1952年11月5日	堪察加半岛	9.0
5	2011年3月11日	东日本	9.0

就交通部门的受灾情况来看,一般公路网有3559处,高速公路网有350处遭到损坏。在铁路运输方面,除包括东北新干线仙台车站在内的5个车站遭遇灾害外,铁路线路上的输电线、电杆、高架桥的桥柱等,约有1100处遭到损坏。另外气仙沼线路等旧式铁路线路7个线区的23个车站,约60km的线路被海啸完全冲毁。机场方面,仙台机场的起降跑道在海啸到来时被灌进了海水,机场航站楼也受到了影响,所有航班的起降都全部中止,直至当年4月13日,部分日本国内航班才开始逐步得到恢复。在港口方面,震后八户、斧石、气仙沼、石卷、仙台、鹿岛等大部分港口都停止了运转,但以3月15日的斧石及茨城港(常陆那珂港区)为首,许多港口的部分区域开始恢复其运输功能,开始可以接受紧急物资、燃料等救援物资。

①政府的应对措施(宏观)。

在当时,政府灾害紧急应对措施总部的物资运输步骤具体如下。首先在物资方面,农林水产省负责食品与饮用水,厚生劳动省负责医药用品,总务省负责毛毯;然后运输方面是由国土交通省来进行任务分工,同时在纵向关系上形成了从首相官邸(内阁府)—国土交通省—全日本货车协会—协会旗下的企业,地方自治体政府—都道府县货车协会—协会旗下的企业这样一个责任落实体系。

被指定为负责灾害时期货物运输的公共机关"日本通运"(简称日通)方面的情况具体如下。最初的运输指令是在2011年3月11日23时前后由东京都货车协会传达下来的"将为东京都内回家困难民众提供的毛毯运送到避难地点的指示",实际上毛毯是在第二天的黎明前被送达各目的地。由于一般车辆停止行驶的地震级别被设定为6级以上,所以在发生5级左右地震的东京,当时并未禁止一般车辆的通行。震后立即出现了关于"当时应该采取交通管制"的反省意见。日通接到的第二个命令是在3月12日凌晨4时前后,由全日本货车协会发出的"从山崎面包的各大工厂(福冈、广岛、冈山、大阪、京都、爱知)运送面包"的指令。实际上,当天上午9时集中了待运货物,在12日深夜至13日清晨之间用15辆载质量10t的货车完成了运输任务。由于在这一政府指定中没有包含货物数量、包装方式的信息,所以事前没能够预测到所需货车的数量,这一课题在今后还有待解决,同时在下达指令方面也还存在着有待改善的部分。

震后3天内政府所作出的应对措施中,在没能掌握偏远地区受灾情况,失去(通信联络)信息来源的情况下,应该如何设置大规模的避难场所,如何实施信息活动的统一化管理,如何解决最后一公里运输等问题,在当时都成了巨大的难题。关于避难所与最后一公里的运输问题,在当时,运输队伍面临公路寸断、货车驾驶人员不足、燃油不足等重重困难,所以在震后的5天时间里,救援物资几乎都没能被运送到最需要的偏远地区。直到3月16日,开始采取自卫队从驻地运输物资的体制后,物资运输才开始取得进展(图17-5)。

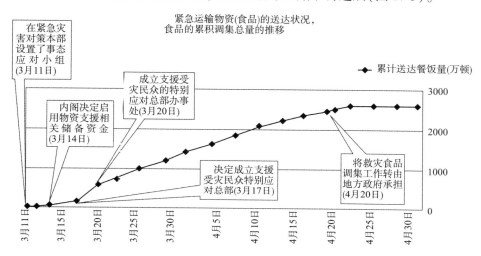

图17-5　食品累积运送总量的变迁

出处:基于日本内阁府《平成23年版防灾白皮书》,2011年38页数据绘制。

之后,政府的应对措施也从长期应对转为中期应对,以宫城县的1级集货站点(4处)为例,其货物出库的高峰发生在3月21日,入库的高峰发生在3月25日,最后渐渐地木柴与木炭、毛毯、衣物等滞留货物开始增多。到后来,仓库管理人员竟开始对没有标明物资内容的纸板箱进行了开箱确认。

在灾害时期,作为宏观层次(国家)的应对措施有:a.限制一切不适用的救援物资流入[通过让作为发货地的市町村在当地完成物资的分类(图17-6),落实一箱一物,统一发货单据等];b.实施禁止一般车辆通行的严格交通管制;c.确保货物保管基地具有能够起降直升机的功能;d.事前与物流专家"运输企业"、志愿者组织等签订合作合同;e.要进行在受灾地区没有发出援助请求情况下的紧急物资运输仿真模拟与实际演练;f.对实现发生紧急情况时,能在事先预测所需货车数量的状态下,发出确切运输指令的具体办法,有必要对其加以研究。

②企业的应对措施(微观)。

在这一次地震灾害中,有许多企业也遭受了严重的损失。例如,瑞萨那珂工厂、京滨宫城角田工厂、阿尔卑斯电气古川工厂、日本刹车福岛工厂、日本活塞岩手工厂等不少世界知名企业也遭受了灾害,其中很多工厂在很长一段时间内都无法再进行生产。这中间,原瑞萨工厂是生产汽车专用半导体(微电脑)的主力工厂,其产品在汽车发动机、动力转向、防抱死制动控制系统等中间都有运用。当时,这一工厂生产的产品在世界市场的占有率高达42%(美国19%,德国6%,及其他)。灾害中,那珂工厂(常陆那珂市)的3名工作人员受伤,厂房及其供电系统、机械装置都受到了损害,直到当年5月末前工厂都未能恢复生产。

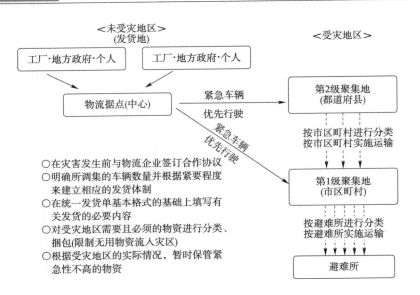

图 17-6 紧急援助物资的运送流程图

出处：笔者绘制。

由于生产流通链上游的供应出现了断裂，震后日本国内丰田汽车的所有成品车生产都被中断。虽说在 3 月 28 日，爱知县丰田市的堤工厂、福冈县的丰田汽车、九州的混合动力三个车型的成品车生产得到了重新启动，但零配件供应的紧张状况一直持续到了当年 9 月份。巨大的地震不仅造成了停产损失，还带来了资产价值下降、资金运转恶化、股价下降、公司评级下降等危及企业存活的各种问题。

自然灾害是随时随地，谁都有可能遭遇到的一种风险、危机。要对这样的风险、危机进行管理，有预防灾害发生的事前对策与风险分担的事后对策两种办法。前者最为典型的例子是进行业务连续性规划（Business Continuity Plan），后者则是保险。前者的内容简单来讲，就是事前建立一个能够让企业业务尽快恢复正常的指导原则。其具体内容有：企业持有防灾器具用品，确保并事前指定在灾害时能够作出迅速判断，采取措施的关键人员在发生灾害时能迅速开展员工安危确认及救援工作，确保灾害用的办公地点，并积极构建备份系统等多种措施办法。

灾害时期，在企业层面值得关注的主要应对措施有：a. 不断充实零配件的库存；b. 把握包括第 3 级、第 4 级分包商在内的供应能力，实现 SCM 整体的可视化；c. 从零配件的特别定制方式转化成为采用一般通用型规格的方式，同时分散生产据点；d. 在发生紧急情况时，实现采购源的可转移性及多样化。

17.4 本章小结

日本的物流，除本章中谈到的"全球化""环境问题""风险管理"方面的应对措施之外，目前还面临着网购市场的扩大与最后一公里的应对、运输安全、物联网（IoT）的发展、货车驾驶员人数整体不足等诸多问题。这些有待解决的课题还需要广大有识之士的共同努力才能有望解决，笔者衷心希望日本的物流业能够发展成为越来越受世界关注的战略型物流形式。

参考文献

[1] 芦田诚.东亚 FTA 的展开与日企的战略物流[J].运输与经济,2010,70(12),运输调查局.

[2] 芦田诚.战略物流改革最前沿与新课题[M].东京:税务经理协会,2013.

[3] 芦田诚,宋华纯.东日本大地震与物流[J].海运经济研究,47.(本论文是在 2013 年的论文及专著基础上,运用"关于当今物流课题"中的最新数据及企业听证会结果整理而成)

第18章 LCC 参与美国航空市场与市场结构

18.1 概述

在航空方面,实施放宽调控政策促进了新航空公司及新航线的出现,也加剧了航空公司间的市场竞争。在经济学中,可以说在一般情况下,参与或退出市场的基本机制是以市场均衡为媒介物实现利润的得失。但是,只提供最低限度航空运输服务的廉价航空公司,即 LCC (Low Cost Carrier)参与航空市场除了沿着通常市场均衡方向发展的部分,还有一部分是其预测市场的成长而实施的提前供给,这就带来了供给过剩的倾向。专家们指出,美国航空市场中的 LCC 存在这样的两面性。也就是说在参与市场的活动中,存在一部分所谓的创新型参与,即预测到未来市场的成长能够带来需求的增加,以未来能够获得的期望收益为目的的市场参与类型;同时也存在以实现市场均衡作用为目的的市场参与类型。美国航空市场作为按放宽调控政策发展起来的典型,自 20 世纪 90 年代后半期起,LCC 参与市场的案例开始增多,结果使得市场构造发生了巨大变化。另外,也存在提供全套机舱服务(Full Service)的原有大型航空公司[NWC(Network Carrier)]针对 LCC 实施的应对性政策措施,使得 LCC 对其部分经营战略模型作出了调整。

本章将以因放宽调控政策而发展起来的典型美国航空市场为对象,对 LCC 参与市场的经过、特征,市场结构的变化,以及对企业行为所造成的影响及变化进行考察。

18.2 CAB 调控下的参与限制与竞争限制

1938 年以后到施行放宽管控政策阶段的 20 世纪 70 年代之间,在调控部门——民间航空委员会(Civil Aeronautics Board,CAB)的统一调控下实施的经济调控对于价格制定、市场的参与/退出都有具体规定。航空公司的许可资格根据市场划分的不同而被区分为主干(trunk)航线、支线(local)航线、地域(regional)航线等,相关的价格制定也被统一限定在总成本定价模式(基于此模式来进行定价)。在市场参与方面存在着业务参与、航线参与两个类型,两类市场参与都受到基于实际营利性与公益性两个标准的严格控制。1950—1974 年间,尽管有 79 件成立州际航空公司的申请,但都被否决了[1]。

18.3 参与市场与新兴企业的动向

有关航空运输市场中企业间的竞争关系,可以从新兴企业动向与市场环境变化之间的关系来进行整理,从中大致可以观察到四次波动。

第一次波动,发生在放宽调控政策实施的初期阶段。在这之前的调控政策都相当严格,政策放宽后,企业的业务活动开始变得活跃,企业在市场中的活动范围也开始不断扩大。以往仅在州内开展航空运输服务的公司开始供给州际运输服务,更有一些新成立的公司参与进来,这些企业与原本存在的一些航空公司之间展开了激烈的竞争。虽说西南航空公司(Southwest Airlines)是属于从州内公司发展起来的 LCC 公司,但是这个时期参与市场的主力是除 LCC 之外的典型企业。正如人民捷运公司(People Express Airline)那样,当时引领新兴航空的正是那些没有对经营战略的有效性进行仔细斟酌,盲目采用低价策略的公司。新兴航空公司在经济不景气时期,廉价采购所需资源(人与物的两方面),在低成本的条件下开展经营,并依靠低价票来赢取市场。新兴航空公司的市场占有率在 1985 年达到峰值之前,都一直处于上升态势。

第二次波动,发生在 20 世纪 80 年代中期至 80 年代末期。这一时期,原新兴航空公司相继倒闭,并且在合并政策等实施下不断发生公司间的重新整合,而作为大公司的 NWC 则开始通过采取差别化战略来逐步夺回原有的竞争优势。但是,在这之后,作为典型 LCC 企业的西南航空公司开始不断参与到新老航线的运输服务市场中。乘客数量的大量增加与飞机票价下调产生了协同效应,这使得美国联邦运输局(US Department Of Transportation)将这一持续至 20 世纪 90 年代末期的现象称为"廉价航空服务的革命(Low Cost Airline Service Revolution)"❷。如图 18-1 所示,在美国 20 世纪 80 年代后半期至 90 年代新兴航空企业参与航空运输服务的过程中,西南航空公司一直占据着主导地位。另外,在 20 世纪 90 年代初期由于受可竞争市场理论(Contestable Market Theory)的影响,航空公司间的企业合并得到了促进。

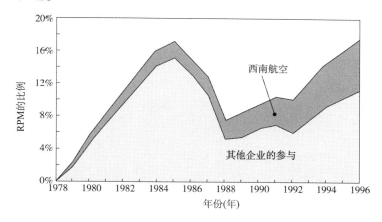

图 18-1 新入市企业占美国国内收入乘客里程(RPM)的比例变化

出处:U. S. Hearing before the committee on the Judiciary United Stated, House of Representatives (1977), p.7.

之后,LCC 快速参与市场的步伐开始慢慢放缓,其航空运输市场的占有率也开始出现了轻微的下滑。但是,西南航空公司等低价位 LCC 公司给市场带来的价格竞争压力仍然很大,这对消费者利益方面也造成了很大影响。

第三次波动,发生在 20 世纪 90 年代末期至 21 世纪初期。在这一时期中,尽管西南航空公司的市场占有率得到了很大提升,但在 2000 年之后随着 Jet Blue 公司的参与,LCC 中的另外一支强大势力开始形成。Jet Blue 公司的特点在于,它在实现低价运输旅客的同时,还在服务产品的差异化上做出了一定特色。20 世纪 90 年代末之后的这一时期,随着旅客运输市场条件以及社会经济环境的改变,商务乘客也开始受到公司差旅费方面的限制而逐渐偏向于选择 LCC。

2004 年以后,在航空旅客运输市场中 LCC 参与程度开始超越 NWC。就 1995 年至 2009 年期间的航空旅客运输市场来看,可以发现自 20 世纪 90 年代末期起市场结构开始发生大幅改变,航空公司的收入、乘客里程数都出现了增加,参与市场的公司也在发生变化。LCC 的市场占有率从 2000 年初的 17.6% 上升至 2009 年的 21.9%。如表 18-1 所示,2009 年乘客运输比例的前 10 位企业中有 3 家是 LCC❸。但是,1998—2000 年间,Delta 航空公司旗下的 Song Airline、United 航空公司旗下的 TedAirline 等大型 NWC 航空公司都相继成立了子公司并实现了运营。但是,这些子公司却又在成立之后的短短 5 年内,相继宣告失败❹。

美国国内航空市场中乘客数前 10 的企业排名   表 18-1

排名	1995 年			排名	2009 年		
	航空公司	乘客数(百万人次)	市场占有率(%)		航空公司	乘客数(百万人次)	市场占有率(%)
1	Delta	86.8	17.3	1	Delta	109.5	17.6
2	America	70.2	14.0	2	America	102.5	16.5
3	United	69.6	13.9	3	United	84.1	13.6
4	US Airways	61.0	12.2	4	US Airways	72.3	11.7
5	Southwest(LCC)	57.3	11.4	5	Southwest(LCC)	72.1	11.6
6	Northwest	42.4	37	6	Northwest	48.0	7.7
7	Continental	37.8	7.5	7	Continental	32.4	5.2
8	Trans World	21.8	4.3	8	Trans World	23.9	3.9
9	America West	17.7	3.5	9	America West	20.4	3.3
10	Alaska	13.8	2.8	10	Alaska	19.5	3.1
合计		478.5	95.4	合计		584.8	94.2

注:LCC 为 Low Cost Carrier。
出处:根据 US DOT 相关资料。

18.4 参与模式与参与活动的变化

放宽调控政策后,美国航空公司参与航空运输服务市场的活动如图 18-2 所示,在经济不景气的 20 世纪 90 年代仍保持着活跃性,并且一直持续至 2000 年以后。虽然这中间也出现了几次波折,但从整体上来看其成长势头十分明显。就航空公司参与运输的航线数量来看,是从 1995 年的 1960 条增加至 2009 年的 2658 条。这当中,虽说 LCC 参与航线市场的绝对数量为1137条,NWC为1205条,NWC略占优势。但是仅就21世纪初而论,自2003年后NWC的航线数量就开始出现下降,相反,LCC航线增加的数量要高于NWC的下降数量。再看NWC公司退出市场的情况,其先后经历了企业合并,依靠公司破产法来勉强保存其公司原有业务,进行航线的重新整合等,可以说经历了一个十分曲折的蜕变过程。从绝对数量来看,1996—2009年,NWC公司仍有2247家,远高于LCC公司的391家❺。但从新参与航空运输市场企业的平均存活率来看,NWC约为41%,而LCC约为67%,LCC公司的存活率又要明显高于NWC公司。乘客数量在调控政策放宽之后出现了整体上升的趋势,但具体上NWC公司在迈入21世纪后出现了短时间下滑,之后虽然在2002年出现了一定好转,但在2007年以后又再次出现下滑。与此相对,LCC公司一直到2007年都保持着上升的趋势。

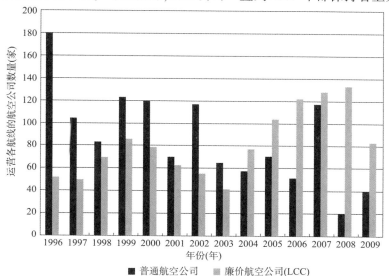

图18-2　美国国内市场的入市企业的变迁(LCC与NWC的对比)
出处:Huscheelrath, Katherin Muller (2013), p.38(根据USDOT相关数据/资料)。

NWC市场容易受到来自LCC的竞争压力以及社会经济波动的影响,可以说NWC市场的变动性要高于其他市场。就定期航空运输服务机场所开通的城市间运输服务的数量来看,该市场数量从1995年的1962个增加到了2009年的2658个❻。可以发现这期间航线市场结构情况是获得市场寡头地位的2~3家公司所拥有的城市间航线市场数量有所增加,NWC与LCC间的重复路线也有所增加。航空公司间的重复路线数,也从1995年的104条增加至2009年的2658条❼。从飞行距离来看,大致可以分为1500mi(2414km)以上的长距离,751~1500mi(1207~2414km)的中等距离,750mi(1207km)以下的短距离三个距离段。而LCC对于每个距离段的市场参与比例在1996—2009年间分别为:短距离48%,中等距离48%,长距离18%。就短距离而言,1997年、1998年都占60%左右,之后就呈现出下降趋势,到2004年LCC就降至14%左右。而在中等距离段,LCC的比例从1997年的26%增加至2003年的64%。可以看出在这个时期里LCC对其商业模式进行了调整❽。另外在长距离段,2004年LCC的市场占有率为29%,但最近LCC又开始有退出市场的举动。所以从长期的角度来看,还很难判断LCC是否还会持续经营这一市场领域。

18.5 LCC参与优等航线、新航线以及航线结构的变化

从前1000位的城市间直达航线市场参与情况来看，1996—2009年间NWC占有507个航线市场，LCC占有491个航线市场，此时NWC略占优势。而2004年之后（除去2007年外）的每一年，LCC的年平均参与市场数量都超越了NWC。LCC的市场占有率在1997年仅为22%，但到2004年就上升至57%。另一方面，从LCC整体参与市场的情况来看，有一大半都是发生在规模较小的市场（需求量有限的航线市场）。就2009年而言，美国国内航空乘客人数的81.6%都集中在前1000位的高密度航线市场。但即便是仅凭前1000位以内航线市场的相关数据也能观察到LCC参与市场的情况，存在LCC的寡头垄断市场开始增加。并且，如图18-3所示，NWC与LCC的重复航线也开始越来越多，这值得引起我们的关注。在这部分市场中，NWC与LCC的重复航线数在1995年时还只有18条，但到了2009年就发展至45条[9]。同时，城市间直飞航空市场的情况是，20世纪90年代中期，以1997峰值时期为代表的NWC增加十分明显，到了21世纪则是LCC的增加成了焦点。并且，在最近几年里LCC仍保持着增加的趋势。由于发展新的航线市场、等待市场的成熟都需要花费一定的时间，因此可以说，近年来由于NWC公司顾及这一点，所以对于参与市场的态度开始变得谨慎保守[10]。

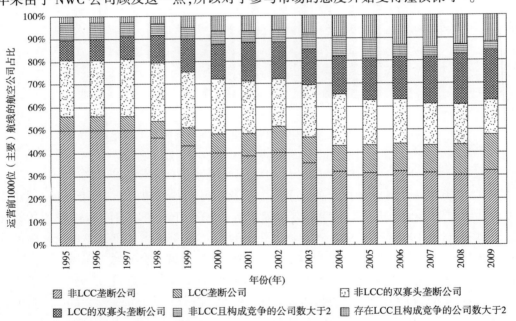

图18-3　前1000位企业的路线构造

出处：Huscheelrath, Katherin Muller (2013), p.29（根据USDOT相关数据/资料）。

18.6 典型商业模式及其转变

LCC的成长经历可以一直追溯到1971年西南航空公司的成立。在CAB调控政策下，Herbert D. Kelleher创建了一家采取低成本战略的得克萨斯州内运营的航空公司，并且随着

调控政策的放宽,其公司规模成功实现扩大,顺利地发展成长起来。这一商业模式被视为LCC 的典型模式。之后,随着 LCC 在世界范围的扩大与普及,许多成功的 LCC 公司都将西南航空公司的商业模式视为典范,纷纷追随效仿。LCC 的基本商业模式见表 18-2,实际情况会由于地域间差异、时间推移等因素的影响出现一些出入,但是多数取得成功的 LCC 公司都是通过低成本运营来实现高生产效率与低票价运营,并在经营战略方面采取了航空器材、预约系统、网络结构等模式化、标准化的经营策略。

LCC 的基本商业模式　　　　　　　　　　　　　　　表 18-2

项目	独立 LCC 模式 (西南航空模式,Southwest Model)	包机 LCC 模式	大型 LCC 模式
运输网络	点对点(代码共享航班,无中转)	点对点(代码共享航班,无中转)	点对点(代码共享航班,无中转)
航行距离	480~630km(平均)	2000km(平均)	480~2000km(平均)
使用机场	二级机场	二级机场(部分枢纽机场)	枢纽机场
机票贩卖方式	网上直销(不可指定座位)	店铺贩卖(可指定座位)	店铺加网上直销(可指定座位)
舱位编制	全经济舱	部分有多个舱位等级	有多个经济舱
机舱内服务	无多余服务	无多余服务	配有机舱内服务
定价方式	单一商品,单一价位	包括打包商品(航空加住宿等)	多种商品,多个价位
返程时间	较短(25~60min 以内)	较长(60min 以上)	较长(60min 以上)
负载系数(客座率)	较高(高至 85%)	高(85%~100%)	根据各航线需求的不同而不同

出处:参考 Wensveen and Leick (2009), pp.131-132, Williams (2012), pp.187-188 等,笔者整理。

这些 LCC 公司的成长背景有:企业家精神(创业精神)、人口与收入水平、观光旅游业的振兴政策、机场及地方城市的复苏政策、信息网络的发展成熟等。这些因素相互交叉、复合,从而为 LCC 公司的成长营造了一个良好的环境。但是,最关键的成长原因还是在 LCC 公司所采取的经营战略方面,即点对点的网络、单一航空器材、网上预约、使用次级机场、提供收费式机舱服务、实现航空器材高运转率等。接下来,在考虑到地方差异、时间推移等因素的基础上,将就 LCC 的商业模式,特别是针对其如何实现高生产效率这一点来展开分析。

(1)器材与人力成本

总体上,LCC 平均单位时间的乘务员成本相对较低[11]。这一方面是有效利用航空器材的结果,使公司实现了器材的高频度使用。飞机在陆地上的驻留时间最长不超过 10min,极大限度地压缩了每趟航班的往返时间。但同时,如果要在拥堵程度较为严重的枢纽机场实施这一战略,就会面临许多制约性条件。所以 LCC 公司都倾向于选择不容易发生拥堵的次级机场来进行起降。

在人力成本方面,有着如西南航空公司所使用的激励性机制,同时也有员工年收入较高的航空公司[12]。而这些成本都能够通过公司的高生产性、高收益来进行抵销。近年来,LCC

航空公司的平均营业成本比例要高于 NWC。另一方面,虽然对于 LCC 而言,人力成本是最大的可控成本因素之一,但 NWC 却是选择通过运用破产法实现公司再生,或通过公司间合并的方式来予以克服。

在器材方面,西南航空公司使用的是波音 737 这种单一机型,以及能够驾驶这一机型的飞行员。实际上,多数 LCC 公司不是选择使用单一机型就是选择类似的几款机型来进行运营[13]。使用单一机型的优势,在于零配件的互换性以及能够节约飞行员及乘务人员的训练成本,并且在购买器材时能够达到批量购买的效果等。同时在另一方面,使用单一机型的负面影响是在繁忙时期以及不同距离的多个航线上,器材的使用具有一定的局限性(适用程度不一)。所以逐渐有一些代表性的 LCC 公司开始在国际航线、长距离航线上引进新的机型,开始使用两个不同机型的航空公司开始增多。经营相对比较成功的 LCC 公司基本都是将运营的重心放在短距离运输上,但最近出现了将部分运营重心转移到中距离运输的倾向。特别是在 2004 年以后,LCC 参与中距离运输的动作开始变得明显。另外,在长距离运输、国际航线方面也能观察到部分 LCC 公司的参与[14]。

(2)机舱内服务的有偿化

最近,由于航空公司间对抗式竞争的影响,不论是何种机型,客座率都维持在一个较高的水平,甚至还出现了部分 NWC 公司将舱位统一成为经济舱型的情况。另一方面,LCC 则出现了通过扩大座位空间的方式来试图增收的新动向(LCC 在器材方面大都使用燃油效率较高的新机型)。Jet Blue 公司通过设定追加座位空间的可选服务项,获得了大量的商务类乘客。但总的来看,LCC 还是通过增加舱内座位数的方式来实现其单个座位平均收入的增加。

关于机舱内服务的有偿化(non-frill service),最近 NWC 也出现了通过省略机舱内餐饮服务来达到其削减成本目的的倾向。经济舱内服务的有偿化正逐步成为理所应当的一般情况。不配置固定的舱内餐饮服务,限制休息室的使用,限制随身行李的大小、重量(并加收费用)等新的规定正逐步被采纳施行。也就是说,在舱内服务方面呈现出一种只提供简化服务与提供全套服务并存的混合(hybrid)模式[15]。例如,2000 年以后成功参与市场并获得成功的 Jet Blue 公司,其经营战略的一部分就与 NWC 公司类似。在航空公司质量调查(Airline Quality Rating,AQR)对它的评价中,在高品质服务方面也获得较高的分数[16]。但其公司的基本性质仍然为低成本、高生产性,这一点并没有变。在 Jet Blue 之前参与市场的西南航空公司也与它相同,在 2000 年以后拓展了一部分长距离及国际航线的业务。从这一点也可以看出,LCC 的运营范围、运营模式也开始在向混合模式的方向发展。

(3)网络与预约系统

在航线网络方面,众所周知,NWC 在放宽调控政策后开始向辐射型系统模式(Hub and Spoke Systems,HSS)方向发展。其优点在于,可以进行组合的对象机场数量增加、由规模经济带来的单位成本下降、乘客的换乘时间缩短等。但在另一方面,繁忙时间段内枢纽机场能够处理的航班数量有限,容易发生慢性的航班延迟,并且由于航班运行次数及航班时刻安排等多种因素,可能会使得原本能够产生规模经济效益的运营网络最终获得相反的结果。另外,还由于可选的航线路径受到一定限制,可能会出现人力以及器材使用效率低下的情况。所以,采取 HSS 运营战略会给公司带来较高的运营成本。

在另一方面，LCC 所采用的点对点模式的好处在于：①不受机场高峰限制能够任意扩展运营网络；②通过高频度运行来实现高生产性；③能够削减整体成本，实现规模经济。最近，联程运送(Interlining)不到位所造成的乘客不便，通过运营网络规模的扩大与航线的增加正得到一定程度上的弥补。在航线方面，LCC 在增加中距离线路，以及推出部分长距离国际航线方面都有作出努力。

关于预约系统，NWC 在机票预约方面也在很大程度上依靠 IT 技术及相关媒体。但是，大多数 NWC 公司依然继续使用着旅行代理店的市场交易方式。20 世纪 90 年代以后，网上购票的需求持续上升，以往预约出票系统——全球分销系统(Global Distribution Systems，GDS)的利用率不断下降，开始出现多种类型的电子贩卖渠道。另外，多数 LCC 公司在售票方面都尽量回避使用旅行代理店。在东亚地区，还出现了最初通过使用旅行代理店建立品牌形象，之后将重心转向网络市场的倾向[17]。东亚地区相对而言比较倾向于依靠旅行代理店，所以还存在部分 LCC 公司与旅行代理店合作的情况。但从整体来看，即便是 NWC 公司对旅行代理店的依存度都在不断下降，旅行代理店与 GDS、NWC 的交易收入也在不断减少。

另外，正如前文所述，LCC 有使用次级机场的倾向。在这些次级机场的利用当中，对于航空公司而言有着机场使用成本低廉(包含着陆费用等)、器材使用频率高、能够规避拥堵等益处。而对于接收 LCC 的小型机场而言，未使用的基础设施较多，现收入很难回收其所有成本。所以，机场方面也希望能够吸引 LCC 使用其闲置设施。LCC 方面所追求的运营条件，与次级机场希望招揽航班的需求正好吻合[18]。在亚洲地区，最近一些枢纽型机场也开始积极接收 LCC 的航班，并出现了为 LCC 单独修建简易式航站楼的倾向。航空运输与机场之间的垂直关系得到加深，在合同中也开始注意在建立双方激励机制方面下功夫。而对于地方经济，人们也期望 LCC 能在振兴观光产业、振兴地方经济、创造工作岗位等方面也能够起到一定的积极作用。

LCC 的高生产性在其器材的高使用率上也得到了体现[19]。LCC 的平均器材运转率还处于上升状态，有效座位每英里营业成本(Cost Per Available Seat Mile，CASM)的降低与器材运转率的上升之间存在对应关系[20]。这是基于运转的高速化或长距离化的原理。前者普遍出现在 LCC 领域中的所有航空公司。后者的例子则能够在 Jet Blue 与部分西南航空公司航线中观察到。另外，后者还直接与燃油效率的高低相关[21]。

18.7　NWC 的市场竞争对策

NWC 对于 LCC 的应对措施，目前能够考虑的有以下三个方面[22]：①不做任何应对；②成立 LCC 子公司；③为对抗 LCC 航空，采取压低票价或增加航班数或通过扩大器材容量来增大每趟航班乘客数的应对措施。

上述③在短时期内或许能够通过公司内部补助来实现。但若要在长期内获得实际效果，就只有从调整组织结构、航运体制来实现其运营的合理化，同时压缩总成本。①是基于NWC 在价格方面不具备竞争能力的认识而得出的结论。结果将会导致 NWC 失去很大一部分市场份额。②是多数 NWC 正在采取的应对办法。在美国，有 Ted、Continental Light、Delta Express、Metrojet 等。这些公司大多数都在成立后的五年内宣告失败。在欧洲，这类的失败案例也很多[20]。这是因为，这些公司没有采用作为新兴 LCC 特色的低成本构造，而是在母公司的影响力下来开展运营。例如，经营管理层是从母公司高薪派遣下来的员工，这就会导致新成立的子公司内容易施行与原母公司相同或相近的管理办法，以及形成类似的公司风气。另外，最关键的因素是其子公司的品牌与原母公司品牌出现混同，导致新公司没能形成自己独立品牌。最终，公司只有实施③的合理化办法，在维持其运输服务商品差别化的同时努力削减成本，即公司出现了选择混合式运营策略的倾向。在北美地区，这类公司正通过合并、合作以及申请破产等方式来削减成本，提高其自身的生产性。

18.8　本章小结

美国国内实施的放宽调控政策将 LCC 带入了航空运输服务市场，使得消费者利益得到提升。航空方面的乘客数量明显增加，机票价格大幅下调。整个市场参与活动自 2000 年以后就一直在持续。在较高级市场内，通过 LCC 的参与，3 家航空公司以上的航线市场整体增加，在飞行距离方面，运营高密度的长距离与中等距离航线公司的有效数量也在增加。飞行距离带间的机票价格差距也在缩小。这可以说与最近 LCC 参与中等距离带的寡头垄断市场，并成功扩大了其市场份额有着一定关系。而 NWC 为了对抗 LCC 竞争，也在削减成本方面不断努力，LCC 与 NWC 之间的单位成本差距已经在缩小。虽说两者间仍然存在一定的成本差，但是不论是 LCC 还是 NWC，近年来的商业模式都在往混合型方向发展。

注释

❶盐见英治(2006)，112-120 页。

❷盐见英治，216-236 页。

❸数据出自 Peter Forsyth，David Gillen，Kai Huschenlrath，Hans-Martin Niemeier and Hartmut Wolf(2013)，p.26. Research and Innovate Technology Administration，Bureau of Transportation Statistics(2013)。

❹Rosario Macario，Eddy Van de Voore edit.(2011)，p.61. 即使在欧洲，也有很多 LCC 同样经历了破产、倒闭。可以从企业组织、文化等寻求其中的原因。

❺Kai Huscheelrath，Katherin Muller(2013)，pp.35-36. Eldat Ben-Yose (2005) pp.59-63，盐见英治(2002)，681-693 页。

❻Op. cit.，p.28.

❼Op. cit.，p.29.

❽Op. cit.，p.40.

❾Kai Huscheelrath、Katherin Muller(2013)，p.378.

❿Op. cit.，pp.37-38.

⓫IATA(2006)，p.19，Bijan Rasigh，Ken Fleming，Thomas Tacker(2008)，p.378.

⓬IATA(2006)，pp.16-24.

⑬Bijan Rasigh, Ken Fleming, Thomas Tacker(2008), pp. 38 Kai Huscheelrath、Katherin-Muller(2013), p. 40.

⑭Peter Forsyth, David Gillen, Kai Huschenlrath, Hans-Martin Niemeier and Hartmut Wolf (2013), p. 40.

⑮根据盐见英治(2012),678 页。Research and Innovate Technology Administration, Bureau of Transportation Statistics(2013)的数据。

⑯Peter Forsyth, David Gillen, Kai Huschenlrath, Hans-Martin Niemeier and Hartmut Wolf (2013), p. 44.

⑰Bijan Rasigh, Ken Fleming, Thomas Tacker (2008), p. 379. Rosario Macario, Eddy Van de18.8Voore edit. (2011), pp. 60-63. Eldat Ben-Yose(2005) pp. 257-258.

⑱Rosario Macario, Eddy Van de Voore edit. (2011), pp. 67-68.

⑲Op. cit., p. 69.

⑳Bijan Rasigh, Ken Fleming, Thomas Tacker(2008), p. 388.

㉑Op. cit., p. 69.

㉒Thomas C. Lowton (2007), pp. 193-202、Rosario Macario, Eddy Van de Voore edit. (2011), pp. 58-60. Rosario Macario, Eddy Van de Voore edit. (2011), pp. 58-60.

㉓Rosario Macario, Eddy Van de Voore edit. (2011), pp. 195-196. Eldat Ben-Yose (2005), pp. 257-258.

参考文献

[1] Airline Business[J]. 1997,6.

[2] ANA 综合研究所.航空产业入门[M].东京:东洋经济新报社,2008.

[3] Anzof, H. Igor. 经营战略论[M].中村元一,等,译.东京:中央经济社,2007.

[4] Christensen C. M. Michael M. E. 技术革新之解[M].玉田俊平,樱井佑子,译.东京:翔泳社,2003.

[5] Claton, M. Christensen. 技术革新的悖论[M].玉田俊平,伊豆原弓,译.东京:翔泳社,2012.

[6] Dobruszkers, F. New Europe, new-cost air[J]. Journal of Air Transport Geography,2009,17(6):423-432.

[7] Dresner, M. Windle, R. Critical Issues in Air Transport Economics and Business[M]. Routledge,1996:165-182.

[8] Doganis, R. Airline Business in the Twenty-first Century[M]. Oxford, Routledge,2001.

[9] Deganis R. 21 世纪的航空商务[M].盐见英治,等,译.东京:中央经济社,2003.

[10] Dresner, M., Lin, J., Windle, R. The Impact of low cost Carriers on airport and route competition[J]. Journal of Transport Economic's and Policy,1996,30(3):309.

[11] Graham, B., Shaw, J. Low-cost airlines in Europe; Reconciling liberalization and sustainability[J]. GEOFORUM,2008,39(3):439-451.

[12] 花冈伸也.亚洲低成本航空公司商务模式的比较分析[J].航空政策研究会航政研系列,2007,473:51-72.

[13] Hanlong P.全球航空[M].木谷直俊,山本雄吾,石崎祥之,等,译.东京:成山堂书店,1997.

[14] 堀雅通.航空市场的构造变化与航空经营[J].观光学研究,2012,11.

[15] Phoxon R. E,Ireland R. D,Hit M. A.战略经营论[M].久原正治,横山宽美,译.东京:同友馆,2010.

[16] IATA. Airline Cost Performance[R]. IATA Economic Briefing,2006,5.

[17] 海外铁道技术协力会.最新的世界铁道[M].东京:行政出版社,2005.

[18] 镰田裕美,味水佑毅.日本LCC的成立条件[J].航空政策研究会航政研系列,2007,473:73-91.

[19] 黑野匡彦.美国航空产业的现状与今后的展望[M].东京:运输政策研究机构国际问题研究所,2011.

[20] 小岛克巴,后藤孝夫,早川伸二.机场使用费水平对LCC(低成本航空公司)理念的影响[J].航空政策研究会航政研系列,2007,473:93-119.

[21] Levin, M. Airline Competition in Deregulated Market: Theory, firm Strategy and Public Policy[J]. Yale Journal on Regulation 4, 1987.

[22] Mason, K. Marketing low-cost airline services to business travelers[J]. Journal of Air Transport Management,2001,7(2):103-109.

[23] Mason, K. and Morrison, W. Towards means of consistently comparing airline business models with an application to the low cost airline sector[J]. Research in Transportation Economics,2008,24(1):75-84.

[24] Morrell, P. Airlines within Airlines: An analysis of US network Airline responses to low cost carriers[J]. Journal of Air Transport Management,2005,11(5):303-312.

[25] 野村宗训.新机场的可能性[M].大阪:关西学院大学出版社,2012.

[26] O'Connell, J., William, G. Passengers Perceptions of low cost airline and full services airlines: A case study involving Ryanair, Aer Lingus, Air Asia and Malaysia airlines[J]. Journal of Air Transport management,2005,11(4):259-272.

[27] Oum, T, H., Park, J. H., Zhang, A. Globalization and Strategic Alliances: the Case of the Airline Industry[M]. Elsevier Science, London,2000.

[28] Perter Forsyth, David Gillen, Kai Huschelrath. Hans-Martin Niemeier And Hartmut Wolf, Liberalization in Aviation[M]. Ashgate,2013.

[29] Phillip Cotler, Gray Armstrong.物流原理[M].恩藏直人,译.东京:钻石社,2014.

[30] Porter M. E.竞争的战略[M].土岐坤,中辻万治,服部照夫,译.东京:钻石社,1982.

[31] Porter M. E.跨国企业的竞争战略[M].土岐守,中辻万治,小野寺武雄,译.东京:钻石社,1994.

[32] Porter M. E. Competitive Advantage[M]. Free Press,1998.

[33] Research and Innovate Technology Administration, Bureau of Transportation Statistics,2013.

[34] Rosario Macario and Eddy Van de Voore. Critical Issues in Air Transport Economics and Business[M]. Routledge,2011.

[35] 濑越雄二.关于低成本航空产业的动向报告(I)[R].发展中国家市场报告,2008,11:1-6.

[36] 杉山纯子,松前真二.LCC拓展的航空市场[M].东京:成山堂书店,2012.

[37] 杉山武彦,竹内健藏,根本敏则,等.交通市场与社会资本的经济学[M].东京:有斐阁,2010.

[38] 盐见英治.美国航空政策的研究[M].东京:文真堂,2006.

[39] 盐见英治.美国航空市场环境的变化与竞争政策[J].中央大学经济研究年报,2012,43.

[40] 高桥广治.东亚航空市场低成本航空的未来[J].国土交通政策研究,2007,74:1-77.

[41] Thomas C. Linton. Strategic Management in Aviation Critical Essays[M]. Ashgate,2007.

[42] 东京大学航空技术革新研究会,铃木真二,冈野真子.现代航空论[M].东京:东京大学出版会,2012.

[43] O'Connel, J. F. & G., Williams. Air Transport in the 21th Century[M]. Ashgate,2012.

[44] Windle, R., Dresner, M. Competitive Responses to low cost entry[J]. Transportation Research Part E,1999,35(1):59-75.

[45] Wu Steven M. The "Southwest Effect" Revised:An Analysis of the Effect of Southwest Airlines and Jet Blue Airways on incumbent Airlines from 1993 to 2009[J]. The. Michigan-Business Journal,2011,5(2).

[46] www.jetblue.com.

第 19 章 国际物流的海空运输竞争

19.1 概述

发生在国际物流领域中的海、空运输模式间的竞争,是作为国际贸易主角的发货企业方选择使用海、空两种运输服务而引起的现象。航空运输主要是依靠客运机的货舱或专用货运机运输附加价值较高的成品或零配件等半成品货物。与此相比较,海洋运输是依靠拥有单位装载系统的集装箱船只运输附加价值相对较低的同种类货物。从这样的定义上来看,两种运输模式都占据着各自具有优势的货运领域。但是在两个运输领域发生相互交叉的灰色领域内,随着经济环境的变化,两种运输模式很容易被卷入由发货企业所引发的模式选择行为的激烈竞争中去。

在海洋运输领域中,还存在运输铁矿石、煤炭、谷物等固体原料的散货船,以及专门运送石油等液态原料的油轮等,但这与本章的海、空运输模式间的竞争没有直接联系。一般而言,单从运输货物的重量来看,海洋运输承担了 99.9% 的国际物流任务,这一数据包括原料运输在内。在这种情况下,航空运输在国际物流中的比例仅为 0.1%,可以说是微乎其微。从重量标准来看,航空运输无论怎样都无法与海洋运输相匹敌。但是在海、空运输模式的实际选择过程中,人们所关心的不在于货物的重量而在于货物的价值。

图 19-1 表示了 1980—2012 年间的日本出口额中航空运输与海洋运输所占比例的变化。

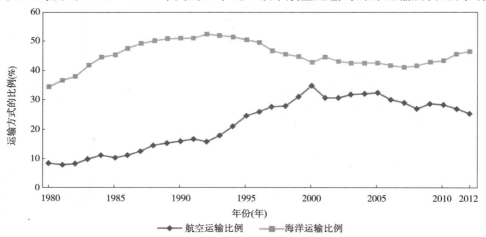

图 19-1 航空运输与海洋运输的比例变迁

出处:基于财务省《贸易统计》数据计算、绘制。

1980 年日本出口额中航空运输比例为 8.5%,而由集装箱船实现的海洋运输比例为 33.9%;2012 年,日本出口额中航空运输的比例为 25.1%,海洋运输比例为 46.3%。虽然两个模式的运输比例都在增加❶,但航空运输模式所占比例是以前的三倍。具体观察这一变化过程可以发现,首先在1970年以后,乘着单位装载化的发展势头,集装箱海洋运输开始引领整个国际物流行业。而航空运输则是从20世纪90年代前期起,随着亚洲经济的急速发展也开始顺利进入成长轨道。在这期间,海洋运输比例在1992年达到其峰值的51.9%,到2000年下降为42.6%,之后就呈现出在这两个数值之间循环波动的状态。另一方面,航空运输比例在2000年达到其峰值的34.7%,之后也与海洋运输一样开始呈现出类似的循环波动状态❷。

所以,根据自1980年之后国际物流市场的年代特征,大致可以将其划分成为3个阶段来进行把握(表19-1)。随着这3个阶段的特征变化,研究国际物流的重点课题也出现了变化,但基本上,对于为什么高运费的航空运输能够参与国际物流市场这一疑问,不仅在①时期以前的航空货物运输早期阶段就为人们所关注,在②与③时期仍然是研究者们共同考虑的一个基本课题。另外,在亚洲经济发展的②时期,出现了从战略物流的角度出发考察分析海、空运输模式竞争的趋势。并且在两模式间形成了强烈的竞争意识,开始相互对峙的③时期中,还展开了对于这样的模式间竞争是否具有能够正确反映经济动态作用的大讨论。当然,这些研究课题之间并非毫无关联,正因为它们之间存在相互交织重叠的部分,所以在这一章里首先从海、空运输模式分别占据的运输领域这样最基本的课题出发来进行考察。

日本国际物流市场的年代特征 表19-1

时期(年)	①1980—1992	②1992—2000	③2000—2012
模式间竞争的类型	互补关系	竞争关系	对峙关系
具有优势的模式	海运占优势	空运占优势	无

19.2 海空运输行业分割与竞争

(1)总成本与机会成本

最初指出使用航空运输具有一定经济合理性的是Lewis、Culliton、Steele(1956)。这三人着重对1939—1954年间的美国国内物流进行研究,发现在以t·mi(吨×英里)为单位计算的货运总量中,铁路、公路、内陆水运以及管道运输所占比例为99.9%,航空运输的占比在1954年还处于0.04%~1%,但是从数量上来看已经有39700万t·mi的货物在使用航空运输❸。所以,这三人在研究美国国内物流时特别关注了航空运输领域,虽然他们并没有对国际物流领域中发生的海洋运输与航空运输之间的竞争状况进行考察,但在提出航空运输相对于其他运输模式具有其普遍存在的绝对优势,提出了航空运输具有优势的主要原因上,作出了他们的贡献。

Lewis, et al. (1956)指出,促进发货企业方选择航空运输的主要原因在于航空运输具有能够削减库存成本的作用。如果企业在每个地区都持有一定的安全库存,那么就会带来很大一笔管理成本开销,造成成本收益的效率低下。那么对于频繁发生且无法预测的需求变化,采取什么样的措施才是最经济有效的呢?这时,航空运输就成为比较现实的可选项出现在发货企业方面前。就航空运输具有能够节省库存成本的作用这一点,Lewis, et al. (1956)的观点是,在实现仓库集约化的同时,如果能配合使用航空运输就可以不用在每个地区设置仓库,从而能够有效地削减物流方面的总成本。所以,当库存活动被替换成为航空运输的运输活动时,就将以往库存量中航空运输能够处理的部分转交由航空运输来进行处理;与此同时,当出现航空运输不能完全处理的货物时,将这部分货物交由其他运输模式来进行承担。采取这样的办法就能够维持所谓收支均衡的库存量❹。这样的库存管理对于企业而言,是最经济有效的。

之后,这样的观点作为总成本概念的定义渐渐得到人们认同,其内容也就是将运费价格与库存成本之和简化为总成本,这一概念在国际物流领域的海、空运输模式竞争的研究中得到了运用❺。

如果从时间与空间的二维坐标来观察货物的移动,将库存成本分为随时间的推移而产生的成本与随空间的位移而产生的运费成本两部分。那么二者之和即为其总库存成本。

一方面,航空运输的快速性能够确保其运输货物的价值,这一点广为人知。例如 Sletmo(1973)强调,不仅是对于货物物理方面的价值,航空运输可以避免记载了最新信息的出版物及潮流商品错过其短时期大量销售的商业时机,在避免造成这类商品的经济价值损失上面,航空运输能够发挥有效作用。同时,由于航空运输还能被用于制造市场流行趋势、刺激销售,成了企业市场营销的一个手段❻。如果将这一观点再稍加推广,可以说,如果企业关注短期机会成本的形成,那么在商品循环周期的导入阶段及成长阶段,选择使用航空运输手段十分有利。但是这里必须引起注意的是,机会成本不只是发生在短时期内,在中期的社会经济状况变动内,长期伴随经济构造变动的成长过程中,也同样有可能会发生。也就是说,使用海洋运输的机会成本会受到商品周期、社会经济状况的变动、经济构造变化(短期、中期、长期)等种种因素的影响,是由多种因素共同决定的。

这样看来,有关航空运输的模式间竞争,基本是从总成本与机会成本的两个层面来进行比较分析,进而建立起其理论框架❼。如果将这部分模式间竞争的情况用图示表示,会是一个什么样的形状呢?下面根据笔者(2014b)❽的研究,进行更进一步的梳理。

(2)海空运输竞争的整体状况

选择物流模式的决定性因素在于物流的总成本,而总成本是由货物在发生空间位移时所产生的成本(也就是运费)与伴随时间推移所产生的成本(主要是由商品库存成本所构成的利息函数)叠加形成。这里,假设将高价值货物的运输交由运费较低的集装箱海运来完成。那么,就会因为运输时间过长而造成企业不得不负担起作为库存货物/商品利息的昂贵时间成本,从而导致总成本的上升。与其如此,在运送高价值货物时,如果使用能够在较短时间内完成其所需空间位移的航空运输,即便运费较高,也能让总成本控制在一个较低的水平。可以将这样一个国际物流常识,用代表物流成本的纵坐标与代表出口货物价格的横坐标的坐标系来进行表示,如图19-2所示。这时两个模式的总成本曲线焦点 E,由海、空模式间的均衡总成本 CE(纵轴,×点处)与决定模式选择的货物价格 PE(横轴,○点处)所决定。

但在这里,当两种模式的总成本达到均衡时,由于货物价格的计算过程中没有考虑机会成本,所以 PE 只能作为会计学上模式选择的分歧价格。以 PE 点为分歧点,右方的价格领域被航空运输,左方的价格领域被集装箱海运所支配。但是这一判别标准,是撇开了重视机会成本的经济学观点而推导出的假设型结论。所以,将 PE 称为假想型分歧价格。

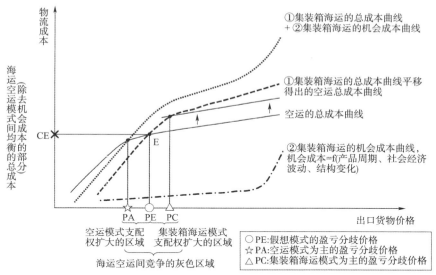

图 19-2 航空运输与海洋运输的竞争

出处：参考宫下（2011）90 页，图表 3-15。

在现实的经济行为中，例如在某个货物/商品价格快速上升的时期，如果放弃航空运输而选择集装箱海运的话，那么失去商业机遇的结果就是会产生机会成本。虽说集装箱海运产生机会成本的时期有很多种，但是作为一般性法则，在货物商品周期中的导入期（创新时期）或者是成长时期为 3～4 年的较短时期，在 5～8 年的社会经济状况好转、经济环境良好的中期，以及在 9～10 年及以上的发生构造变化的革新时期（长期），各个时间段内都会发生机会成本。这三个时期都蕴藏着潜力巨大的商业机遇，都需要企业实现快速地交易周转。由于在多数情况下，集装箱的海运机会成本随着货物价值的上升而上升，所以货物价格是一增函数。如若将这一点反映到图 19-2 中，在假想模式分歧价格 PE 的左侧，能够得到一个包含了集装箱海运机会成本的新的分歧价格 PA（☆点）。它是航空运输的支配领域达到最大值时的模式分歧价格。

只要机会成本为正值，航空运输就能够支配 PA 右侧的价格领域。但另一方面，在商业周期极为漫长的社会经济低迷时期，燃油价格居高不下的情况下，无法通过降低飞行/航行速度来节省燃油成本的航空运输，相较于集装箱海运，在运输成本上就基本处于劣势。这时如果依旧按照以往的标准来选择航空运输模式，就会导致无法预测的机会成本产生。

这种可以被称为产生了负的机会成本的情况，特别是在 2007/2008—2014 年燃油价格暴涨的较长一段时期内得到了验证，并且特别在短距离运输的亚洲地区国际物流中表现明显。这是因为只要是短距离运输，原本集装箱海运在速度方面的劣势就不会特别明显。这一影响已经发展到一个相当大的程度，以至于能够反映成为图 19-1 中 2007 年后集装箱海运比例的上升趋势。这是在社会经济低迷时期燃油费上涨，具备运输速度的航空运输模式反而造成了机会成本的一个典型例子。这一情况在图 19-2 中可以表现为，航空运输总成本曲线向上方平移一个航空运输机会成本大小的距离，那么航空运输总成本曲线就会与在这一时期没有产生机会成本的①集装箱海运总成本曲线交叉，得到交点。这样，在假想模式分歧价格 PE 的右侧就得出包含了航空运输机会成本的新的分歧价格 PC(△点)。这一价格是集装箱海运的支配领域达到最大值时的模式分歧价格。

这样,宏观经济环境的变化导致了宏观层面机会成本的产生,这激化了以假想模式分歧价格为中心的国际物流模式间竞争,从而使得航空运输的支配领域变大或变小。从 PA 到 PC 的价格范围区间是一个随着发货企业的选择变化,支配模式不断变化的一个灰色区间。对于发货企业而言,这一区间的存在,是为他们提供了一个在社会经济变动中自由地进行运输模式选择的空间。这也是企业的物流模式选择行为会呈现出循环往复的变化,在一定范围内出现振动走势的原因所在。

如按货物类别来对这一灰色区间进行考察,可以将其视为各类货物采用航空运输比例的选择决定问题。这是从微观的角度来分析模式选择行为的研究方式,在这方面有宫下(1988、1989、1994、2002a、2009、2013a)、田村(2011)、村上(2014)、松濑(2014)、Seabury Group(2014)等一系列研究成果。

而在另一方面,作为这一传统研究课题的延伸,关注模式选择行为与物流循环之间关系的宏观类研究尝试也由宫下(2002b、2010、2011、2013b、2014a、2014b)得到了一定的推进。另外,特别关注了 21 世纪初发生的运输模式竞争构造变化的 Tsuboi,Hyodo,Wakita(2011) 以及 Kato,Chin,Hanaoka,Kawasaki(2012)也属于这类宏观分析的研究。

19.3　海空运输竞争实证分析

为了验证海空运输模式竞争的基本结构图,宫下(2011)以 1980—2004 年间的出口贸易额为基数,通过其中海、空运输模式各占的比例,运用最小二乘法推算出了日本与美国、欧盟以及亚洲地区之间的各种物流,最终得到了表 19-2 的结果❾。基本的推演过程中,首先是推出日本针对每个地区的出口物流函数,然后考虑地域间相互影响的溢出效应的滞后关系,采用推导决定性因素弹性值的方法来进行分析。

虽说作为解释变量的空间位移成本与时间推移成本,二者之和为总成本,但由于各类成本的占比大小未知,所以与其计算总成本的影响,分别计算两成本影响大小的方法更为合理。从这里可以看出,空间位移成本占比在所有地区的所有时期都被正确地赋予了负号(-),具备传统的决定性因素功能作用。而在另一方面,有关库存成本的时间推移成本占比越高,企业越偏向于选择航空运输方式的总成本假说,1994—2004 年间在所有地区都被证实为正值。但是在这之前,1980—1993 年间,这一点并不适用于日本和美国国际物流,并且除此之外,还出现了与总成本论中所预想相反的结果。究其原因,如图 19-1 与表 19-1 所示,在日本的出口物流中,航空运输存在感上升的时期是在 20 世纪 90 年代以后的②时期之后。并且促进企业选择使用航空运输手段的机会成本,在所有的地区都呈现为正值,符合假说的逻辑。

另外,表 19-2 的结果显示,从长期的角度来看,完全可以忽略变量间存在的滞后关系,3 个地域之间已经形成了较为稳定的长期关系。推算结果显示,原本在这 3 个地域间,日本向美国出口的物流,影响了包括 0 期在内的 1~4 期滞后的对欧盟的出口物流,以及包括 0 期在内的 1~3 期滞后的对亚洲的出口物流❿。也就是说,日本对各个地域的出口物流中各运输模式所占的比例,从全球范围来看相互之间存在具有因果关系的连锁反应,相互间存在影响。

物流模式选择行为的长期弹性的地区对比　　　　　　　　　　　　表 19-2

序　号	决 定 因 素	对美国的物流	对欧盟的物流	对亚洲的物流
1	空间位移成本占比	-0.0893	-0.2500	-0.6580
2	时间推移成本占比（1980—1993 年）	0.0	-0.3695	-0.8638
3	时间推移成本占比的航空运输倾向型构造变化要因（1994—2004 年）	0.3767	0.0639	1.1336
4	机会成本	0.3573	0.4111	-1.0932

出处:参照宫下(2011)90 页,图表 3-15。

其结果是在日本对欧洲的物流模式选择中,过去 4 年日本对美国的物流模式选择构造的影响被逐渐吸收,并且在日本对亚洲的物流模式选择中,过去 3 年(但是在第 3 期)的日本对美国物流模式选择构造的影响也同样被吸收了。也就是说最初的对美国模式选择行为,与最后的对亚洲地区的物流模式选择之间,存在有最长达 6 年之久的滞后。运用日本对美国的物流模式扩散效应衡量这样的地域间滞后构造情况,可以得出图 19-3 的结果。这里,将滞后时期分为 0 期至 6 期的 7 个时期阶段,能够观察到各个时期的权重变化。

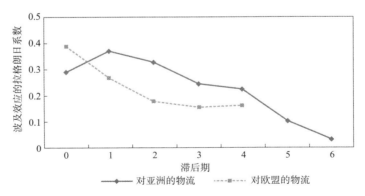

图 19-3　日本企业对美国出口物流模式选择行为扩散效应的滞后权重
出处:参照宫下(2011)88 页,图表 3-11。

19.4　运输模式竞争与物流循环

(1)发生物流循环的机理

如前文所述,所谓模式间竞争,是基于发货企业构建的战略物流系统所采取的模式选择行为而形成的,这可以理解为这些发货企业战略物流中的一环。应该特别值得注意的是,出现在模式选择行为中的滞后构造。一般在不同地域的物流扩散构造中,都会存在主导者与追随者,但这里的扩散效应滞后期为长达4~6个期间的一个较长时间段,究竟是由什么所引起的呢？这是由于航空运输物流方面有着领先并同时牵引海洋运输物流的主导能力。在此根据宫下(2014b)来对这一问题进行考察。

以商品循环周期相对较短的情况为例来进行观察,可以发现,目前由集装箱海运所运输的货物中,出现了部分曾是由航空承担运输的革新性货物或成长型货物,这些货物随着时间的推移而逐渐成长为成熟型货物或标准化货物。另外,由于商品循环周期的影响还会波及整个经济社会,所以可以说目前的集装箱海运的比例,是在受到商品循环周期以及社会经济状况变化影响的同时,间接性地受到多年前航空运输比例变动的影响。

另外,商品循环周期的概念,是由 Vernon(1966,1979)所提出的。他的商品循环周期论是试图解释说明企业通过直接投资走出国门的行为,与商品循环周期之间关系的理论。他的理论中揭示了,依靠新技术开发形成的商品从革新阶段到成熟阶段,然后迈向标准化阶段的这一过程中,先后经历的几个动态生产模式的演变。即从开始的先在本国国内进行生产,然后出口发达国家的模式,逐步转变为在发达国家当地生产与关键性零配件从本国出口相结合的模式,进而发展为在发展中国家当地生产的模式。受到 Vernon 理论的影响,之后 Cason(1986)将商品的标准化阶段又细分为,以实现商品的二次设计为目标的标准差别化阶段与单纯标准化阶段两部分,将循环周期中的阶段扩充成了革新、成熟、标准差别化、单纯标准化4个阶段。也就是说,由于革新阶段与成熟阶段中的商品附加价值较高,所以可以将生产的重心放在发达国家内部来进行推进。但是,一旦进入到标准化的后面2个阶段,发达国家内部的生产在成本方面,根本无法与成本较低的发展中国家相匹敌,所以企业又不得不选择在发展中国家本地生产的模式。

在另一方面,对商品循环周期颇有研究的 Kotler 与 Armstrong(2012),从市场营销战略的角度将商品循环周期又重新划分成为研究开发期、导入期、成长期、成熟期、衰退期共5个阶段。在这里,Vernon-Cason 的革新阶段被细分为研究开发期、导入期与成长期,而关于标准化的阶段被统一划归为衰退期。

如果要重视新商品的开发过程,从企业经营的角度来讲,Kotler, et al.(2012)的研究更值得参考。但是在进入标准化阶段之后,事实上依靠设计及饰品的商品差别化竞争,在相当长的一段时间内都会持续下去。所以依照现实情况,如宫下(2011)提出的,应该将商品循环周期分为潜在的革新期(研究开发期)、革新期(导入期)、成长期、成熟期、标准差别化期、单纯标准化期6个阶段来进行考虑。

这样一来,对应商品周期各个阶段,航空运输比例成长以及集装箱海运比例成长之间的相互关系,就可以建立起以物流模式比例为中心的一个坐标轴。并将坐标轴空间对应不同模式的运输比例成长类型,划分为4个象限。而发货企业的模式选择可以根据商品循环周期的6个阶段,进行顺时针方向的循环,从而得出图19-4。可以将这样的模式选择循环,称为物流循环或者是战略物流循环。

图19-4的特征是航空运输比例成长为正值的第2、3象限与其成长为负值的1、4象限相对。也就是说,航空运输比例的成长规律是在经历循环前期的连续性(正)成长之后,必定会面临后期阶段的连续性(负)成长时期。

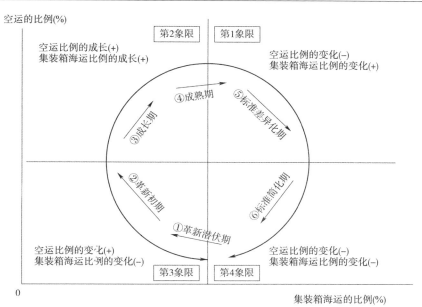

图19-4 商品循环阶段与运输模式选择循环:物流循环的形成

出处:参照宫下(2014b)8页,图表4。

(2)先行于经济循环的物流循环

那么在航空运输比例与集装箱海运比例之间,实际上存在着一个什么样的时间关系呢?就这一点,从图19-1中表示的1980—2011年间日本出口数据中就能够发现,过去的变动正逐渐得到释放,并影响着当前的现实状况。关于这一点,宫下(2013b)在其变化过程极为缓慢且温和的假设条件下,进行了实证分析,得出了航空运输比例与集装箱海运比例之间存在着4年的滞后期,并领先于海运的结论。如果将这一结论分别对应于前文所述的航空运输比例前期连续正成长循环,与后期连续负成长循环的话,可以得出其整体的物流循环是包含了图19-4中表示的6个阶段商品循环在内的,以8年左右为一个周期的物流循环。

另一方面,正如前文中所提到的那样,这个8年周期的物流循环振幅,根据使用海洋运输时所处的具体的社会经济状况(具体包括短期的商品循环周期、中期的社会经济变动、长期的构造改变),来决定其产生的机会成本幅度(额度)大小。

那么,在现实社会当中,需要收集什么样的数据才能同时捕捉到这样的物流循环周期及振幅的具体情况呢?答案是,把握每一年的运输模式分担比例(航空运输占比/海洋运输占比)相对于前一年数据变化比例的动态状况。这一比例,如果在社会经济状况良好时期,航空运输占比的增加与海洋运输占比的减少,能够使得其数值大幅上升;而当社会经济状况恶化时则会出现相反的结果。所以,这一比例数值能够呈现出十分清晰且带有一定振幅的循环性变化。因此,当观察到此数据的一次循环,也就意味着在数据上捕捉到了一次物流循环。

因此可以认为,从运输模式分担比例捕捉到的现实物流循环,受到来自社会经济短期、中期及长期变动的多方面因素影响。这中间又数社会经济中期变动的变化情况影响力最大,最容易被反映到运输模式分担比例的数据上。而事实上也正是如此,运输模式分担比例的变化情况,与日本内阁府发表的有关1986—2012年决定经济循环周期标准日期的"经济先行指标"振幅与周期相吻合。从数据的变化中发现,实际上物流循环周期为 7~9 年,这不仅与经济先行指标的振幅与周期完全一致,而且还与前文中指出的以 8 年为一个周期的物流循环的结论相一致。

这样可以认为,从运输模式分担比例观察到的物流循环,有着经济先行性的特征。有关这方面的详细分析请参照宫下(2014a,2014b)的相关论文文献。

注释

❶21 世纪初的航空运输和集装箱海运模式所占比例的合计是出口额的 70% 左右,剩下的 30% 大部分是通过汽车专用商船,还有一部分是由定期船来承担运输。

❷但必须指出,2008 年的金融危机前后,航空运输比例出现下降的情况,而集装箱海运的比例却呈现出上升趋势。

❸ Lewis, et al. (1956) pp. 20-21. 这从量上看与 20 世纪 80 年代前半期的日本国内航空物流的 t·mi 规模相当(参照国土交通省综合政策局《交通统计要览》)。

❹ Lewis, et al. (1956) pp. 64-66, pp. 174-180.

❺Sletmo(1973),Sletmo、Williams (1981),宫下国生(1988),Miyashita(1989),宫下国生(1994),Lewis(1998)。

❻Sletmo(1973) pp. 38-40.

❼然而,在 Sletmo(1973) pp. 66-67 中提出的空运需求函数初期实证分析中没有得到这样的成果,而是将北大西洋航路 1950—1968 年空运需求,视为关于空间移动的航空运输价格与海洋运输价格的函数,用最小二乘法进行推算,得出需求弹力系数为 -1.271,交差弹力系数为 0.0609。但是基于交差弹力系数的 t 值未满 40%,实质上可以视为零。所以可以说空运与海运之间存在某种替代关系的假说未能得到证实。所以,此处忽略与时间移动相关的库存成本与机会成本影响,将这部分从函数式中省略。

❽参照宫下国生(2014b)5-8 页。

❾参照宫下国生(2011)第 3 章。

❿参照宫下国生(2011)83-87 页,图表 3-11~图表 3-13。

参考文献

[1] Casson, M. Multinationals and World Trade[M]. Allen & Unwin,1986.

[2] Kato, T, Chin, A., Hanaoka, S., et al. Investigating Sea Shift in International Freight Transport: A Case between Southeast Asia and the U. S. [C]. Busan:4th International Conferenceon Transportation and Logistics,2012.

[3] Kotler, P. and G. Armstrong. Principles of Marketing[M]. Pearson:15th global edition,2014.

[4] Lewis, H. T., Culliton, J. W. and Steele, J. D. The Role of Air Freight in Physical Distri-

bution[M]. Harvard University,1956.

[5] Lewis, D. B. Air Transport versus Ocean Transport in the 1990's, FTL Report[R]. Flight Transportation Laboratory, MIT,1994.

[6] 宫下国生.海运[M].京都:晃阳书房,1988.

[7] Miyashita, K. Competition of Sea and Air Transportation Services and Their Effects on the Intermodal Transport[C]. World Conference of Transport Research, Transport Policy, Management and Technology towards 2001,Western Periodicals,1989.

[8] 宫下国生.日本的国际物流系统[M].东京:千仓书房,1994.

[9] 宫下国生.日本物流业的全球竞争[M].东京:千仓书房,2002a.

[10] C. Th. Grammenos. The Handbook of Maritime Economics and Business[M]. Informa Professional,1989:Ch.37.

[11] Miyashita, K. Structural Change in the International Advanced Logistics[J]. The Asian Journal of Shipping and Logistics,2009,25(1).

[12] C. Th. Grammenos. The Handbook of Maritime Economics and Business[M]. 2nd edition, Lloyd's List,2010:Ch.34.

[13] 宫下国生.日本经济的战略物流的革新力[M].东京:千仓书房,2011.

[14] 宫下国生.亚洲当地战略物流竞争优势与海空物流竞争:针对日本的进口行动[J].航政研系列,2013a,569.

第 20 章 考虑网络外部性的最优路网建设

20.1 概述

在考虑以道路为首的社会基础设施维护更新及新建时,应该从利用社会资源的效率性与分担投资成本的公平性两个角度出发,即应该基于受益人负担原则来进行具体的政策决策。Mohring 与 Mohring&Harwitz 的研究中指出,如果在规模报酬不变的条件下道路供给能力扩大,基于社会边际成本设定收费价格,收取拥堵费用恰好能够收回为了提供最优道路供给所支出的成本。Newbery 的论文也证明了,道路建设及其使用在规模效益不变的条件下,包含道路维护成本与资金成本(利息)在内的收支平衡,能够通过收取拥堵费来予以实现。另外,在 Small,Winston&Evans 的实证研究中,虽未使用 Newbery 的假设条件,而是利用所谓基于出行次数与累积车轴数这种多输出(multi-output)系统框架,对拥堵成本及路面损伤成本进行了计算,实证得出了同样的结论。

但实际上,道路网络建设及其使用所能带来的效益并不完全回馈到道路使用者这一单一人群。也就是说,道路网络建设及其使用还会产生以聚集经济效应为代表的网络外部性。这里所说的网络外部性就是被称为 Marshall 的外部经济效应现象。本章会就道路拥堵、机动车交通所带来的环境污染等负的外部经济效应,以及包括由道路投资所产生间接效益(包括存在市场失败的情况)在内的马歇尔外部经济效应问题,通过运用多输出模型来考察分析道路建设政策的具体办法。

20.2 道路拥堵税与外部成本的内部化

从狭义上来看,道路拥堵及机动车行驶所造成的环境污染,属于社会成本的一种。这里将这两种类型统一视为负的外部经济效应,而将拥堵税收与环境税收作为将这一负的经济效应抑制到最佳水平的手段来进行考察。

用图 20-1 所示的拥堵税概念图及公式来简单表示出拥堵税的基本逻辑。首先,图 20-1 中所表示的记号含义分别为:y——交通量;$q(y)$——需求函数;$g(y)$——个人边际成本;$f(y)$——社会边际成本。

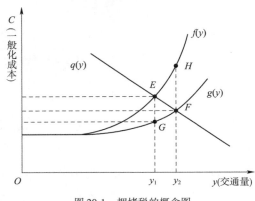

图 20-1 拥堵税的概念图

图 20-1 中的社会边际成本 $f(y)$ 表示的是交通流中每追加一辆车所产生的其他所有行驶车

辆的追加成本之和。个人边际成本 $g(y)$ 是每辆车的燃油费、磨损费用等行驶过程中所产生的经济成本,加上所需行驶时间的时间价值(=单位距离所需时间×平均每小时的价值)之和,所得出的车辆单位距离所需的一般成本(日元/辆×km)。由于行驶每辆×km 的道路服务成本(成品油税等的燃油税、车辆重量税等,所有车辆时所涉及的各类税收,见表 20-1)包含了伴随车辆行驶的经济成本,所以 $g(y)$ 可以视为社会平均可变成本(social average variable cost)。即机动车交通服务的所有生产成本均为可变成本。所以 $g(y)$ 所表示的社会总成本(social total cost)与 $f(y)$ 所表示的社会总成本会出现等值的情况。这时,社会边际成本与个人边际成本(=社会平均成本)之间存在以下的关系。

机动车关联诸税的概要 表 20-1

征税时间段	征税名目	设定征税名目的年份	暂定税率[b]	正式税率	税收种类	分配比例
购买时	汽车购买税	1968 年（昭和 43 年）	购买价格的 3%[a]	购买价格的 3%[a]	都道府县税	全额归为地方政府收入
所有期间	汽车重量税	1971 年（昭和 46 年）	4100 日元/0.5t[a]	2500 日元/0.5t[a]	国税	国家 2/3；地方 1/3
使用期间	挥发性燃油税	1949 年（昭和 24 年）	48.6 日元/L	24.3 日元/L	国税	国家全额
	地方挥发性燃油税	1955 年（昭和 30 年）	5.2 日元/L	4.4 日元/L	国税	地方全额
	柴油回收税	1956 年（昭和 31 年）	32.1 日元/L	15.0 日元/L	都道府县税	地方全额
	油气税	1966 年（昭和 41 年）	—	17.5 日元/L	国税	国家 1/2；地方 1/2

注:a. 私家车。

b. 暂定税率的适用期限为 2018(平成 30)年 3 月末(汽车重量税为 2018 年 4 月末)。

$$\int_0^y f(x)dy = y \cdot g(y) \tag{20-1}$$

对式(20-1)两边求 y 的偏微分,整理得出式(20-2)。但,$e(y) = \left\{\dfrac{dg(y)}{g(y)}\right\}/\dfrac{dy}{y}$。

$$f(x) = g(y) + g(y) \cdot e(y) \tag{20-2}$$

社会净效益 W 是社会总效益与社会总成本之差的结果,所以 W 为:

$$W = \int_0^y q(y)dy - \int_0^y f(y)dy \tag{20-3}$$

W 在 y 求导值为零的情况下,得出式(20-4)。

$$q(y) = f(y) \tag{20-4}$$

由式(20-3)与式(20-4)能够推导出式(20-5)。

$$q(y) = g(y) + g(y) \cdot e(y) \tag{20-5}$$

而式(20-5)表示基于汽车交通企业主体的判断,进行最优服务供给的过程中,为了达到社会整体的最优供给量,就有必要向所有行驶车辆征收社会平均成本的弹性$e(y)$乘数倍的拥堵税。在图20-1中EG的长度为拥挤税收额$g(y)\cdot e(y)$。

运用推导拥堵税的方法,同样可以推导出环境税的额度(在对排放物绝对总量没有实施管制的情况下)。碳素税是运用价格机制,将环境污染造成的社会成本进行内部化处理的代表性环境税收。在已经成立的税制当中,最能体现环境方面因素的税收是以汽车燃油税为首的有关石油的各类税收。由于石油在其使用过程中,会排放出以CO_2为首(NO_x、SO_x等)有可能会危害地球环境的物质,因此选择采用按照排放量大小征收相应费用的方式来削减其排放量。依循这样的思路制定的税收就是所谓的环境税。

代表拥堵税征收的道路拥堵收费(road pricing)中有:①时间段定价收费(Zone pricing);②区域定价收费(Area pricing);③蓝带定价收费(Cordon pricing);④站点定价收费(Point pricing);⑤按距离定价收费(Distance-based charge)等收费手法。作为①的实例,有新加坡自1975年起采用的区域行驶许可制度。②的具体实例,有伦敦自2003年起导入的拥堵收费(congestion charging)。③是在划定特定拥堵地段(设定收费警戒线)的基础上,针对行驶经过或将要驶入拥堵地段的车辆征收费用的手法。在技术方面,由于ETC(Electronic Toll Collection System,电子收费系统)的收费技术已经成熟,利用这一技术的ERP(Electronic Road Pricing)自1998年在新加坡得以实施之后,其实施收费的区域范围就开始逐渐扩大,并且目前仍在扩大中。④是一种对于行驶经过某一特定拥堵点或者拥堵路段的车辆征收费用的手法。⑤主要是以分担部分道路维护修缮成本负担为目的而实施的收费手法(表20-2)。

道路拥堵收费的方法与实施实例　　　　表20-2

方　法	实施方法等		实施程度	
	目　的	收费方式	实施期间	考虑实施中或计划中止
Zone pricing	缓解拥堵;改善环境	按高峰期/非高峰期收费	新加坡(1975—1998)	中国香港 剑桥(英国)
Area pricing	缓解拥堵;改善环境	统一收费	伦敦(2003)	—
Cordon pricing	缓解拥堵;改善环境	按时间段收费	新加坡(1998)	东京 兰斯塔德
	缓解拥堵;改善环境	按高峰期/非高峰期收费	卑尔根(1986) 特隆赫姆(1991—2005)	
		统一收费	奥斯陆(1990—2005)	—
		按时间段收费	斯德哥尔摩(2007)	
Point pricing	缓解拥堵;获取收入	按高峰期/非高峰期收费	法国A1号线(1992),首尔南山1号、3号隧道(1996)	
Distance-based charge	获取收入;改善环境	按车重与行驶距离收费	瑞士(2001),澳大利亚(2004),德国(2005),捷克(2007)	荷兰,瑞典,法国,美国

20.3 网络外部性与开发利益的回馈

作为与道路网络外部效应密切相关的一个概念,道路投资的经济效益值得关注。道路投资的经济效益大致可以分为直接效益与间接效益两类。而间接效益又可以分为创造需求的效益与扩大生产力的效益两类。就创造需求的效益(流动效益)而言,如果它在乘数方面不存在地域差异就会失去其讨论的价值。所以在这里单就库存效益(直接效益+流动效应以外的间接效益)来展开分析。库存效益(利用效益)是指道路机能可以带来的影响,如果关注其影响的波及过程,就能将其分为直接与间接两类。前者包含了道路使用者们直接能够享受到的移动时间缩短、行驶成本下降等效益;后者包含了道路使用者享受到的直接效益所带来的生产力提高、地区开发效益、地价上涨等2次级、3次级效益。假设其涉及的各个市场均为竞争性市场,那么使用者效益的大部分最终都会回归到地价上涨中去。使用者效益能够归属到地价中形成资本的假说被称为资本化假说(capitalization theorem),这里运用简单的模型与实证数据对道路投资效益与狭义的开发利益(地价上涨)之间的关系进行分析讨论。

以下,X 表示道路事业整体的生产量(累积车轴数),x 表示每个道路事业主体的生产量,当 $a(X)$ 为单个事业主体的平均成本(= 边际成本)时,单个事业主体的成本函数可以视为 $a(X)x$。当整体生产量为 X 时,单个事业主体的平均(边际)成本达到 $a(X)$ 水平,并维持这一水平不变。也就是说,当以 1 个 OD(出发地—目的地)、1 个链接为分析对象时,道路建设及其使用的规模报酬收益不变。但单个事业主体平均成本 $a(X)$ 的大小,由于存在外部规模经济效应(网络的外部效应)的关系,所以依附于道路事业整体的生产量 X。X 一旦增加,$a(X)$ 值就会下降,因此 $a'(X)<0$ 成立。如果 $a(X)$ 的变动比率大于 X 的变动比率,即 $a(X)$ 对 X 富有弹性,且 $a(X)<0$,并且道路事业整体的总生产成本 $a(X)X[=h(X)]$,那么可以得出式(20-6)。

$$h'(X) = a(X) + \alpha(X)a(X) \tag{20-6}$$

且,$h'(X)$ 表示道路事业整体的边际成本(= 社会边际成本 = 道路维护修缮成本),$-\alpha(X)a(X)$ 为边际外部效益(= 个体边际成本 – 社会边际成本)。X_E 时的边际外部效益在图 20-2 中表示为 BE 的长度。

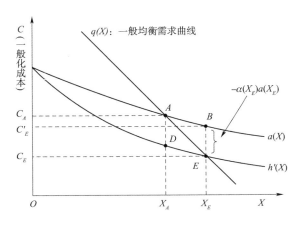

图 20-2 外部经济效应的内部化

现在,从道路服务效率供给的观点出发,考虑能够调节控制供给量的情况。这时的帕累托效率性准则(帕累托效率是指资源分配的一种理想状态,假定固有的一群人和可分配的资源,从一种分配状态到另一种分配状态的变化中,在没有使任何人境况变坏的前提下,使得至少一个人变得更好——译者注),为道路服务供给能够带来的社会总效益减去社会总成本得到的社会净效益(NPV),在求其极值的同时对道路服务供给量进行调整。即考虑:

$$\max_X \int_0^X \{q(X) - h'(X)\} dX \tag{20-7}$$

这时求式(20-7)=0,能够得出道路服务效率供给的条件为:

$$q(X) = h'(X) \tag{20-8}$$

假设满足式(20-8)的供给量为X_E,可以表示为图20-2。

从式(20-6),式(20-8)可以推出:

$$q(X) = a(X) + \alpha(X)a(X) \tag{20-9}$$

即,满足式(20-9)的供给量为社会整体的最优供给量。

式(20-9)的含义在于,要想让单个道路事业主体在各自判断下实施其各自的最优供给时,能同时实现社会整体道路服务的最优供给量,那么,就有必要针对所有从事道路事业的主体实施相当于社会平均成本×弹性值$a(X)$大小的资金补助。补助金额(=赤字)在图20-2中表示为$C_E'C_EEB(=C_AC_EEA-ADE)$的面积。

另外,作为上述推导过程的相关内容,这里介绍一个运用一般均衡(CGE)分析模型来计算效益的具体例子,以便促进读者理解。实例中作为计算收益的对象工程为岐阜环状线路的建设工程。岐阜环状线路总长为25km,总建设成本为544亿日元(1985年现值),于1985年开始投入使用,并且当时预计在2000年能够实现全线开通。作为分析对象的地区有岐阜市周边大小32个市町村,这些地区在1989年时的总人口数约为126万人,总面积为1300km^2。假设工程寿命周期为全线开通之后的30年,以线路部分投入使用的1985年为标准(社会贴现率为5%)换算其工程价值,能够得出以下的效益构成表,见表20-3。

道路投资的经济效益——从收益回收构成表来看(亿日元)　　　　表20-3

部门		项目				
		家庭	企业	私人土地所有者（地主）	政府	合计
道路使用者效益		297	265	—		562
地价上涨		−237	−232	469	—	0
税收	成品油税	−14	−12	—	93	0
	固定资产税	—	—	−67		
道路建设成本		—	—	—	−544	−544
合计		46	21	402	−451	18

出处:森杉寿芳著《社会资本建设的效益评价》劲草书房(1997),89页,笔者整理。

分析表20-3求横向的数值和能够发现,该工程的社会效益为18亿日元(=562亿日元−544亿日元),所以从成本收益分析的观点来看,此条道路确实具有实施建设的经济价值。并且,从家庭部门来看,此道路的通车能够缩短行驶时间,从而能够得到297亿日元的经济收益

(时间价值换算的结果)。

同样,民营企业部门也能从行驶时间的缩短中获得265亿日元的经济收益。如果将家庭与民营企业视为土地使用者,那么使用者收益的大部分都会由于实际地价的上涨而被抵消。另一方面,私人土地所有者会因为地价上涨而获得大量的收益,即便是减去其缴纳的固定资产税仍能获得402亿日元的净收益。而政府部门最终会面临451亿日元的赤字。将图20-2中社会净效益ADE(使用者收益-道路建设成本)的内容与表20-3中的数值进行对照,可以得出,

$$18 亿日元 = 469 亿日元 - 451 亿日元,$$
$$469 亿日元 = 562 亿日元 - 93 亿日元$$

在存在聚集经济或者说存在马歇尔外部效应的情况下,必定会发生市场的失败。在发生市场失败时,由于市场价格与社会成本及社会价值相背离,所以有必要对包括广义开发利益在内的各种利益(广义的开发效益)进行更为广泛分析与讨论,而不只考虑狭义的开发利益。

20.4 道路建设政策的方向

至上一节为止,分别就帕累托最优的两个条件[式(20-5)与式(20-9)]进行了讨论。在本节中将运用多输出模型,在考虑到网络效果的前提下,对作为道路建设基本指针的帕累托最优条件进行简单说明。

与前文中提到的假设完全相同,这里假定汽车交通服务Y(出行次数)具有负的外部经济效应,而道路服务X(累计车轴数)具有外部的规模经济。$X\{Y\}$表示产业整体的生产量,$x\{y\}$表示单个事业主体的生产量,$a(X)\{b(Y)\}$为单个事业主体的社会平均成本($=$私人边际成本),这时单个事业主体的成本函数为$a(X)x\{b(Y)y\}$。根据以上推导得出,$a'(X)<0$ $\{b'(Y)>0\}$成立。并且假设,$h(X)=a(X)X, g(Y)=b(Y)Y, \alpha(X)=a'(X)X/a(X), \beta(Y)=b'(Y)Y/b(Y)$,$-1<\alpha<0, \beta>0$,那么可以得出,$h'(X)>0, h''(X)<0, g'(Y)>0, g''(Y)<0$。所以,在道路服务产业中,由于存在开发利益/聚集效益等的外部经济效应,所以单个事业主体的边际成本与产业整体的边际成本之间出现了$(1+\alpha)$的偏差。且在汽车交通服务产业中,由于存在拥堵及环境污染等负的外部经济效应,所以单个事业主体的边际成本与产业整体的边际成本之间存在$(1+\beta)$的偏差。$\alpha(X)$及$\beta(Y)$是各自所属产业部门的私人边际成本对应总生产量的弹性值,这里如果假设他们都是与其部门生产量大小无关的定值。那么,生产可能性边界(Production Possibility Frontier, PPF)可以表示为满足结合生产的生产可能性条件$a(X)X+b(Y)Y=K^0$的(X, Y)的轨迹。上述关系可以表示为图20-3。并且从生产可能性条件还能推导出式(20-10)。但此时需要满足:$\gamma=(1+\beta)/(1+\alpha)>1$。

$$MRT = \frac{1}{r} \cdot \frac{a(X)}{b(Y)} \quad (20\text{-}10)$$

式(20-10)的MRT(Marginal Rate of Social Transformation, 社会边际转换率)为图20-3中生产可能性边界斜率的绝对值,是利用汽车交通服务Y观测到的道路服务X的社会边际成本。

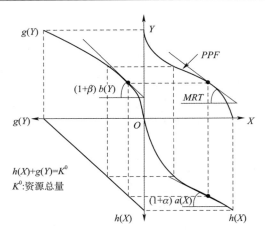

图 20-3　道路服务与机动车交通服务

(1) 林达尔·萨缪尔森条件

设第 $i(i=1,\cdots,n)$ 位道路使用者的效用函数为 $U_i(Y_i,X)$，道路服务 $X(=X_i)$ 与汽车交通服务 $Y(=\sum Y_i)$ 的生产可能条件表示为 $a(X)X+b(Y)Y=K^0$，那么就能得到式(20-11)。

$$MRT=\sum_{i=1}^{n}MRS_i \qquad (20\text{-}11)$$

式(20-11)表示的是道路服务供给量的基准，应为各道路使用者的道路服务与汽车交通服务测得的社会边际效益之和($\sum MRS_i$)，跟道路服务与汽车交通服务测得的社会边际成本(社会边际转换率,MRT)相等时的供给量。由于 $U_i(Y_i,X)$ 中，不仅仅包含了汽车交通服务还包括了道路服务，所以道路的帕累托最优供给条件式(20-11)，意味着受益原则(即,根据受益方所获利益的大小来要求其支付相应的对价,分担相应的成本)。基于受益原则,每位道路使用者需要负担起与各自社会边际替代率(MRS_i)成比例额度的成本,并在实现帕累托最优供给量时,称其为林达尔均衡。在林达尔均衡中,每位道路使用者负担成本的额度都与各自对道路服务的(边际)评价度成正比,从这一点来看它是公正的,且符合受益人负担的原则。因此,政府要提供适当量的道路服务,只需要实现最优的林达尔均衡即可。

在林达尔均衡点处,最优的道路服务供给量与其负担额度(税费)同时被决定,所以这种情况下的受益人负担原则可以说近似于市场机制。而以往常被提到的"搭便车问题"也随着通信技术的进步正逐渐得到解决。当不能满足道路服务的帕累托最优供给条件时,即在 $\sum MRS_i > MRT$ 或 $\sum MRS_i < MRT$ 时,也就意味着道路服务的供给量是小于或过大最优供给量。此时,增加或减少道路服务供给量,就能起到优化帕累托的作用。将道路服务的帕累托最优供给条件运用到道路建设中的分析方法,即为成本效益分析法。如果能正确估算伴随道路服务供给所产生的社会成本与社会收益(社会价值),那么就能获得一个可以帮助投资决策的明快且高效的判断方法。道路投资的效率性中有必要加以研究讨论的项目很多,这里就以新(第12个)道路建设 5 年计划的经济效应为例来进行分析。

在日本,自 1973 年开始推进第 7 个道路建设 5 年计划之后,运用宏观经济模型与地域经济计量模型来计算其经济效益的研究就没有停止。这些推算经济效益的模型逐渐得到改良与提高,在第 12 个道路建设 5 年计划(1998—2002 年)中,FORMATION 系统被开发建立,见表 20-4,系统计算出了这一次 5 年计划能够带来的经济效益。

第 12 个道路建设五年计划的经济效益　　　　表 20-4

使用者收益(直接效益)	8 兆日元	
①时间收益(节约行车时间) ②行驶收益(节省行车成本)	7.5 兆日元 0.5 兆日元	平成 15 年(2003 年)总值 [基于平成 9 年(1997 年)价格水平计算]
国内生产总值的增加(间接效益)	200 兆日元	
①生产力扩大的效益(库存效益) ②创造新需求的效益(流动效益)	70 兆日元 130 兆日元	平成 10 年至 19 年(1998—2007 年)10 年间的累计总值 [基于平成 9 年(1997 年)价格水平计算]

第 12 个道路建设 5 年计划(新道路建设 5 年计划)的建设总成本为 78 兆日元,对应能够带来 200 兆日元的国内生产总值增值,其收益远大于支出,从而证明了实施计划的价值。另外,从成本收益分析的观点出发来进行分析能够发现,即便是单看直接效益 1 年也能回收 8 兆日元的收益,按照 5% 的社会贴现值来进行估算,可以得出此项计划工程在 15 年之内回收的收益就能高于其成本。但是,正如前文中所提到的那样,由于大部分直接效益都会转移到间接效益中去,所以此处必须小心,避免出现重复计算收益的错误。同时,现实的道路建设决策主要是在日本官僚机构内部进行,并且最终还是由国家政治所决定,所以要贯彻广义的受益人负担的原则,灵活运用地域经济计量模型等来判别,明确收益的归属主体十分重要。另外,在发生市场失败时,正确评价聚集经济或网络效应十分必要。就这一点,在上一节中已有论述。

(2)网络外部性与复数均衡

图 20-4 中的 DZEIF 曲线即为图 20-3 中第一象限的 PPF。PPF 是一个在道路服务生产量较小时凸向原点,而当生产量逐渐扩大到一定程度时就呈现出凹向原点的 3 次曲线。DZEIF 曲线上的点切线斜率,为道路服务与汽车交通服务的社会边际转换率 MRT。P 是道路服务与汽车交通服务的相对价格,两产业间个人边际成本的比率为个人边际转换率 $a(X)b(Y)$,所以当相对价格低于边际转换率时,道路服务产业的资本就会转而流入汽车交通服务产业,从而使得汽车交通服务的产量上升。相反,当相对价格高于个人边际转换率,那么汽车交通服务的产量就会下降而道路服务的产量就会上升。如式(20-10)所示,个人边际转换率是 MRT(社会边际转换率)的 $\gamma(>1)$ 倍,所以当 MRT 高于 P/γ 时,汽车交通服务的生产就会增加,而低于 P/γ 时道路服务的生产会增加。这时的竞争均衡条件为,$P=a(X)b(Y)$ 或者是 $P/\gamma=MRT$。

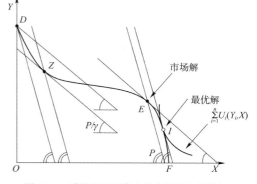

图 20-4　道路交通经济中的市场解与最优解

所以,这时道路交通经济中存在 3 个长期均衡点(D,E 以及 Z)。D 点与 E 点为安定均衡点,Z 点为不安定均衡点(critical mass,阈值)。比起 D 点 E 点时的国民经济福利水平更大。D 点处,生产者生产道路服务只会使其利润下降,所以生产者不会进行道路服务生产。

这时,政府如果干涉(制订道路建设5年计划等)诱导经济向 E 点移动,那么从经济福利的观点来看这是正确的。但是,E 点是贯彻狭义上受益人负担原则而求得的市场解,当在贯彻顾及社会成本及社会价值的广义受益人负担原则时,它并非最优解。为了维持式(20-12)的最优解($P = MRT$),可以将拥堵税以及聚集的效益/开发利益关联税收等,作为建设道路网络的资金,分配给道路事业主体,并要求其必须实施如图20-4中的 I 点[$\alpha(X)a(X)X = -\beta(Y)b(Y)Y + 赤字$]所对应的道路投资。

$$P = \frac{a(X) + \alpha(X)a(X)}{b(Y) + \beta(Y)b(Y)} \tag{20-12}$$

最后,在林达尔机制下,各道路使用者都在税收价格 $P_i (P = \sum_{i=1}^{n} P_i)$ 的条件下决定各自道路服务的需求量,进而从效用最大化条件 $P = MRS_i$ 可以得出:

$$P = \sum_{i=1}^{n} MRS_i \tag{20-13}$$

将式(20-12)和式(20-13)代入可以得到道路服务的帕累托最优供给条件式(20-11),林达尔/萨缪尔森条件成立,林达尔均衡也得以实现。林达尔均衡中税收价格制定的方法,是各道路使用者应缴纳费用与其汽车交通服务的社会边际成本(边际外部成本)同其道路服务的社会边际成本(道路的维护修缮)之和相等。

20.5 本章小结

本章建立了一个考虑网络外部性的多输出模型,道路的效率利用与建设成本的公平分担,换言之是从受益人负担的观点出发,讨论了理想道路财政制度的具体办法。为了彻底贯彻广义的受益人负担原则(社会边际效益 = 社会边际成本),将拥堵税收以及有关聚集利益的相关税收,作为道路网络建设的资金源,并应将其赋予道路建设主体。即必须促进有关道路交通的外部规模经济(开发利益以及聚集效益)与负的外部经济(交通堵塞、汽车交通造成的环境污染)内部化的各种制度的建立健全。通过落实固定资产税等措施办法,来确保道路建设资金的来源。在导入实施拥堵税与环境税收时,有必要将其与现行的各类汽车税收进行整合,且需要减轻道路维护修缮成本的相关负担。同时,由政府一般财政所负担的道路建设成本的比例也需要削减。今后混合动力车、电动汽车、燃料电池车、压缩天然气(CNG)车等依靠燃油以外能源来实现行驶的车辆将会不断增加,燃油与道路使用之间的关系就会不断减弱,所以就有必要更加认真地考虑今后外部效益的内部化政策的具体落实办法。在制定这类政策时,就有必要计算 X 的社会边际成本(道路维护修缮成本), Y 的社会边际成本(拥堵成本、环境成本),以及进行更为广泛的效益累计推算。本章中虽然并未应用交通经济学、公共经济学理论推出最优解(最佳解决方案),但对于考虑次优解、思考道路建设政策的改良方案具有一定参考价值。

......

*有关林达尔/萨缪尔森条件的补充说明

要求解最优道路建设实施办法的条件,只需在其他道路使用者的效用水平不变以及具有可操作性（能够实施）的制约条件下，求解能实现道路使用者1效用最大化的$(Y_1, Y_2, \cdots Y_n, X)$即可。具体求解方法是通过拉格朗日乘子法求下式的极大值。

但是，L 为拉格朗日函数，道路使用者1与道路使用者i的效用函数，资源制约条件分别为式(p-1)的第1项、第2项、第3项。

$$L = U_1(Y_1, X) + \sum_{i=2}^{n} \lambda_i [U_i^0 - U_i(Y_i, X)] + \theta [a(X)X + b(Y)Y - K^0] \tag{p-1}$$

分别求式(p-1)的 X, Y_1, Y_i 的偏微分，使其为零，可以得出以下三式。

$$\frac{\partial L}{\partial X} = \frac{\partial U_1}{\partial X} - \sum_{i=2}^{n} \lambda_i \frac{\partial U_i}{\partial X} + \theta \{(1+\alpha)a(X)\} = 0 \tag{p-2}$$

$$\frac{\partial L}{\partial Y_1} = \frac{\partial U_1}{\partial Y_1} + \theta \{(1+\beta)b(Y)\} = 0 \tag{p-3}$$

$$\frac{\partial L}{\partial Y_i} = -\lambda_i \frac{\partial U_i}{\partial Y_i} + \theta \{(1+\beta)b(Y)\} = 0 \tag{p-4}$$

但是，需要假定$\alpha(X)$与$\beta(Y)$都不随各自的生产量的变化而变化，均为定值。将式(p-1)、式(p-2)、式(p-3)的拉格朗日乘数λ_i与θ消去后得到：

$$\frac{\partial U_1}{\partial X} \Big/ \frac{\partial U_1}{\partial Y} + \sum_{i=2}^{n} \left(\frac{\partial U_i}{\partial X} \Big/ \frac{\partial U_i}{\partial Y_i} \right) = \frac{(1+\alpha)}{(1+\beta)} \cdot \frac{a(X)}{b(Y)} \tag{p-5}$$

将式(p-5)带入式(20-10)，可以得出：

$$\sum_{i=1}^{n} \left(\frac{\partial U_i}{\partial X} \Big/ \frac{\partial U_i}{\partial Y_i} \right) = MRT \tag{p-6}$$

$$MRT = \sum_{i=1}^{n} MRS_i \tag{p-7}$$

要实现帕累托效率资源配置，就必须满足式(p-7)。

参考文献

[1] 陶怡敏. 道路特定财源与受益人负担的原则[J]. 交通学研究年报, 2002.
[2] Mohring, H. D. Transportation Economics[M]. Ballinger, Cambridge, MA, 1976.
[3] Mohring, H. D., M. Harwitz. Highway Benefits: An Analytical Framework[M]. Evanston, Illinois: Northwestern University Press, 1962.
[4] Newbery, D. M. Cost Recovery from Optimally Designed Roads[J]. Economica, 1989, 56(222): 165-185.
[5] Small, K. A., Winston, C., Evans, C. A. Road Work: A New Highway Pricing and Investment Policy[M]. Washington, D. C.: The Brookings Institution, 1989.
[6] Small, K. A., Verhoef, E. T. The Economics of Urban Transportation[M]. London: Routledge, 2007.

[7] Walters, A. A. The Theory and Measurement of Private and Social Cost of HighwayCongestion[J]. Econometrica,1961:676-699.
[8] 冈野行秀.交通的经济学[M].东京:有斐阁,1977.
[9] David M. Newbery. Road Damage Externalities and Road User Charges[J]. Econometrica,1988,56(2):295-316.
[10] Hisa Morisugi, Eiji Ohno,Toshihiko Miyagi. Benefit Incidence of Urban Ring Road-Theory and Case Study of the Gifu Ring Road[J]. Transportation,1993,20(3):285-303.
[11] 金本良嗣.经济教室 集约型都市的积极作用[N].日本经济新闻,2014-2-10(21).
[12] David L. Greene, Donald W. Jones, Mark A. Delucchi. The Full Costs and Benefits of Transportation[M]. Springer,2008.

结 束 语

本书汇集了从事交通问题研究的日本学者观点。20 位编者分别对各自关注的交通问题进行了细致的分析和论述。

本书通过单独列举具有多重性的交通现象,能够让我们清楚地认识到问题所在和作为社会问题的重要性。同时还能发现,多数交通问题都被视为牵连诸多的难以解决的复杂问题,值得我们去深思和推敲。而在思考的过程中,必然会想到为什么会发生这样的问题(Why),进而思考如何解决这些问题(How)。特别是作为具有实践意义的社会科学,可以说交通经济与交通政策蕴含着寻求现状整治的方向和强大动力。

这里值得留意的是,为了解决交通问题以及整治现状,首先需要对现状进行客观考察分析,正确把握当前的现状,这一点十分重要。即为了寻求 Why 的答案,实证分析必不可少,也只有通过实证分析才能获得正确的现状认知。在此基础上,还有必要追究交通问题理想且恰当的解决方案,寻求最佳方案,最终达到解决实际问题的目的。如果我们一开始对现状不清楚、不了解,或者是有着错误认识,就有可能会误导后续解决方案的制定,甚至还有可能会造成政策措施出现方向性错误。回答 Why 的实证分析是回答 How 的规范分析极为重要的前提、不可或缺的分析步骤。

本书的编者们也是对各自设定的交通问题展开了实证分析或规范分析,又或是基于两者的考量分析,从而提出综合性专业知识和主张。因此编者们都具有相同的研究目标和理想,即通过分析具有实践性、政策性特征的交通问题,将理论与实践相结合,以构建更加完美的交通出行和物流社会。为此,编者们长年倾心研究现实的交通问题,力图使交通运输系统完善和充实,便于人们交通出行。

最后,希望本书有助于读者认识交通问题,形成自己的想法和见解。

卫藤卓也　根本敏则

编者名单

第1章　卫藤卓也

1945年生，日本大分县人。大分大学经济学院本科，神户大学研究生院经营学研究科博士研究生毕业，获商学博士学位。福冈大学商学院教授。历任福冈大学商学院院长、研究生院商学研究科科长、福冈大学副校长、校长。专业方向为交通经济学、交通政策论。

第2章　魏蜀楠

1984年生，中国四川省人。成都理工大学信息与计算科学本科，福冈大学研究生院商学研究科博士研究生毕业，获商学博士学位。福冈大学商学院非常勤讲师。

第3章　石井晴夫

1953年生，日本群马县人。东洋大学经济学博士。历任运输调查局调查中心主任研究员，作新学院大学经营学院教授，现任东洋大学经营学院教授，研究生院经营学研究科教授。

第4章　大井尚司

1973年生，日本福冈县人。熊本大学法学院本科毕业，西铁旅行公司就职，神户大学研究生院经营研究科博士研究生毕业，获经营学博士学位。历任运输政策研究机构运输政策研究所研究员。现任大分大学经济学部副教授。

第5章　味水佑毅

1978年生，日本东京都人。一桥大学商学院本科，一桥大学研究生毕业，获商学博士学位。历任一桥大学研究生院商学研究科讲师，高崎经济大学地域政策学院讲师。现任高崎经济大学地域政策学院副教授。

第6章　根本敏则

1953年生，日本青森县人。东京工业大学研究生院社会工学研究科研究生毕业，获工学博士学位。历任东京工业大学工学部助教，福冈大学经济学部教授。现任一桥大学研究生院商学研究科教授。

第7章　西村弘

1953年生，日本兵库县人。京都大学经济学院本科，大阪市立大学研究生院经营学研究科博士研究生毕业，获商学博士学位。历任大阪市立大学商学院讲师、副教授、教授。现任关西大学社会安全学院教授。

第8章 中村实男
1947年生,日本埼玉县人。早稻田大学政治经济学院本科,早稻田大学研究生院政治学研究科研究生毕业。历任运输调查局研究主干,东京农业大学教授。现任明治大学商学院教授。

第9章 铃木裕介
1977年生,日本新潟县人。静冈大学人文学院本科,神户大学研究生院经营学研究科研究生毕业,获商学博士学位。历任九州产业大学商学院讲师。现任九州产业大学商学院副教授。

第10章 小泽茂树
1970年生,日本东京都人。一桥大学研究生院商学研究科研究生毕业,获商学博士学位。历任运输调查局主任研究员,法政大学兼职讲师,高崎经济大学非常勤讲师。现任大同大学信息学部副教授。

第11章 寺田英子
1959年生,日本大分县人。大分大学经济学院本科,庆应义塾大学研究生院商学研究科博士研究生毕业。历任PHP综合研究所研究员,广岛市立大学助教。现任广岛市立大学国际学院教授。

第12章 正司健一
1955年生,日本神户市人。神户大学经营学院本科,神户大学研究生院经营学研究科研究生毕业,获商学博士学位。历任神户大学经营学院助教、讲师、副教授、教授。现任神户大学研究生院经营研究科教授。

第13章 堀雅通
1953年生,日本埼玉县人。庆应义塾大学文学院德国文学专业本科毕业,青山学院大学研究生院国际政治经济学研究科国际商务专业硕士研究生毕业,庆应义塾大学研究生院商学研究科商学博士研究生毕业。日本大学商学博士。历任运输调查局主任研究员、研究主干,作新学院大学副教授、教授。现任东洋大学国际地域学院国际观光学科教授。

第14章 青木亮
1967年生,日本东京都人。学习院大学经济学院本科,庆应义塾大学研究生院商学研究科博士研究生毕业。历任富山大学经济学院副教授,东京经济大学经营学院副教授。现任东京经济大学经营学院教授。

第15章 寺田一薰
1957年生,日本千叶县人。庆应义塾大学商学院本科,庆应义塾大学研究生院商学研究科博士研究生毕业。神户大学商学博士。德山大学经济学院助教。现任东京海洋大学海洋工学系教授。

第 16 章　后藤孝夫

1975 年生，日本横滨市人。庆应义塾大学商学院本科，庆应义塾大学研究生院博士研究生毕业，获商学博士学位。历任九州产业大学商学部讲师、副教授。现任近畿大学经营学院副教授。

第 17 章　芦田诚

1950 年生，日本京都府人。拓殖大学研究生院商学研究科博士研究生毕业，获商学博士学位。历任拓殖大学商学院讲师，加州大学伯克利分校交通研究所客座研究员，拓殖大学商学院教授。现任拓殖大学副校长。

第 18 章　盐见英治

1947 年生，日本福冈县人。九州大学研究生院博士研究生毕业。神户大学商学博士。历任中央大学经济学院助教、讲师、副教授，经济研究所所长。现任中央大学经济学院及研究生院经济研究科教授。

第 19 章　宫下国生

1943 年生，日本西宫市人。神户大学经济学院本科，神户大学研究生院经营研究科硕士研究生毕业。神户大学商学博士。历任神户大学研究生院经营学研究科教授，流通科学大学商学院教授，大阪产业大学经营学院教授。现任关西外国语大学外国语学院教授，神户大学名誉教授。

第 20 章　陶怡敏

1955 年生，中国台湾省人。神户大学经营学院本科，神户大学研究生院经营学研究科研究生毕业。历任广岛经济大学经济学院讲师、教授。现任福冈大学商学院教授。